Über die Autoren

Sabine und Burkhard Koch, beide Jahrgang 1965, reisen seit ihrem 16. Lebensjahr gemeinsam. Zunächst mit Fahrrad und Zelt innerhalb Europas, später mit Tochter Nicole in einem Ford Transit in Asien und Afrika. Mit Anfang 20 entstand der Wunsch, zeitlich unabhängig zu reisen, mobil zu leben, ein Nomadenleben zu führen. Sie erstellten einen Spar- und Finanzplan, arbeiteten viel und investierten das gesparte Geld in Unternehmensbeteiligungen.

Im Alter von 33 Jahren, viel früher als erwartet, war die finanzielle und damit die zeitliche Unabhängigkeit erreicht und die Verwirklichung ihres Traumes konnte beginnen. Es wurden die jahrelang optimierten Skizzen für das ideale Reisefahrzeug hervorgeholt und das Expeditionsfahrzeug auf dem Fahrgestell eines Magirus Deutz gebaut.

Im März 2004 nahm Tochter Nicole ihr Lehramts-Studium auf und verlies die elterliche Wohnung. Dies war der Zeitpunkt für Sabine und Burkhard, ihr Nomadenleben zu starten. Seit nun mehr als sechs Jahren sind die beiden ohne festen Wohnsitz unterwegs und berichten auf ihrer Internetseite **www.pistenkuh.de** von ihren Erlebnissen.

AFRIKA

UNTERWEGS
AUF DEM SCHWARZEN KONTINENT

SABINE UND BURKHARD KOCH

Afrika
Unterwegs auf dem schwarzen Kontinent

Sabine und Burkhard Koch

www.winterwork.de
© 2010 edition winterwork

Alle Rechte vorbehalten

Lektorat: Nicole Cornelia Seelbach
Layout: Sabine Koch
Umschlag: Burkhard Koch
Druck und Bindung: winterwork Grimma

ISBN 978-3-942150-68-2

Inhaltsverzeichnis

Afrika-Karte 8

Vorwort 10

Marokko
Das Tor zu Afrika 11

Mauretanien
Lieber ein Haus in den Bergen 28

Senegal
Kalifen, Korruption und Bettelkinder 41

Guinea
Das Armenhaus Afrikas 53

Mali und Burkina Faso
Afrika wie im Bilderbuch 68

Ghana
Traumstrände, Joints und Rastamänner 85

Togo
Kein Visum im Busch 92

Benin
Zauberer – Geister – Dämonen 93

Nigeria
Nigeria ist besser als sein Ruf 95

Kamerun
„Hey, white man, give money!" 103

Gabun
Champagner und Armut 116

Republik Kongo
Tropisches Klima, Moskitos und Rebellen 124

Dem. Rep. Kongo
Zitronensaft gegen Cholera 133

Angola
41 Jahre Bürgerkrieg 135

Namibia
Weites Land 139

Botswana
Wildlife hautnah 159

Simbabwe
No, No, No 164

Südafrika
Land der Gegensätze 178

Deutschland
Unser Sommerurlaub 208

Namibia Teil II
„Don't stress me" 212

Botswana / Südafrika Teil II
Zwei Reifen und zwei Kudus 215

Swasiland
Das letzte afrikanische Königreich 217

Mosambik
Unerreichbare Traumstrände 221

Malawi
„Financed by Germany" 229

Tansania
„Hakuna Matata" 232

Kenia
Massai, Samburu und Turkana 239

Äthiopien
Das Dach Afrikas 246

Sudan
Land der Gastfreundschaft 256

Ägypten
Bürokratie am Nil 263

Nachwort zu unserer Afrikaumrundung 280

Essay zur Entwicklungshilfe 287

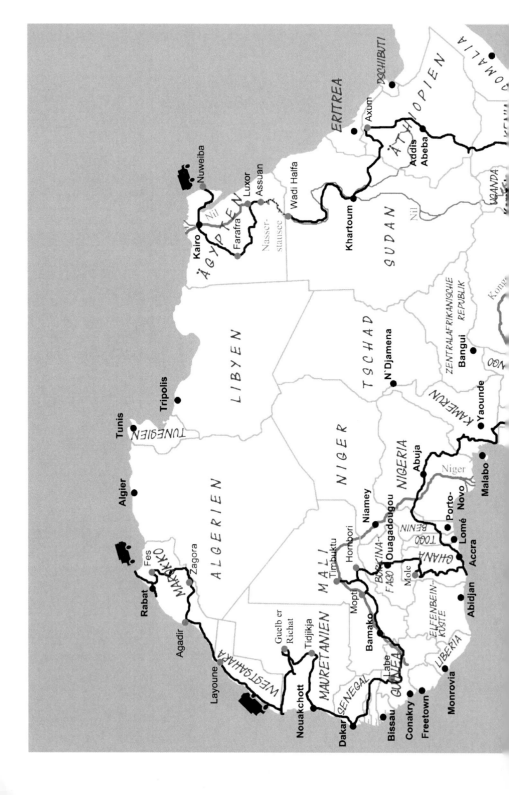

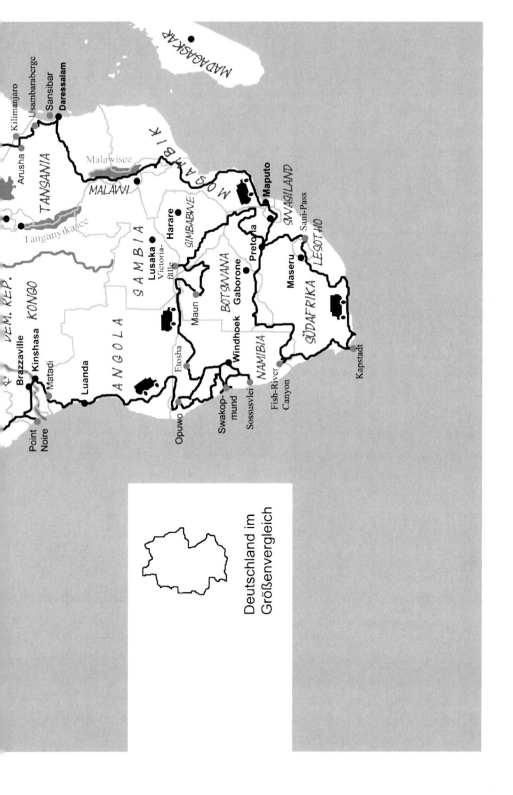

Vorwort

Lieber Reisefreund,

die Seiten in diesem Buch sind unsere Erlebnisse, Begegnungen und Abenteuer, die wir während unserer dreijährigen Afrikaumrundung mit unserem Expeditionsfahrzeug, der Pistenkuh, aufgeschrieben haben. Ergänzt mit Fotos, Briefen, ein paar Kartenskizzen, Auszügen aus dem Tagebuch und Randbemerkungen, ist das Buch für all jene geschrieben, die von Reisen und Abenteuern träumen, von endlosen Wüsten der Sahara, Schlammpisten im feuchten Dschungel des Kongos, brüllenden Löwen und riesigen Elefantenherden im Süden Afrikas. Der Schwerpunkt des Buches liegt auf dem Teilnehmen lassen und nicht auf schriftstellerischer Brillanz. Schriftsteller wie Paul Theroux oder Kingsley Holgate können wir um ihre Kunst nur beneiden.

Komm mit, stell deinen Campingstuhl zu uns in den Lichtschein der alten Coleman Petroleumlampe oder setze dich auf deine Zargesbox in den Sand der Sahara. Du riechst den Duft des knackenden Akazien- und Tamariskenholz im Lagerfeuer, über dessen Glut gleich die Steaks auf einem Rost schwenken werden. Fülle deine alte Edelstahltasse, die dich auf zahlreichen Reisen begleitet hat, mit heißem Kaffee und wirf einen weiteren Holzscheit ins Feuer. Dein Landrover wirft in der Vollmondnacht lange Schatten in den Wüstensand und das Abenteuer kann beginnen. Wir wünschen dir viel Spaß dabei.

Sabine und Burkhard

MAROKKO
DAS TOR ZU AFRIKA

TINERHIR, AN DER STRASSE DER KASBAHS

Die Uhr stellen wir zwei Stunden zurück – mehr ein symbolischer Akt, denn eigentlich müssten wir die Zeit 100 Jahre und zwei Stunden zurückdrehen.
Wieder in Marokko, Erinnerungen an unsere erste Marokkoreise 1991 werden wach. Was hat sich hier alles verändert! Wir kommen aus dem Staunen nicht heraus. Neue riesige Supermärkte, neue Autobahnen, überall Mobilfunktürme, Teerstraßen und Stromleitungen bis in die kleinen Dörfer, neue Autos, McDonalds und Jeans statt Jellabah.

Ja, damals. Da war die Fahrt über den Hohen Atlas noch ein Abenteuer, schmierige Lehmpisten und Flussdurchfahrten über Imilchil in die Todra-Schlucht. Kein Fastfood und keine Supermärkte. Jeder fuhr mit seinem alten R4 genau so, wie er früher auf dem Esel geritten war. Die Straße der Kasbahs im Süden war einspurig geteert und wenn einem ein alter, roter Bedford-Lkw entgegen kam, wich jeder mit einem Rad auf den staubigen Straßenrand aus. In Mhamid gab es 1991 einen einzigen

 MAROKKO

Campingplatz, heute sind es zwölf. Überhaupt wundern wir uns über die vielen Hotels und Restaurants. Früher gab es einen kleinen Laden, in dem es einen Sack Reis, einen Sack Mehl, fünf Hühner, zehn Brote und einige Sardinendosen zu kaufen gab. Ach ja, das 200 Liter Dieselfass unter der Theke habe ich vergessen. Aber das war im letzten Jahrhundert. Wir freuen uns für die Marokkaner – immer mehr von ihnen haben die Möglichkeit auf ein deutlich besseres Leben.
Unser Nachtplatz ist gut gewählt, ruhig am Waldrand mit Blick über Felder und einen kleinen Stausee, aber von der Straße nicht einsehbar. Am späten Nachmittag reitet ein Mann auf seinem Esel an unserem Nachtplatz vorbei und schenkt uns zwei Äpfel. Einfach so. Ich habe Mühe ihn zu überreden, wenigstens eine Hand voller Bonbons für seine Kinder anzunehmen. Später kommt sein kleiner Sohn und schenkt uns süßes Honiggebäck als Dankeschön für die Näscherei.

Die Polizeipräsenz auf der Straße ist deutlich höher als auf unseren vergangenen Reisen. Passierten wir auf der ganzen Marokkoreise 1991 gerade mal zwei Checkpoints, haben wir heute zwei bis drei täglich, aber im Unterschied zu damals immerhin nicht korrupt, sondern alle völlig korrekt.

Wie auf der Kirmes

Wir fahren nach Rabat. Langweilige Landstraße. Am Straßenrand werden erntefrische Melonen, Tomaten, Pflaumen und Äpfel direkt vom Feld verkauft. Zu Preisen, dass man mit dem armen Bauern Mitleid bekommt. Natürlich decken wir uns für die nächsten Tage ein. Verkehrszeichen haben scheinbar immer noch keine Bedeutung, es kann sich ja auch nicht alles ändern. Der Bus bleibt auf der Überholspur stehen und lässt Passanten aussteigen. Auf der rechten Spur steht ein Sattelzug, der seinen Dieseltank verloren hat. Die Tankhalter waren durchgerostet und der Diesel läuft in einem Rinnsal in den Straßengraben. Keinen stört's.
Von links kommt ein Mofa mit zwei Polizisten in voller Uniform – natürlich ohne Helm – das Vorderrad schlägt, als sei schon mal ein Lkw darüber gerollt, dennoch hängen am Lenker zwei große Plastiktüten mit Brot und der Polizist auf dem Gepäckträger hält in jeder Hand ein le-

MAROKKO

Überladene Fahrzeuge, völlig normal

bendes Huhn. Mich erinnert es an meinen letzten Kirmesbesuch, wobei beim Auto-Skooter zumindest alle in der gleichen Richtung den Kreis befahren *(Das war früher, Papa. Heute gilt das nicht mehr. ☺) und einem keine Mofa- und Fahrradfahrer in die Quere kommen. Von den Fußgängern und Eseln ganz zu schweigen.
Auf vierspurigen Straßen wird in sieben Spuren gefahren. Einer blinkt rechts, hat sich auch rechts eingeordnet, sofern man von Ordnung sprechen kann, biegt dann aber links – quer über alle sieben Spuren – ab. Rote Ampeln bedeuten: hupen und rüber über die Kreuzung. Wir sind in Afrika und es macht Spaß.

In Rabat verzichten wir auf Museen und Kultur, beobachten lieber vom Café aus bei süßem Minztee das Treiben auf den Straßen. Die Botschaften von Mauretanien und Mali drücken uns problemlos und schnell, aber nicht ganz billig, ihre Visumstempel in den Pass – deswegen sind wir ja hier. Jetzt erst mal Richtung Süd-Ost durch die grandiose Bergwelt des Hohen Atlas. Ständig steigen wir aus, um die tiefen Schluchten mit ihrem abenteuerlichen Pistenverlauf zu fotografieren und so kommen wir nur langsam voran, aber wen kümmert's, Zeit haben wir genug.

Die Lehrstunde

Sabine hat Geburtstag und so fahren wir auf unseren Lieblingscampingplatz in der Todra-Schlucht, den Camping-„Atlas". Der Platz ist wie wir ihn kennen, sauber, schön im Palmenhain der Oase gelegen und mit vier Euro auch in einem angemessenen Preis-Leistungsverhältnis. Wir parken den Deutz im Schatten und kurze Zeit später pfeift unser Wasser-

*) *Anmerkung der Lektorin*

kessel, der Duft von frisch aufgebrühtem Kaffee durchzieht unser Auto. Der Campmanager kommt angeeilt und bittet uns, den Wagen auf einer etwas höher gelegenen Parkfläche abzustellen. Der Bach, die Todra, steige gleich an und überflute den Platz, weiter oben in den Bergen habe es geregnet, so seine Begründung.
„Ja, ja, ich fahre gleich weg", wimmele ich ihn ab. „Warum kann man nicht einmal in Ruhe sitzen und seinen Kaffee trinken?"
Es ist noch keine Minute vergangen und schon steht er wieder neben mir, ob ich mein Auto nicht wegfahren könne. Langsam geht er mir gewaltig auf den Zeiger, er sieht doch, dass ich relaxe. Genervt steige ich in den Deutz und fahre 20 Meter zurück auf einen etwas höher gelegenen Platz. Als ich aussteige, höre ich ein gewaltiges Getose. Ich renne zur Mauer, auf deren anderen Seite die Todra als knöcheltiefes Bächlein in ca. vier Metern Tiefe entlang fließt.
Eine Flutwelle bahnt sich ihren Weg. Felsbrocken werden mitgerissen und innerhalb von zwei Minuten steht der vier Meter höher gelegene Platz, auf dem wir kurz zuvor noch relaxten, unter Wasser. Sabine und ich stehen sprachlos da. Wie oft haben wir in solchen Wadis übernachtet? Wir hätten keine Chance gehabt.
Zwei Stunden später ist der Spuk vorbei, nur eine Schlammschicht und einige tote Fische auf dem Campingplatz zeugen von dem Geschehen. Jetzt haben wir ordentlich Respekt vor Schluchten in der Wüste, wieder eine Lektion gelernt.

„No Problem, Monsieur!"

Das Internetcafé macht zwar keinen besonders guten Eindruck, aber es ist das Einzige in der kleinen Stadt. USB, die Abkürzung hat noch nie jemand gehört. Was soll das sein? An dem uns zugewiesenen Computer ist das Diskettenlaufwerk defekt, wir wechseln den Computer – „No Problem, Monsieur!"
Der Computer fährt hoch, die starke rosa Farbauflösung des Bildschirms stört uns nicht, umso mehr das ewig lange Warten bis die Internetseite aufgebaut ist und wir mit dem Schreiben einer E-Mail beginnen können. Die Tastatur geht schwer, man muss ganz schön feste auf die Tasten hauen, aber wir kommen zurecht – „No Problem!"

MAROKKO

„Zipp" – der Monitor ist nicht mehr rosafarben, sondern dunkel. Der Rechner bootet neu, mein Text ist weg. Drei Minuten später wieder „Zipp" und wieder ist alles dunkel. Das Netzkabel hat einen Wackelkontakt. Ständig bootet der Rechner neu und kostet unsere Nerven. Arbeiten? – undenkbar. Aber: „No Problem, Monsieur!" Ein etwa zwölfjähriger Junge wird herbei gerufen und muss das Kabel so geknickt halten, dass kein Wackelkontakt entsteht. Immer wenn ich von dem Monitor aufschaue, grinst er mich an und sagt: „No Problem, Monsieur." Geschafft! Endlich ist der Text im Kasten. Ein Rechtschreibfehler schleicht sich ein und ich tippe die Löschtaste. Falscher Ehrgeiz – die Taste klemmt und bleibt gedrückt, der Cursor rast rückwärts über meinen Text und frisst ihn auf. Der Kommentar des Betreibers: „No problem, Monsieur! – it´s black life."
Für heute habe ich meine Nerven genug massiert, jetzt soll ich auch noch für die zwei Stunden zahlen.

„No Problem, Monsieur!"

Andere Länder – andere Sitten

In der Ferne hören wir am Abend Gesang und Musik. „Hört sich an wie ein Straßenfest, komm wir gehen mal gucken", sage ich zu Sabine. Tatsächlich, der ganze kleine Ort ist auf den Beinen und es wird musiziert, gesungen und getanzt.
„Drei Tage dauert das Fest", so erklärt mir einer der Jugendlichen. „Heute fährt der Bräutigam ins Dorf seiner zukünftigen Frau und holt die Braut ab."
„Wird die Braut immer vom Mann abgeholt?", will ich wissen.
„Nein, das ist von Stamm zu Stamm verschieden. Bei uns geht der Mann und holt die Braut ab. In anderen Stämmen muss die Braut zum Mann gebracht werden."
„Also sehen wir die Braut heute nicht?" „Nein, erst morgen."
Ich erinnere mich an eine Hochzeit vor sechs Jahren in Merzouga. Damals hatte ich ebenso Beifall geklatscht und mit den Männern getanzt, bis zu dem Punkt, als ich die Braut sah. Ein vielleicht vierzehnjähriges

Mädchen wurde zu dem fast fünfzigjährigen Bräutigam geführt. Hier wird gefeiert, bei uns ginge der Bräutigam dafür in den Knast, andere Länder – andere Sitten. So sind wir ganz froh, diesmal keine Einzelheiten zu erfahren.

Vier Tage später in Errachidia sehen wir auch die Konsequenz aus dieser Tradition. Wir treffen Ismael, einen sechzehnjährigen Jungen aus Meski. Wir kennen ihn bereits seit ein paar Jahren, aber wo ist das Lachen und seine Fröhlichkeit?

„Mein Vater ist vor drei Monaten gestorben." Ich denke sofort an einen Autounfall oder dergleichen. „Nein, mein Vater war schon alt, er war 81 Jahre alt." Ich sehe ihn fragend an.

„Meine Mutter ist seine zweite Frau, seine erste Frau ist verstorben."

„Aber mit 81 Jahren hat er doch ein langes Leben gehabt", versuche ich ihn zu trösten.

„Es geht nicht um meinen Vater, warum ich so traurig bin."

„Sondern?"

„Um mich. Ich muss die Schule verlassen, denn ich bin jetzt der Älteste in meiner Familie und jetzt muss ich für meine drei kleinen Geschwister und meine Mutter sorgen, dabei hätte ich studieren können. Stattdessen kann ich jetzt Ziegen hüten und Karotten pflanzen. Was soll ich machen?"

Kartoffeln sind jetzt teuer

Mittlerweile gibt es eine neue Teerstraße nach Merzouga. Früher war in Erfoud Schluss mit dem Asphalt. Wir ignorieren den Komfort der neuen Straße und fahren wie immer entlang der Sanddünen nach Merzouga, Luxus einer anderen Art. Das Wetter ist schlecht. Staub hängt in der Luft und der Himmel ist gelblich-grau. Kein gutes Fotolicht, schade. Unser Freund Hassan freut sich uns zu sehen und noch mehr über die 24 Bierdosen, die ich als Gastgeschenk, neben einem großen Glas Nutella für die Kinder und ein Fläschchen Parfüm für Aischa, aus dem Stauraum hole. Hassan kocht erst einmal Tee. Viele Spanier kämen in den letzten Jahren mit ihren Geländewagen nach Marokko, aber kaum noch Deutsche, erzählt er uns. Seine Geschäfte laufen gut. Er führt einen großen Souvenirladen, ein Restaurant und ein Hotel mit 14 Zimmern und Pool, außerdem steht ein neuer Mittelklassewagen in der neugebauten

MAROKKO

Garage. Wir freuen uns für ihn. Verdient hat er es, denn faul ist er nicht. Vor 16 Jahren, als wir ihn kennen lernten, fuhr er mit seinem Mofa in den Dünen umher, immer auf der Suche nach Touristen, um ihnen auf einer alten Decke seine Souvenirs anzubieten. Zwei Jahre später hatte er bereits ein kleines Lehmhaus mit Teppichen und Souvenirs. Später ein kleines Restaurant daneben und wieder einige Jahre später ein Hotel, welches jedes Jahr vergrößert wird. Aischa hat Abendessen zubereitet, bei einer leckeren Tajine sitzen wir zusammen und anschließend schlafen wir im Deutz vor seinem Haus. Am nächsten Morgen verabschieden wir uns und Hassan verlangt 20 Euro für das Abendessen. Nein, kein Scherz. „Weißt du, Kartoffeln und Karotten jetzt viel teuer in Maroc und Aischa hat gemacht viel Fleisch in Tajine. In Deutschland, wenn du isst Tajine, du musst zahlen mehr als 20 Euro." Wir zahlen.

Marokkanischer Minztee – „Berberwhisky"

Auf der höchsten Düne

Eins gehört für jeden Marokkoreisenden zum Pflichtprogramm: bei Sonnenuntergang auf die höchste Düne des Erg Chebbi zu steigen. Von den Guides wird den Touristen aber immer die falsche Düne „verkauft", nämlich die, die am höchsten aussieht und wohin der Fußmarsch relativ kurz ist. Aber selbst das ist schon für Viele anstrengend genug und der Blick dennoch wunderschön. Auch wenn man dort nie alleine ist. Wir wollen auf die höchste Düne und dort sogar übernachten. Also packen wir unsere Rucksäcke mit Isomatte, Schlafsack und Wasserflaschen und machen uns auf den Weg. Unser Zelt lassen wir im Deutz, es ist nur unnötiges Gewicht, schließlich wollen wir ja unter dem Sternenhimmel im Sand schlafen. Aber erst mal müssen wir den Erg queren. Es ist anstrengend, viel anstrengender, als gedacht oder anders herum, unsere

Kondition ist schlechter, als angenommen. Nach drei Stunden sind wir endlich am höchsten Punkt und warten auf den romantischen Sonnenuntergang. Leider verabschiedet sich die Sonne ganz unspektakulär in einem Dunststreifen am Horizont. Wir rollen die Isomatten aus und kriechen in die Schlafsäcke. „Boah, ist der Sand hart, trotz Isomatte." Wind setzt ein, wird heftiger und endet im Sturm. Sand deckt uns ein. Jeder kriecht tief in seinen Schlafsack, aber dennoch kommt immer wieder eine Ladung Sand zur kleinen Luftöffnung herein. Die Nacht scheint endlos, mir tut jeder Knochen weh und noch mehr. Am Horizont wird ein grauer Streifen sichtbar und die Sonne geht auf. Wir kriechen aus unserem Sandhaufen und sind uns einig. „Eigentlich war das ne tolle Nacht, so was sollten wir öfter machen." Und jetzt geht es mit Muskelkater in den Waden zurück.

Erg Chebbi, auf dem Weg zur höchsten Düne

Krankentransport auf marokkanisch

Wir fahren der algerischen Grenze, von Taouz nach Mhamid. Vor ein paar Jahren waren wir hier völlig allein unterwegs, heute trifft man täglich auf 2-3 Gruppen Geländewagenfahrer. Die früheren Nomaden sind nicht dumm und haben an ihre kleinen Lehmhüttchen Coca-Cola-Schilder gemalt und sind somit nun Restaurantbesitzer. Viele kleine Ich-AGs, wie sie sich Hartz in Deutschland gewünscht hätte.

Südmarokko: Tafelberge – Zeugen der Erdgeschichte

MAROKKO

Wir sind langsam unterwegs, steigen auf einige der Tafelberge und fotografieren. Am dritten Tag begegnen wir nachmittags einem deutschen Unimog und einem Bremach. Nach der Bekanntschaft mit Marc, Veronice und Jürgen suchen wir einen gemeinsamen Übernachtungsplatz in den Dünen. Wir haben noch nicht richtig eingeparkt, da werden wir auch schon von zwei Cross-Motorrädern in eine Staubwolke gehüllt. „Unser Freund ist gerade gestürzt, direkt da vorne, könnt ihr uns helfen?" „Ich bin Krankenschwester", sagt Veronice. Marc holt ihren First-Aid-Koffer und Jürgen startet den Bremach. Ich springe auf die Trittbretter, halte mich am Dachgepäckträger fest und los geht's.

Der Verunglückte ist ansprechbar. Er kann sich zwar an den Sturz nicht erinnern, glaubt aber, noch seinen Namen zu kennen. Roland kann nicht aufstehen, seine Hüfte schmerzt und er kann seinen rechten Arm unter starken Schmerzen nur eingeschränkt bewegen, aber er ist guter Dinge. „Morgen repariere ich meinen Bock und fahre ins Krankenhaus", scherzt er. Aber keiner seiner Kuppel kann darüber lachen.

Ganz in der Nähe steht eine der Lehmhütten mit einem Cola-Schild. Veronice gibt ihm ein starkes Schmerzmittel, damit er den Transport dorthin übersteht. In der Hütte lässt sich für die Nacht ein Zimmer mieten und seine fünf Freunde bauen draußen ihre Zelte auf.

Am nächsten Morgen ist alles viel schlimmer. Roland kann sein rechtes Bein und seinen rechten Arm so gut wie nicht mehr bewegen. Die Schmerzen sind unerträglich. Ein Blick auf die Karte zeigt, der nächste Arzt wäre in Zagora, aber das sind 150 Kilometer holprige Piste. Handynetz gibt es hier draußen natürlich nicht, aber wen sollte man auch anrufen. Zwei seiner Freunde machen sich mit dem Restaurantbetreiber auf den Weg, einen Geländewagen für den Transport zu organisieren. Die Anderen reparieren seine BMW-HP2 und schaffen es wirklich, sie notdürftig fahrbereit zu machen.

Der Beduine erkennt die Situation und verlangt 400 Euro für die Fahrt zum Arzt. In der Gruppe kommt Streit auf. Einige wollen über den Preis verhandeln, andere befürchten, unnötig Zeit zu verlieren und in Anbetracht der Situation spiele Geld wohl keine Rolle. Zagora liegt nicht auf unserem Weg, aber wir bieten an, für 150 Euro die 300 km Piste zu fahren, falls der Nomade mit seinem Landrover nicht fährt. So haben sie zumindest eine bessere Position beim Preisschachern.

Roland möchte lieber von uns gefahren werden, als vom klapprigen Nomaden-Landy. Dann mal los. Brabbi, sein bester Freund, fährt auf der instand gesetzten BMW hinter uns her und Peter, ebenfalls mit einer BMW HP2 unterwegs, begleitet ihn. Die anderen drei Freunde warten draußen in der Wüste, bis wir zurück sind. Fünf Stunden brauchen wir bis Zagora. Im Krankenhaus fehlt es an Vielem, aber es gibt immerhin ein altes Röntgengerät. Die Ärztin will nicht glauben, dass wir Roland sitzend in einem Lastwagen hergefahren haben. Ab jetzt darf er nur noch liegen. Von seinem Becken ist ein Stück abgebrochen und es besteht die Gefahr, dass dieses Stück die Wirbelsäule oder die Blase beschädigt. Noch in der Nacht wird Roland mit dem Ambulanzwagen nach Ouarzazate transportiert. Doch zuvor müssen 60 Euro für Diesel gezahlt werden, denn der Krankenwagen hat keinen Sprit und das Krankenhaus kein Geld.

Wir übernachten in Zagora. Noch in der Nacht telefoniert Peter mit dem ADAC. Dort läuft alles schnell und perfekt. Sofort wird der Rückflug nach Deutschland in die Wege geleitet, die Übernahme aller Kosten zugesichert und der Rücktransport des Motorrades organisiert, das wir auf dem Campingplatz stehen lassen.
Peter fährt am Morgen nach Ouarzazate, wir nehmen Brabbi mit zurück in die Wüste, wo seine Freunde seit zwei Tagen warten. Am nächsten Tag fahren sie gemeinsam nach Ouarzazate und wir setzten unsere Reise Richtung Süden fort.

Wir sind ca. 100 km vor Guelmim und kaum zu glauben, aber da kommt der Unimog mit Marc und Veronice angefahren. Sie waren in den vergangenen Tagen in Ouarzazate und haben nebenbei auch Roland im Krankenhaus besucht. Die Zustände im Krankenhaus sind katastrophal. Zehnmannzimmer – und bei jedem Krankenbett bleibt die lautstarke Verwandtschaft bis nachts um eins. Klar, muss auch so sein, denn die Familie hat für die Versorgung und Verpflegung der Patienten zu sorgen. Die medizinische Betreuung sieht so aus, dass der Arzt fragt, welche Medikamente Roland haben möchte und er diese dann besorgt. Und das in Marokko, in einem der vermeintlich zivilisierteren Länder.

MAROKKO

Aber jetzt kommt die Härte:
Während des Krankentransportes von Zagora nach Ouarzazate im selben Krankenwagen erlitt Roland einen weiteren Alptraum. Roland wurde auf ärztliche Anordnung liegend transportiert. Der Fahrer hat es eilig und gibt Gas. In einer Kurve rutscht der Verletzte von der Liege und kracht auf den Boden des Ambulanzfahrzeuges. Fahrer und Beifahrer bekommen davon natürlich nichts mit, denn der Kassettenrekorder spielt in voller Lautstärke Korangesänge. Ein Krankenpfleger fährt üblicherweise in dem Ambulanzwagen nicht mit, das ist Aufgabe der Verwandten. Auch das Klopfen von Roland hört man nicht. Erst als dieser mit der Hand die Zwischenscheibe einschlägt, wobei er sich weitere Schnittverletzungen zuzieht, merkt der Fahrer, dass sein Patient von der Pritsche geflogen ist und reduziert das Tempo auf angemessenes Maß. Al Hammdulillah (Gott sei es gedankt).

Frei sein

Das Fahren macht Spaß, richtig Spaß, keine vorgebahnte, abgesicherte Teerschneise durch die Welt, sondern viele Wege, oft parallel verlaufend, sich gabelnd, kreuzend, verlierend und wieder zusammentreffend, manchmal aber auch nicht. Immer wieder Sandverwehungen und es hat den Eindruck, man sei der erste Mensch, der hier seine Reifenspuren entlang der algerischen Grenze hinterlässt. Die Landschaft ist atemberaubend. Die Sonne steht schon tief, gelb, ja fast schon orange leuchtend verschwinden die Dünenketten im Rückspiegel. Am nächsten Morgen weiter nach Westen. Am Brunnen der Nomaden füllen wir unseren Wassertank auf.

Pittoreske Tafelberge am Horizont sind die Vorboten der schwarzen Steinwüste. Hier, wo das schwarze Steinmeer und das gelbe Sandmeer ineinander übergehen, werden wir für die Nacht bleiben.

Brunnen bei Ait Isfoul

 MAROKKO

Kein Laut stört die Stille, die untergehende Sonne zeichnet immer wieder neue Formen in die jetzt so kontrastreiche Landschaft. Ein kleiner Käfer hinterlässt winzige Abdrücke, eine feine Kriechspur im weichen Sand. Dann wieder der Blick in die Weite. Scheinbar endlos dehnt sich die Wüste gen Süden. So wie Sand und Stein ineinander übergehen, sich Farben mischen, so geht man selbst auf in Raum und Zeit. Alles wird relativ. Ein neues Lebensgefühl stellt sich ein. Ein Gefühl von Freiheit und Unabhängigkeit.

Viehfutter

Es ist Erntezeit und im Draa-Tal werden die reifen Datteln gepflückt. Ohne Absicherung klettert der junge Mann den Palmenstamm hinauf und schneidet in Schwindel erregender Höhe die Stauden ab. Wieder auf sicherem Boden gibt er mir einige Datteln zum Probieren. Mir schmecken sie wirklich gut, daher lobe ich die Qualität in den höchsten Tönen. Der Mann bekommt sich vor Lachen nicht mehr ein, ruft einige arabische Worte ins gegenüberliegende Café und die Männer eilen herbei. Alle lachen, machen Scherze und endlich klärt man uns auf. Die geernteten Datteln sind minderwertig und werden hier nur als Viehfutter verwendet.
Zum Schluss schenkt man uns einen ganzen Korb voll „Viehfutter".

Kasbah: Bauwerk fast vergangener Zeiten und typisch für den Süden Marokkos. Einst gebaut aus Lehm und Stroh verfallen sie nach starken Regenfällen zusehends oder bedürfen viel Aufwand der Instandhaltung.
Im oberen Teil der Kasbah lebt die ganze Sippe, bis zu 40 Personen, bestehend aus mehreren Großfamilien.
Im unteren Teil sind die Vorratskammern mit Datteln und Getreide, sowie die Viehställe untergebracht.

MAROKKO

Zahlung nur bei Erfolg

Wir sind fast 300 Kilometer entlang der marokkanisch-algerischen Grenze über staubige Pisten und größtenteils querfeldein gefahren. Entsprechend dreckig ist unser Deutz, als wir in der Oase Zagora ankommen. Jetzt erst mal einen süßen Minztee und frisch gepressten Orangensaft, dann geht's weiter. Langsam rollen wir mit unserem Deutz über die Hauptstraße der Oase.
Wir werden von Mofafahrern umringt, die uns auf Deutsch zurufen: „Luftfilter ausblasen, abschmieren, no Problem, Monsieur! Mein Bruder ist großer Mechaniker, hat Freund in Düsseldorf."
Der Duft von frisch Gegrilltem zieht durchs offene Seitenfenster direkt in meine Nase. Eine Vollbremsung und zwei Augenblicke später sitzen wir auf den Plastikstühlen im Restaurant. Die Hammelspießchen sind so lecker, wie sie geduftet haben. Mit vollem Bauch machen wir uns auf den Weg zum Campingplatz, der mitten im Palmenhain liegt und sogar über einen Pool verfügt.
Beim Starten unserer Pistenkuh klemmt der Anlasser, wie die letzten zwei Jahre auch. Beim zweiten Versuch startet er problemlos, wie immer. Dieses kleine Problem weckt natürlich den Geschäftssinn der Mechaniker, die immer noch ihre Dienste anbieten. Jeder will meinen Anlasser ausbauen.
„No Problem, Monsieur", antworte ich, was einige aber nicht davon abhält, uns auf ihrem Mofa bis zum Campingplatz zu verfolgen. Einer der Mechaniker macht ein verlockendes Angebot: Für 30 Euro baut er den Anlasser auf dem Campingplatz aus, nimmt ihn mit, reinigt und überholt ihn gründlich und baut ihn am nächsten Morgen wieder ein. Gezahlt wird nur bei Erfolg.
Schnell ist der Anlasser ausgebaut und mit dem Mechaniker und seinem Helfer verschwunden. Nach drei Stunden kommen sie zurück und im Schein der Taschenlampe wird das gute Stück montiert.
„Alles klar, starten!" Ich lege den Batteriehauptschalter um, schalte die Zündung ein und ziehe am Starterknopf. Ein ohrenbetäubender Donnerschlag und ein gleißender Lichtbogen erschüttern die Nacht. Stille. Selbst die Grillen zirpen nicht mehr und auch der Esel ist ruhig. Der Mechaniker, der sich auf seiner Visitenkarte „Chefmechaniker" nennt, grinst nicht mehr, sondern guckt mich mit offenem Mund und großen Augen an.

 MAROKKO

Nur sein Lehrling unter dem Auto ruft: „No Problem, Monsieur."
Ich ärgere mich über mich selbst. Nie wieder wird irgendein Chefmechaniker mit einem Freund in Düsseldorf auch nur eine Schraube an meinem Deutz drehen. Bis ich mich von dem Schock erholt habe und aus dem Führerhaus geklettert bin, ist der Anlasser schon wieder ausgebaut und mit den Mechanikern im Dunkel der Nacht verschwunden. Zwei Stunden später kommen sie zurück, diesmal zu dritt. Wahrscheinlich habe sich beim Startversuch Benzin-Luftgemisch entzündet, so ihre Vermutung. Die Erklärung scheint plausibel, denn ich kann nichts sehen, was auf einen Kurzschluss deuten lässt. Warum man einen Anlasser jedoch mit Benzin statt Diesel reinigt, bleibt wohl das Geheimnis des Chefmechanikers. Ein erneuter Startversuch, diesmal mit weichen Knien und zittrigen Fingern.

Der Anlasser klemmt. Beim zweiten Versuch springt der Motor an, genau wie vor der Reparatur. Also ist die Reparatur kostenlos. Falsch: Die Reparatur wäre kostenlos gewesen, wenn der Anlasser nach der Reparatur nicht mehr funktioniert hätte, aber er funktioniert, eben nur nicht besser als vorher, also – zahlen!

Hippiestrand

Zehn Tage später erreichen wir über eine lange, schwierig zu befahrene Piste einen einsamen Strand. Hier wird nie jemand herkommen. Doch am nächsten Tag hören wir Motorengeräusche. Ein weißer Lkw kommt am Strand entlang gefahren, sieht uns und steuert auf uns zu. Wir denken an ein Militärfahrzeug der UN, doch die Überraschung ist groß: Es ist Karsten, ein Freund aus Heidelberg, der ebenfalls einen Magirus-Deutz fährt und in Marokko die Wintermonate verbringt. Karsten hat gute Neuigkeiten: Nur knapp 100 Kilometer entfernt hat er einen „Hippiestrand" entdeckt, an dem einige Reisende in ihren „alternativen Wohnmobilen" – in diese Klasse fällt auch unsere Pistenkuh, am Strand leben. Nichts wie hin. Aus den geplanten zwei Tagen werden zwei Wochen und ein typischer Strandtag sieht so aus:
Um acht Uhr aufstehen und ein ausgiebiges Frühstück in der Morgensonne genießen. Dazu sind bereits in den frühen Morgenstunden von Händlern frische Brötchen geliefert worden, die man nachmittags be-

stellt und bezahlt, am Morgen hängen sie in einer Plastiktüte am Autospiegel. Im Laufe des Tages wird der komplette Supermarkt vorbei getragen, von der Ananas bis zur Zahnbürste, alles frei Haus. Man muss nicht mal zum Einkaufen den Liegestuhl verlassen. Wahnsinn!

Nach dem Frühstück faulenzen wir in der Sonne. Gegen elf Uhr gibt es das zweite Frühstück mit den Nachbarn in großer Runde. Meist quasselt man sich fest und erst wenn der Teilchen- und Kuchenhändler am frühen Nachmittag kommt (bei dem wir dann auch die Brötchen für den nächsten Morgen bestellen) merken wir, dass es schon wieder Zeit ist, Kaffee zu kochen. Am späten Nachmittag sammelten wir sonst etwas Feuerholz am Strand, doch diese Arbeit lassen wir nun für ein wenig Lohn von einem Marokkaner machen, der sich freut, ein paar Dirham zu verdienen.

Nach dem Abendessen betätigen wir uns etwas körperlich, indem wir die Liegestühle an den Feuerplatz tragen und Feuer entfachen. Meist sitzen wir mit acht bis zwölf Leuten zusammen, manchmal auch nur zu viert. Es wird Wein getrunken, geraucht und gehascht. Nur wenn die Whiskyflasche kreist und mein Getränkehändler genügend Cola geliefert hat, kann es passieren, dass ich am nächsten Tag das erste Frühstück ausfallen lasse und gleich beim Nachbarn mit dem Zweiten beginne. Die Zeit vergeht so schnell, man kommt gar nicht dazu, etwas anderes zu tun.

Mich trifft fast der Schlag

In der Westsahara stellen wir einen Dieselsparrekord auf: 18,4 Liter Diesel pro 100 Kilometer, bei konstant 70 km/h, 25 Grad Außentemperatur und Rückenwind. Sonst liegt der Verbrauch um die 23 Liter auf Teer.

Fast 1.500 Kilometer geht es an unverbauten Stränden direkt an der Küstenlinie entlang. Ende Oktober ist die Zeit der Zugvögel. Ein Schwarm Küstenseeschwalben segelt mit gleichem Tempo ebenfalls die Küstenlinie entlang. Stundenlang ziehen wir gemeinsam gen Süden. In Dakhla fahren wir zur Polizei um die Ausreiseformalitäten zu erledigen. Der Umweg von 60 Kilometer wäre nicht nötig gewesen, denn inzwischen kann man alle Formalitäten auch in einem Zelt an der Grenze

erledigen. Ich gehe ums Auto herum und am Heck trifft mich fast der Schlag – das Reserverad ist weg, einfach weg. Bei genauer Inspektion stelle ich fest, dass der 20 mm Bolzen, der das Rad gegen Umkippen und Verlieren sichert, durchgebrochen ist. Ich ärgere mich wahnsinnig über mich selbst, schon längst wollte ich eine zweite Sicherung anbauen und habe dieses Vorhaben immer wieder verschoben und jetzt ist das Rad weg! Der letzte Stopp, als es sicher noch da war, liegt 350 Kilometer zurück. Also umdrehen und suchen. Wir fahren die kompletten 350 Kilometer zurück, aber das Rad ist nicht zu finden. Wieder wenden und fahren – zurück nach Dakhla. Ein Reserverad, wir brauchen nur die Decke, ist in dieser Größe (14.00 R20) nicht zu bekommen. Der freundliche Reifenhändler telefoniert mit seinem Lieferanten in Laâyoune, dann mit der Zentrale in Agadir. Diese meldet nach einiger Zeit, dass es möglich sei, einen Neureifen aus Casablanca zu schicken. Das Ding soll 600 Euro kosten, plus Transport, Wartezeit ca. fünf bis sechs Tage. Wir fahren erst mal ohne.

Mitten im Minenfeld

Die Teerstrasse endet an einer Baracke. In der Baracke befindet sich die Abfertigung der marokkanischen Polizei und des Zolls. Nach zwei Stunden sind alle erforderlichen Stempel im Pass.
Unser Reiseführer und auch zahlreiche Schilder am Straßenrand warnen eindringlich vor Minen, man soll die Piste zwischen der marokkanischen und der mauretanischen Grenzabfertigung nicht verlassen und auch auf mauretanischem Gebiet bis zum Erreichen der Teerstrasse nicht mal zum Pinkeln neben die gut erkennbare Piste treten.
Den unfreundlichen, mauretanischen Polizisten finden wir zufällig in seinem Zelt. Von einer gut zu erkennenden Piste kann jedoch keine Rede sein. Wir folgen der alten, spanischen Teerstrasse, bis diese von einer nicht zu bezwingenden Sanddüne blockiert wird.
Wir wenden – zwangsläufig neben der Piste – und folgen Fahrspuren Richtung Süd, bis diese vom Wind so mit Sand zugeweht sind, dass sie nicht mehr zu erkennen sind. Wieder wenden wir, finden neue Spuren und folgen diesen, immer Richtung Süd. Ca. einen Kilometer entfernt im Osten sehe ich plötzlich einen Lkw fahren, mit hoher Geschwindigkeit und ohne Staubwolke. Wir folgen den nächsten Spuren (wo schon

MAROKKO

jemand gefahren ist, liegen keine Minen, schlussfolgern wir) Richtung Ost und nach einem Kilometer trennt uns nur noch ein Graben von der neuen Teerstraße nach Nouâdhibou. Langsam senkt sich der Puls.

Westsahara: Anfang der siebziger Jahre strebten nationalistisch gesinnte Sahraoui die Unabhängigkeit Spanisch-Sahara an.
Algerien, Mauretanien und Marokko hatten inzwischen das Gebiet für sich beansprucht.
Ende 1975 veranlasste der marokkanische König Hassan II. eine umfassende, gewaltfreie Invasion von Spanisch-Sahara, den so genannten grünen Marsch. Spanien erklärte sich einverstanden, das Gebiet an Mauretanien und Marokko abzutreten und zog sich 1976 zurück.
Daraufhin wurden zwei Drittel des ehemaligen Spanisch-Sahara von Marokko, der Rest von Mauretanien besetzt. Algerien protestierte gegen die Aufteilung und unterstützte die Befreiungsbewegung Polisario, die durch Anschläge und einen Untergrundkampf Mauretanien soweit brachten, sich 1979 aus der Westsahara zurück zuziehen. Daraufhin annektierte Marokko das gesamte Gebiet. 1991 wurde zwischen der Polisario und Marokko ein Waffenstillstand geschlossen. Seitdem wird über eine politische Lösung verhandelt. Bisher ohne Erfolg.

MAURETANIEN

MAURETANIEN
LIEBER EIN HAUS IN DEN BERGEN

„GET STUCK!" ABKÜRZUNGEN KOSTEN ZEIT

Die Grenzabfertigung Marokko-Mauretanien gibt einen Vorgeschmack auf tiefstes Afrika, aber nach drei Stunden ist der Budenzauber vorüber. Die Mauretanier kontrollieren ausgesprochen gründlich, viel gründlicher, als ich es in Erinnerung habe. Und das Ganze gleich vier Mal, natürlich stets verbunden mit Bettelei nach Uhr, Handy, Sonnenbrille, Jeans oder sonstigen Dingen, mit denen man bei den Kollegen Eindruck schindet.
In Nouâdhibou sind wir geschockt. Jetzt wissen wir, was man unter Kulturschock versteht: Müll, Dreck, schrottreife Autos und jede Menge Fliegen. Man fragt sich ständig: „Ist das die Stadt oder der Slum?"

MAURETANIEN

Aber dann wird schnell klar: der Slum ist die Stadt, oder: die Stadt ist ein Slum.

Stadtrand von Nouâdhibou

Auffallend ist der gestiegene Anteil Schwarzafrikaner. Hübsche Frauen in bunten Gewändern mischen sich auf dem Markt mit völlig verhüllten arabischen Frauen, von denen man nur vermuten kann, dass sie ebenso hübsch sind. In den Geschäftsstraßen blüht der Handel. Es sieht aus wie in einer Stadt in Mali oder Burkina Faso. Alte Waschmaschinen und Kühlschränke aus Europa werden genauso angeboten wie bunte Tücher aus West-Afrika und natürlich wird alles, was es in Marokko oder China zu kaufen gibt, inzwischen durch die Westsahara gekarrt.
Wir fragen uns: „Was machen die ganzen negriden Menschen hier?" und bekommen später die Antwort.
Zunächst gehen wir in ein Café zum Frühstücken. Von Außen macht es einen ungewöhnlich guten Eindruck. Sogar ein Wachmann steht vor der Tür. Innen geht es vornehm zu. Scheinbar frühstücken hier nur Europäer, der Stadtdirektor und der Eisenbahndirektor. Okay, unser Frühstück aus je einer Tasse Kaffee und einem Croissant kostet auch den Wochenlohn eines Hafenarbeiters. Für den Preis hätten wir auch in Paris frühstücken können – na ja, jedenfalls fast.

„You have a nice car, Sir. Where are you going?", fragt mich ein junger Mann in bunten Kleidern. Ich wundere mich, denn er spricht Englisch und nicht Französisch. Wir kommen ins Gespräch. Er kommt aus Liberia und ist auf dem Weg nach Spanien. Illegal, versteht sich. Jetzt ist in dieser gottverlassenen Stadt erst mal Endstation. Der Weg per Boot

 MAURETANIEN

nach Gran Canaria ist schwieriger und teurer, als er und die meisten seiner Freunde sich gedacht haben. Er hat etwas Gold und Diamantensplitter, damit will er die Schlepper bezahlen.
Viele besitzen bereits nichts mehr und haben sich hier aus alten Ölfässern und Pappe ein „Haus" gebaut. „Willst du die Wahrheit hören? Willst du wissen, was dich in Europa erwartet?", frage ich ihn.
„Ich kenne die Realität in Liberia. In Liberia habe ich keine Chance. In Europa habe ich vielleicht eine ganz, ganz kleine Chance und wegen dieser kleinen Chance habe ich mich auf den Weg gemacht."
Eine hübsche schwarzafrikanische Lady steigt in den schrottreifen Mercedes eines Mauren. Große Schilder und bemalte Hauswände warnen vor Aids. Draußen vor dem Hafen liegen alte, halb versunkene Schiffe, die schon eine Ewigkeit aufs Abwracken warten. Ein Bild symbolisch für die ganze Stadt.

Alte Waschmaschinen als Grundstücksbegrenzung

Natürlich sind nicht alle Schwarzafrikaner in Nouâdhibou auf dem Weg nach Europa. Viele sind ehemalige Sklaven und leben hier in ihrer Stadt. Die Sklaverei wurde in Mauretanien Mitte der achtziger Jahre, als letztes Land der Erde abgeschafft. In einem Bericht der UN aus dem Jahr 2001 wird Mauretanien ermahnt, entschiedener die Abschaffung durchzusetzen, denn immer noch gibt es Sklaverei in Mauretanien.

Auf Reifensuche

Auf den Straßen sehe ich Mercedes-Lkw, die raus in die Wüste fahren. Alle haben 14.00 Bereifung, genau die Größe, die wir brauchen. Ohne Ersatzrad wollen wir die Wüste nicht durchqueren, denn auf den nächsten knapp 1.000 Kilometern werden wir außer Nomaden nicht viele Menschen sehen. Deshalb nehmen wir uns am nächsten Tag einen Führer und fahren von Reifenhändler zu Reifenhändler. Neureifen sind nicht zu bekommen, aber danach suchen wir eh nicht. Wir finden gebrauchte Bundeswehr-Reifen aus Deutschland, diese jedoch zum Preis eines Neureifens. Unser Führer, ein alter, klappriger Mann, gibt sich Mühe, kreuz und quer geht es durch die Stadt. Die Preise fallen nur langsam, aber sie fallen. Letztendlich einigen wir uns auf 200 Euro für einen brauchbaren Reifen. Unser Führer bringt uns noch zu einem Schwarztauscher, der einen Euro in 380 Ouguiya statt der offiziellen 325 wechselt. Am Ende eines halben Tages Arbeit und Mühe verlangt er umgerechnet drei Euro als Lohn.

Altreifenhändler in Nouâdhibou

Der längste Zug der Welt

Wir verlassen Nouâdhibou in Richtung Osten. Die Piste führt entlang der Eisenbahnlinie, die das Erzabbaugebiet Zouérat mit dem 800 Kilometer entfernten Nouâdhibou verbindet. Die Erzzüge werden teils von drei schweren Dieselloks gezogen und von zwei weiteren geschoben. So bewegen sie sich mit einer Geschwindigkeit von 30-40 km/h voran. Die Züge gelten als die längsten Züge der Welt. Während ich fotografiere, zählt Sabine die Wagen. Es sind 170 vierachsige Erzwagen. Zum Vergleich: In Deutschland ist ein Güterzug mit 25 solcher Wagen schon einer der Längsten.

Wir folgen der Strecke über endlos lange Schotterebenen und einige Dünenfelder, die ein Luftablassen der Reifen erforderlich machen. Für die knapp 400 Kilometer lange Piste bis Choum brauchen wir drei Tage. Eine Nacht stehen wir direkt am Bahngleis und werden von den schwe-

 MAURETANIEN

ren Dieselmotoren der Loks geweckt. Als der Zug endlich auf unserer Höhe ist, bietet sich ein spektakuläres Bild. Die Räder der Erzwagen schlagen Funken, wenn sie an den schlecht gewarteten Gleisen entlang drehen. Unterwegs sehen wir zwei oder drei Stellen, an denen es zu einem Unglück gekommen sein muss. Erzwagen liegen verbeult auf einem Haufen im Sand neben der Strecke.
In Choum kaufen wir ein. Obwohl wir nur Gemüse für unser Abendessen kaufen, haben wir fast den gesamten Markt aufgekauft. Ein Erlebnis ist der Metzger, der mit einer Axt das auf dem Boden liegende Kamel in Stücke hackt und verkauft. Wir ändern die Richtung von 90 Grad Ost auf 180 Grad Süd und erreichen nach 120 Kilometern ausgefahrener Piste die Stadt Atâr.

Pannenhilfe

Drei Kilometer vor der Stadt steht ein vollbesetztes Taxi am Straßenrand, ein Reifen ist platt. Wir halten und bieten unsere Hilfe an. Schnell ist der Druckluftschlauch ausgepackt, mit unserem Kompressor verbunden und der Reifen wieder fahrtauglich, zumindest bis in die nächste Stadt. Aber der Reifen ist nicht das eigentliche Problem. Dem Taxi fehlt Sprit, es ist völlig trocken gefahren und weil es solange stand, hat der Reifen die Luft verloren. Wir holen den Bergegurt aus der Dachbox und binden den Mercedes hinter den Deutz.
An der Tankstelle müssen alle Fahrgäste zusammenlegen und den Fahrpreis entrichten, es reicht für sechs Liter Diesel und die Taxifahrt geht weiter. Inzwischen haben wir einige Fahrzeuge mit platten Reifen am Straßenrand wieder flott gemacht, Werkzeug verliehen und abgeschleppt. Immer kostenlos – klar! Die Mauretanier sind allerdings geschäftstüchtiger. Ein Spanier soll für das Abschleppen seines Pajero über eine Strecke von etwa 25 km 200 Euro zahlen.

Das Hotel im Krater

Unser nächstes Ziel ist der Krater Guelb er Richat, ca. 250 Kilometer östlich von Atar. Der kreisrunde Krater mit einem Durchmesser von knapp 50 Kilometern ist einzigartig in der Sahara. Früher ging man von

MAURETANIEN

einem riesigen Meteoriteneinschlag aus, inzwischen setzt sich die Meinung durch, dass es sich um eine vulkanische Erscheinungsform handele. Die Piste lässt sich gut befahren und wir durchfahren den Krater zwei Tage später von Nord nach Süd. In der Mitte des Kraters gibt es einen Brunnen. Hier lebt eine Familie, die an ihrer Strohhütte ein Schild „Auberge-Restaurant" angebracht hat.
Wir halten an und wollen einen Tee trinken, um ihnen so eine kleine Einnahme zu ermöglichen. Es gibt die obligatorischen/traditionellen drei Teerunden. Für jede Runde wird der Tee frisch gekocht und mit jeder Runde stärker gesüßt. Ich darf fotografieren. Frisch gebackenes, noch heißes Brot wird gereicht. Wir möchten den Backofen sehen und werden zu einem runden Sandplatz geführt. Hier wird nach alter Tradition das Fladenbrot unter Holzfeuer im Sand gebacken.
Als wir nach zwei Stunden aufbrechen, möchte man kein Geld haben, Tee und Brot gehören zur traditionellen Gastfreundschaft, dafür nimmt man kein Geld. Etwas anderes hätten wir in dem Restaurant aber nicht bestellen können, es gibt nur Tee und Brot. Wir verabschieden uns und gehen zum Auto. Niemand kommt hinterher gerannt um zu betteln, keine Frage nach Shirts, Taschenlampen, Sonnenbrillen – ungewöhnlich.

Ich packe etwas Tee, Zucker und Mehl, sodass es für die doppelte Menge Brot und Tee reicht, als wir gegessen und getrunken haben und bringe es zur Hütte. Die Leute sind wirklich überrascht, dass ich nochmals zurückkomme und freuen sich aufrichtig über unser Geschenk.

Chinguetti

Für die Rückfahrt vom Krater Guelb er Richat wählen wir anstatt der guten Piste über das Felsplateau den schwierigeren, aber landschaftlich viel schöneren Weg durch die Dünen nach Chinguetti.
Ein junger Mann bietet uns seine Hilfe an. Wir brauchen Wasser, möchten ein paar Lebensmittel kaufen, uns den Ort ansehen und einen preiswerten Camping finden. Alles kein Problem. Wir können im Garten seiner Familie campen, Wasser bei seinem Haus bekommen und seine Familie könne für uns kochen wie im Restaurant. Er sei so froh, wenn seine Familie etwas Geld verdienen könne. Okay, die Chance sollen sie haben, zumal die Preise wirklich günstig sind. Wir bestellen Tajine für

33

19.00 Uhr in seinem Haus. Wasser gibt es dann aber doch keins, denn Wasser wird seit Tagen nur für die Hotels gebunkert. Montag kommen die ersten Flugtouristen und die wollen natürlich in der Wüste duschen. Die Einheimischen müssen halt sehen, wie sie ohne Wasser halbwegs überleben.

19.00 Uhr – Essen wie im Restaurant

Wir betreten das Grundstück durch eine, nur noch an einer Angel hängende, Eisentür. Im Innenhof liegt Müll, von Altölkanistern über Kartoffelschalen hin zu leeren Fischdosen, die so verrostet sind, dass der Inhalt scheinbar vom Ur-Ur-Urgroßvater gegessen wurde. Gegenüber der Eingangstür steht ein Nomadenzelt, vor dem die Familie auf einer Matte im Kreis sitzt. Linkerhand befindet sich ein Lehmhaus, ca. drei mal fünf Meter, ohne Möbel, lediglich ein paar Decken und Kissen liegen auf dem Boden und rechts ein Lehmofen.
Wir setzen uns zu der Familie in den Kreis. Heute ist der erste Tag des Ramadans, gleich ist die Sonne weg und es wird gegessen. In der Mitte des Kreises steht der Weltempfänger, aus dem ein religiöser Sprechgesang ertönt. Der Einzige, der ernsthaft dem Radio lauscht, ist ein alter Mann, wohl das Familienoberhaupt.
Auf einem Tablett stehen sechs Tassen, anscheinend gefüllt mit schmutzigem Aufwaschwasser. „Ganz schön clever", denke ich mir, versammeln sich so doch alle Fliegen auf den Tassen und man muss nicht ständig die Plagegeister aus dem Gesicht vertreiben. Ich hätte die Tassen nur an eine andere Stelle gestellt, sieht ja nicht sonderlich appetitlich aus. Ich gucke am besten nicht so oft hin, dann wird mir auch nicht schlecht. Endlich, der Prediger im Radio gibt das Signal zum Essen. Mit einer schnellen Handbewegung vertreibt die alte Frau die Fliegen und reicht mir eine der Tassen mit Aufwaschwasser. Nein, es ist kein Aufwaschwasser, es ist Getreidesuppe. Mir wird übel.
Zwei innere Stimmen reden auf mich ein. Eine sagt: „Aus Höflichkeit wirst du wenigstens probieren." Die Andere erwidert: „Fass die Tasse nicht an, sonst spuckst du mitten ins Zelt." Und wieder die erste Stimme: „Ist doch nur Wasser und Getreide, iss ruhig." „Probierst du auch nur einen Schluck, ist der Abend beendet, lass dir was einfallen!" Ich spüre Schweißperlen auf meiner Stirn. Endlich, die Tasse wird an mei-

MAURETANIEN

nen Nachbarn weitergereicht, auch Sabine hat sich erfolgreich gedrückt. Als nächstes macht eine Schüssel mit Wasser und geronnener Ziegenmilch die Runde. Jeder greift in die Schüssel und rührt die sich absetzende Milch mit der rechten Hand auf. Erneut kann ich einer Kostprobe entkommen. Ich würde den doppelten Menüpreis zahlen, wenn ich einfach gehen könnte, ohne essen zu müssen. Endlich, eine Teerunde. Das dritte Glas halte ich fest, so kann ich bei jedem weiteren Gang sagen: „Ich habe noch Tee, Danke." Ich gebe das Teeglas nicht mehr her. Die Tajine wird gebracht. Sie sieht gut aus, frisch gekocht, ohne Fliegenschwarm. Die Tajine besteht aus Kartoffeln, Zwiebel und Hühnchen und schmeckt. Wir essen uns satt. Gegen 22.00 Uhr fahren wir in den Garten. Der Garten liegt zwei Kilometer außerhalb in einem Palmenhain, ein schöner Platz für die Nacht. Hier sind wir allein mit Ziege, Esel und Kamel. Und einem Hahn, wie wir im Morgengrauen feststellen, vorbei die himmlische Ruhe. Hätte ich das geahnt, hätte ich am Abend vorher ein Hühnchen extra bestellt.

Die größte Katastrophe in der Geschichte der Pistenkuh

Nouakchott liegt hinter uns, wir fahren die Teerstraße in Richtung Senegal. Statt der Fähre bei Rosso wollen wir wieder über den Damm fahren und die Grenze nach Senegal bei Diama überqueren, aus Kostengründen.
Im Sahara-Buch von Gerhard Göttler gibt Gerhard Koordinaten für einen Pistenabzweig an, von dem er annimmt, dass die Piste in südwestliche Richtung verläuft und auf den Damm trifft. Aber bei den angegebenen Koordinaten findet sich weit und breit kein Pistenabzweig.
„Macht nichts, dann fahren wir eben die Piste, die wir schon vor drei Jahren genommen haben." Ungefähr zehn Kilometer weiter führt eine geschobene Piste von der Teerstraße weg Richtung Westen.
„Die nehmen wir, wenn die weiter in Richtung Westen führt, dann muss ja die von Gerhard beschriebene Piste, irgendwann von Norden kommend, darauf treffen."
Die Schotterpiste ist gut zu befahren, endet jedoch nach 15 Kilometern bei einer Ansammlung von Nomadenzelten. Einzelne Geländewagenspuren gehen weiter Richtung Westen. Es geht durch eine weite Ebene und schließlich stehen wir vor einer Dünenkette, hinter der man die

35

 MAURETANIEN

Brandung des Atlantiks hört. Die Spuren der Geländewagen, wie es aussieht zwei oder drei Fahrzeuge, führen an dieser Dünenkette entlang und ändern die Richtung auf Süd. Eine Piste von Norden kommend haben wir bislang nicht entdecken können.
„Unser GPS sagt, wird sind knapp 80 Kilometer vom Damm entfernt. Sollen wir einfach mal den Spuren folgen, die führen ja in unsere Richtung?", frage ich Sabine. „Ganz wie du meinst, Liebling", was soviel bedeutet wie: „Mach was du willst, aber wenn es schief geht, habe ich damit nichts zu tun."
Also Gas. Im Slalom treiben wir die Pistenkuh um Strauch und Buschwerk, das zuhauf in dieser Ebene wächst. Esel und Kamele laufen frei herum und sehen aus, als hätten sie noch nie arbeiten müssen. Wir folgen weiter dem Dünenverlauf. Links sieht man in der Ebene Salzpfannen und manchmal Seenflächen, wo man nie sicher ist, ob es eine Luftspiegelung oder Wasser ist. Steigt man auf die Sanddüne, sieht man, dass es tatsächlich Wasser ist. Am späten Nachmittag, es sind noch 38 km bis Keur Massene, wird es schwieriger, den Dünen zu folgen. Weicher Sand erschwert das Fahren deutlich. Die Geländewagenspuren vor uns weichen in die Ebene aus – eine gute Idee.
Und dann nimmt die Katastrophe ihren Lauf. Ich merke, wie die Hinterräder die Haftung verlieren. Schlammbrocken fliegen durch die Luft. „Scheiße. Das ist ja alles weich." Ich gebe Vollgas. Es klappt und der Deutz fängt sich, beschleunigt sogar etwas. Im Rückspiegel sehe ich die tiefe, von uns gezogene Spur und im selben Moment drehen die Räder erneut durch.

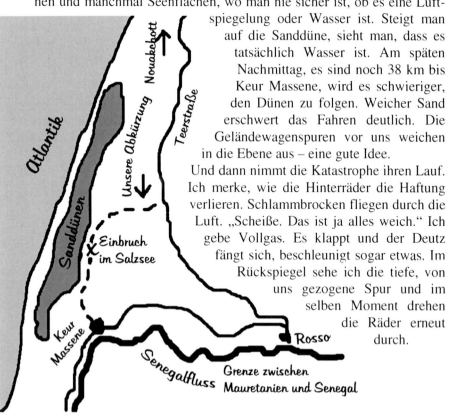

MAURETANIEN

Wieder Vollgas, aber wir stehen, graben uns nur immer tiefer ein. Ich trete die Kupplung bis zum Bodenblech durch. Die Räder stehen still, aber unser Deutz bewegt sich – nach unten. Man hört nur ein leises Gurgeln und Schmatzen und langsam, Zentimeter für Zentimeter, versinkt unser Deutz im Sumpf. Wir können nichts machen, nur zusehen. Ich reiße die Schaufel aus der Halterung, will die Sandbleche unterlegen, aber jede Aktion führt nur dazu, dass der Deutz schneller im Salzsee verschwindet. Panik und Ohnmacht machen sich breit.

Einbruch auf dem Salzsee

„Schnell, ausräumen! Wir müssen ihn leicht machen."
Gleichzeitig lasse ich die Luft aus den Reifen, wir haben dummerweise noch vollen Straßendruck drauf. Aber zum Glück fahre ich ohne Ventile, nur mit metallenen Verschlusskappen, die auch gut abdichten, aber ein schnelles Ablassen und Aufpumpen ermöglichen. Und unser größtes Glück ist, dass die Vorderachse nicht eingebrochen ist. Als der Fahrzeugrahmen die Seeoberfläche erreicht, stoppt der Sinkvorgang. Die Hinterachse ist komplett weg.

Die Sonne versinkt am Horizont und kurze Zeit später ist es stockdunkel. Ich stelle den Wagenheber auf ein Sandblech und versuche, ihn unter den Rahmen zu schieben, es klappt. Doch sobald ich Druck aufbaue, verschwindet mein Wagenheber mitsamt Sandblech im Morast. Der Deutz bewegt sich keinen Millimeter.
Ein weiteres Problem stellt sich ein. Wir haben kein Wasser mehr. Die Tanks waren fast leer, wir wollten in der Zebra-Bar in Saint-Louis auffüllen und durch die schräge Lage fördert die Pumpe jetzt nur Luft. Mit einer Suppenkelle schöpfen wir Wasser zur Reinigungsöffnung heraus. Zum Waschen ist uns das Wasser zu kostbar, also kriechen wir lehmverkrustet in die Schlafsäcke und schlafen neben dem Fahrzeug. Abendessen ist gestrichen. Hunger haben wir eh nicht.

 MAURETANIEN

Ich kann nicht schlafen, weiß nicht, wie ich den Deutz bergen soll, wenn die Sonne wieder aufgeht. Kämen jetzt die beiden Radfahrer vorbei, die wir in der Westsahara getroffen haben, und würden ihre Fahrräder gegen unseren Deutz tauschen wollen, ich würde es machen. Was machen wir hier überhaupt? Warum tun wir uns das an? Das ganze Projekt steht in Frage. Sollten wir nicht besser irgendwo ein Haus in den Bergen kaufen und ein tolles Leben auf der Terrasse führen?

„Was hast du vor?", will Sabine wissen. „Ich stehe auf und vergrabe mein Reserverad als Anker, dann ziehe ich uns mit der Seilwinde raus." Mitten in der Nacht schaufele ich ca. 40 Meter vor unserem Deutz ein Loch in den pappigen Lehm. Lieber das Reserverad hier im Sumpf versenken und zurücklassen, als unsere Pistenkuh. Nach zwei Stunden krieche ich wieder in den Schlafsack.

35 cm unter der Salzkruste steht Wasser

Am nächsten Morgen kommen kurz nach Sonnenaufgang drei Nomaden zu uns. Sie haben ihre Zelte ganz in der Nähe am Strand. Ihr Lösungsvorschlag: Wir bauen aus alten Ölkanistern Schlitten, in denen wir Sand von der Düne holen und unter dem Deutz verfestigen. Ich halte davon nicht viel, habe aber keinen besseren Vorschlag. Es wird unerträglich heiß, starker Wind setzt ein und hüllt uns in Staub.
Die drei Burschen sind zäh. Den ganzen Tag schaffen sie Sand herbei. Ich weiß nicht, wie viele Kubikmeter wir in den See verfüllen. Gegen Mittag dann der erste Hoffnungsschimmer: Das Sandblech drückt sich nicht mehr so tief in den Morast, sondern der Deutz hebt sich sogar ein wenig. Also weiter Sand herbei schaffen.
Am dritten Tag ist es dann soweit. Ich versenke das Reserverad und versuche mit der Winde zu ziehen. Aber ich ziehe das Rad mit Leichtigkeit aus dem Schlamm, ohne, dass der Wagen sich auch nur einen Zentimeter bewegt, obwohl er jetzt schon auf Sand steht. Der Trick, das Reserverad zu vergraben, funktioniert wohl nur theoretisch und in Bü-

MAURETANIEN

chern. Also dann, erster Gang rein und Gas. Zuvor wurden noch Sträucher und Sandbleche unter die Räder gelegt. Es klappt! Die Freude ist unermesslich. Mit 0,8 bar Druck in den Reifen fahren wir ein paar hundert Meter über den See auf eine befestigte Piste.

Jetzt nur noch Reifen aufpumpen, unser Gerümpel über den See tragen und weiter geht's. Und natürlich noch die Nomaden bezahlen. Eins war von Beginn an klar, wir wollen nicht kleinlich sein. Sie sollen sich zumindest ebenso unermesslich freuen wie wir, als der Deutz sich aus dem Loch wühlte, auch auf die Gefahr hin, dass wir den Preis für Nachfolger in die Höhe treiben. Wir zahlen einen mauretanischen Tageslohn (ca. zwei Euro) als Stundenlohn. Als ich dem Ältesten die Summe übergebe ist die Freude der Drei groß. Und die Freude steigt ins Unermessliche als sie erfahren, dass jeder von ihnen die Summe bekommt. Insgesamt gehen für 60 Arbeitsstunden 120 Euro in ihre Taschen.

Ohne ihre Hilfe hätten wir den Deutz nie befreien können und unser Reserverad haben wir ja auch behalten. Zum Schluss versichern sie mir, sie hätten auch ohne Bezahlung geholfen, das gebiete die Gastfreundschaft. Ich glaube es ihnen.

Zwei der drei Helfer. Sie sehen nicht so aus aber sie arbeiteten in der größten Hitze und bei Sandsturm unermüdlich, schafften den ganzen langen Tag Sand herbei. Nach drei Tagen gelingt es uns, den Deutz aus dem Salzsumpf zu befreien.

MAURETANIEN

05.11.2007, Mauretanien,
ca. 80 km nördlich von Diama auf einem Salzsee

Hurra, Hurra, Hurra, wir fahren wieder!
Im Moment stehen wir zwar an der Grenze zu Senegal und der Zöllner will uns nicht rein lassen, aber egal, wir stehen auf Teer, auf richtig schönem, festem, schwarzem Teer.
Vorgestern war der Tiefpunkt - in jeder Hinsicht. Sabine hatte erstaunlich gute Nerven, aber wahrscheinlich nur deswegen, weil sie die Realität nicht einschätzen konnte. Sie dachte, wir bräuchten nur einen Bagger oder eine Planierraupe zu organisieren, die uns aus dem Schlamassel rauszieht. Aber welcher Baggerfahrer ist so bescheuert und fährt mit seinem schweren Gerät auf oder besser in einen weichen Sumpf?
Gut, jeden Tag steht ein Dummer auf, ich war's gestern, aber ein versenkter Bagger hätte uns auch nichts genützt.
Die Nomaden, echt ein Glücksfall, dabei wollte ich sie zuerst weg schicken. Haben mich am Anfang total genervt. Wussten alles besser, meinten, mit ein bisschen Sand unter den Rädern kämen wir schon wieder frei. Dummes Geschwätz von Leuten, die noch nie ein Auto gefahren, keinen blassen Schimmer von Physik haben und keine Vorstellung, was zehn Tonnen sind. Für die ist ein Sack Zement schon schwer.
Aber na gut, schleppen oder ziehen wir Sand herbei. Ich habe nur mitgemacht, weil mir auch nichts Besseres einfiel.
Meine Idee ist gewesen, mit den Nomaden auf einem Esel in die nächste Stadt zu reiten, dort einen Lastwagen voll mit Bohlen zu organisieren, sagen wir mal 50 Bretter, jedes 4 m lang, 40 cm breit und 5 cm dick. Daraus könnte man eine befahrbare Plattform bauen, die nicht im Sumpf einsinkt. Aber zum Glück blieb mir die Schmach, mit dem Esel in die Stadt reiten zu müssen, erspart.

Und das Irre: Sobald unser Deutz wieder auf festem Grund stand, war das Haus in den Bergen und der Fahrradtausch schon vergessen.

SENEGAL
KALIFEN, KORRUPTION UND BETTELKINDER

BUSBAHNHOF IN DAKAR

Freunde muss man haben

Der Grenzübertritt von Mauretanien nach Senegal gestaltet sich schwierig. Es ist später Nachmittag, eigentlich eine ungünstige Zeit für solch ein Vorhaben, aber den Morgen haben wir damit verbracht, unser Auto neu zu packen und wieder reisefertig zu machen, nachdem wir den Deutz aus dem Schlamm des Salzsees befreit hatten. Der mauretanische Zöllner macht die Eintragung des Fahrzeuges in meinem Reisepass ungültig und will dafür eine Gebühr von zehn Euro. Die gleiche Summe,

 SENEGAL

die auch bei der Einreise gefordert wurde, welche wir dort aber mit List und Tücke umgehen konnten. Nach knapp zehn Minuten habe ich ihn endlich soweit, den Stempel ohne Gebühr und ohne Geschenk in meinen Pass zu drücken. Bei der Polizei das gleiche Spiel. Je Pass zehn Euro. Wieder ein Kampf, wieder gibt es die Stempel nach 15 Minuten ohne Gebühr und ohne Geschenk. Aber der Schlagbaum ist noch immer nicht oben. Ein Nationalparkverwalter will drei Euro, weil wir den Nationalpark durchfahren haben. Natürlich diesmal gegen Quittung und Stempel. Wieder Kampf und Poker und auch diesmal geht es ohne Zahlung und endlich öffnet sich die Schranke. 500 Meter weiter, bei der Einreise in den Senegal, wird die zu knackende Nuss deutlich härter. 20 Euro Brückenzoll sind fällig. Natürlich gegen Stempel und offizielle Quittung. Ich gehe zur Polizei, frage nach der Rechtmäßigkeit und will die Gebührenordnung sehen. Tatsächlich stehen auf der Gebührenordnung 20 Euro für Lastwagen unter zehn Tonnen. Trotzdem kämpfen wir. Ich will ihn auf vier Euro runterhandeln, habe aber nicht die geringste Chance. Also zahlen wir 20 Euro gegen Quittung. Beim senegalesischen Polizisten geht's weiter. Seine Forderung nach zehn Euro je Pass ist überraschend schnell abgeschmettert. Weichei. Er will die Fahrzeugpapiere und die Fahrzeugversicherung sehen. Meine Hände sind feucht und ich kann das Zittern der Finger nicht unter Kontrolle bringen. Es ist das erste Mal, dass wir unsere, na ja, wie soll man es nennen – Fälschung klingt so nach Straftat – nennen wir es mal „angepasste und optimierte Kopie zwecks Eigenschutz" zum Einsatz bringen.

Er sieht sich die Versicherung genau an und nickt vor sich hin. So etwas hat er noch nicht gesehen. Eine Versicherung, die in ganz Afrika gilt, mit ordentlichen Deckungssummen.
„Sehr gut, ihre Papiere sind in Ordnung. Zum Schluss ein kleines Geschenk für die Polizei?" Natürlich gibt es auch hier kein Geschenk. Ein deutliches „No" reicht. Beim Rausgehen fragt der Polizist mich, ob ich mich mit dem Brückenwart geeinigt hätte.
„Ja, auf den halben Preis", lüge ich. „Das hast du gut gemacht, der ist ein Halsabschneider, die meisten zahlen bei ihm die 20 Euro."
Ich ärgere mich über mich selbst, habe ich also doch viel zu schnell aufgegeben.
Etwas wütend gehe ich zum Zoll. Beim Zoll wird unser Carnet abgestempelt und dies soll eine Gebühr von 2.500 CFA (ca. 4,50 Euro) kos-

SENEGAL

ten. Wir zahlen hier gar nichts mehr. Zero. Null. Dummerweise entwickelt sich aus der Verhandlung recht schnell ein Streit zwischen dem Zöllner und mir, mit dem Resultat, dass ich aus seinem Büro fliege, er den Laden abschließt und Feierabend macht. Mein Carnet liegt noch unbearbeitet auf seinem Schreibtisch.
Sabine ist etwas sauer. Sie hält nicht viel von meinem Verhandlungsgeschick: „Für knapp fünf Euro streitest du stundenlang mit dem Schwarzen rum und am Ende sind unsere Papiere weg und wir können an der Grenze übernachten. Dazu noch ohne Wasser und immer noch schlammverkrustet. Das ist doch nicht dein Ernst?"
Mein Argument, dass ich in der letzten Stunde 50 Euro an Stempelgebühren gespart habe, scheint bei der Liebsten aller Ehefrauen nicht zu zählen. Die meisten drücken hier einen Fuffi oder mehr ab.
„Okay, ich probiere es noch mal."
Der Zöllner sitzt mit dem Polizisten und ein paar Frauen vor der Polizeibude. Man nimmt mich nicht zur Kenntnis und reagiert in keiner Weise auf meine nun recht freundlichen Worte. Ich stelle sogar ein kleines Geschenk in Aussicht, sollte er trotz Dienstschluss seine Kasperbude noch mal öffnen. Und natürlich zahle ich die 4,50 Euro Stempelgebühr, das war doch nur ein Missverständnis, ich hatte 45 Euro verstanden, mein Englisch ist eben nicht so gut und ich halte schon mal den Fünfeuroschein hin.
Ah, er reagiert. Aber nicht wie erwartet, sondern er sagt, dass er keine Euro akzeptiere. Ich soll morgen mit dem Taxi in die nächste Stadt fahren und Euros in CFA tauschen. Das Verhandlungsergebnis traue ich meinem Schatz gar nicht mitzuteilen.
Ich frage den Polizisten, ob er fünf Euro tauscht, natürlich gegen Kommission, Provision, Gebühren, Aufwandsentschädigung und alle anderen Auslagen, aber die Antwort kann man sich denken: „Nein, du hast hier keine Freunde."

Am nächsten Morgen werden wir früh von dem Hupen eines Autos geweckt. Ich schaue aus dem Fenster: Zwei dunkelblaue, neue Mercedes-Limousinen der S-Klasse stehen vor dem Schlagbaum. Der Polizist und der Zöllner sind überfreundlich, alles geht schnell und zügig.
„Der hat bestimmt Kohle, ich frage mal, ob der tauscht."
Und schon bin ich aus meinem Bett in die Hose gesprungen und schaffe es gerade noch zu dem Mercedes zu kommen, bevor er davonrast.

 SENEGAL

Sofort steigen ein paar Männer aus dem Wagen und hindern mich daran, weiter zu gehen. In meinem autodidaktisch erlernten Französisch sage ich: "Ich bin Deutscher. Ich habe ein Problem. Ich brauche Geld. Bitte wechseln Sie fünf Euro."
Im zweiten Mercedes wird die hintere, verdunkelte Seitenscheibe runtergekurbelt und ein sehr gepflegter, älterer Herr winkt mich zu sich. Seine Bodyguards treten beiseite und lassen mich durch. Also noch mal mein Spruch.
„Wie viel CFA sind fünf Euro?", will er wissen.
„Etwas mehr als 3.000, aber mir genügen 2.500."
Er gibt Anweisungen an seinen Mitfahrer. Ein Mann, ebenfalls im feinen Anzug, öffnet eine Aktentasche und sucht nach Geld. Mit den Worten „Wir haben kein Kleingeld dabei" überreicht er mir 5.000 CFA. Meine fünf Euro will er nicht annehmen. Zu dem Geld überreicht er mir seine Visitenkarte und schreibt mit Kuli seine Handynummer darauf. Es handelt sich um den Kalifen Cherif Cheik Sidy Bouya Aidara, Sohn des Kalifen Pere Cheikh Adrame ould Cheik Saad-Bou. Mit Wohnsitz in Frankreich und Italien.
Der Visitenkarte muss ein Zauber inne sein, denn die unfreundlichen Polizisten und Zöllner, die mit offenem Mund die Verhandlung und die Geldübergabe beobachtet haben, salutieren heute Morgen vor mir und stehen stramm. Das war gestern Abend noch ganz anders. Das Carnet wird gestempelt und alles läuft schnell und korrekt.

Wenige Kilometer später die erste Polizeisperre. Es ist wie vor drei Jahren, damals in Dakar:
„Das Parken ist hier verboten."
Was will der uniformierte Polizist von mir? Unser Deutz stand am Straßenrand in Dakar wie viele anderen Autos auch, kein Schild zeigte ein Parkverbot an und ich hatte nur gehalten, um schnell ein Foto von der Stadt zu machen.
„Pass, Führerschein, KFZ-Versicherung." Der Polizist war unfreundlich, noch nicht mal ein „Guten Tag" hatte er für mich übrig.
Meine Papiere verschwanden in seiner Tasche und er schrieb einen Strafzettel. Mit diesem Strafzettel sollte ich in die Stadt zurück fahren, auf der Polizeistation die Strafe zahlen, die dort festgesetzt würde und mit der Quittung zurück kommen, dann bekäme ich meine Papiere wieder. Wir waren froh aus der Stadt raus zu sein, wir wollten nicht noch

SENEGAL

mal zurück. Diskussionen nützten nichts, ich wurde langsam gereizt, denn alles, was er sagte, war: „You pay – Du zahlst!"
Ich gab auf, nahm den Strafzettel und ging zum Auto. Er folgte mir und flüsterte mir zu: „Gib mir etwas Geld, 20 Euro und du bekommst deine Papiere." „Du bekommst kein Geld."
Auf dem Weg zurück in die Stadt ärgerte ich mich über mich selbst. Warum hatte ich ihm nicht etwas Geld gegeben und wir wären jetzt auf dem Weg in unsere Richtung, statt uns hier durch das Verkehrsgewühle zu zwängen.
Bei der Polizeistation beschwerten wir uns. Die Strafe wurde zur Hälfte erlassen, umgerechnet drei Euro mussten wir aber zahlen. Unsere Papiere bekamen wir beim Polizisten ohne Schwierigkeiten zurück.

Diesmal ist es genauso. Der Polizist findet einen Grund für eine Strafe, behält die Fahrzeugpapiere und fordert ein Bakschisch. Auf den 30 Kilometern von der Grenze bis Saint Louis passieren wir drei Polizeicheckpoints. Alle drei haben etwas an unserem Fahrzeug auszusetzen. Mit viel Zeit und etwas Geschick gibt es auch ohne Bezahlung irgendwann die Papiere zurück.
Doch bei einer Sperre ist nichts mehr zu machen. Ich zeige die Visitenkarte des Kalifen Cherif Cheik Sidy Bouya Aidara, Sohn des Kalifen Pere Cheikh Adrame ould Cheik Saad-Bou und drohe, meinen Freund zur Klärung des Problems anzurufen.
„Woher kennst du ihn?"
„Wir sind Nachbarn in Frankreich. Er hat mich eingeladen, Senegal zu besuchen. Wir sind Freunde", lüge ich.
„Ich bin auch sein Freund und damit sind wir ja auch Freunde."
Er gibt mir meine Papiere zurück.
„Nein, nein, dass dein Auto hinten nicht rot-weiß gestrichen ist, ist kein großes Problem, das war ein Missverständnis. Ich meinte, es sei besser, wenn dein Auto hinten rot-weiß gestrichen wäre, für Fahrten in der Nacht."

Die Visitenkarte des Kalifen Cherif Cheik Sidy Bouya Aidara, Sohn des Kalifen Pere Cheikh Adrame ould Cheik Saad-Bou ist nicht in Gold aufzuwiegen und unser Ass im Ärmel. Solche Freunde muss man haben.

 SENEGAL

Die Zebrabar ist DER Globetrottertreffpunkt in Westafrika. Hier trifft man ständig andere Reisende. Abends, wenn eine frische Brise vom Meer her weht und die Moskitos vertreibt, kommt man auf dem Aussichtsturm zum Sundowner oder kühlem Bier. zusammen.

Schlägerei unter Palmen

In Saint Louis fahren wir zur „Zebra-Bar", um uns erst mal von dem Stress der letzten Tage zu erholen. Der Platz ist ganz okay und hat sich zu einem Globetrottertreffpunkt entwickelt. Aber das Preis-Leistungs-Verhältnis stimmt überhaupt nicht. Der Preis für eine Zwischenmahlzeit, die einem als komplettes Menü verkauft wird, ist ebenso wie die der Getränke völlig überzogen. Zum Glück haben wir uns vorher in der Stadt eingedeckt.

Die Zebra-Bar ist wunderschön am Rand eines Naturparks gelegen. Wir können Kanutouren unternehmen, vom Aussichtsturm Vögel beobachten oder einfach in der Bar sitzen und Gespräche führen. Super. Auf dem weitläufigen Gelände sucht man sich seinen Stellplatz und sieht somit von den Anderen nicht viel, wenn man nicht will.

SENEGAL

Am zweiten Abend sitzen wir zusammen mit Niederländern vor deren Auto. Es ist acht Uhr und die erste Flasche Wein gerade geöffnet, als plötzlich aus dem Dunkeln ein Mann auf unseren Stellplatz kommt: „Was fällt euch ein, hier so ein Krach zu machen? Ihr spinnt wohl, ihr Idioten", waren seine Begrüßungsworte. Es folgt ein Schwall weiterer Beschimpfungen und Beleidigungen gegen die Holländer.
„Nicht überreagieren, der ist völlig betrunken!" Ich habe die Worte kaum ausgesprochen, als mich auch schon ein Schlag ins Gesicht trifft. Der Holländer springt auf, der Stuhl fliegt um und mit zwei Schlägen geht der Besoffene zu Boden. Die Schlägerei ist so schnell zu Ende, ich komme gar nicht zum Austeilen. Schade.
Sabine hat inzwischen den Besitzer geholt, der aber sagt nur: „Macht das unter euch aus."
Später erfahren wir, dass der Besoffene ebenfalls, wie die Besitzer der Zebrabar, Schweizer ist und jedes Jahr einige Wochen saufend in der Bar verbringt.

Dakar, Stadt der Gegensätze

Dakar gefällt uns gut. Es ist eine europäische Oase. Es gibt italienische Eisdielen und Pizzerias, Läden mit französischem Käse und Wurst. Konditoreien und Metzger mit großer Auswahl und sauberen Kühltheken. Im Internetcafé ist die Verbindung rasend schnell und Stromausfall scheint man hier nicht zu kennen.
Wir genießen. Endlich ein Stück Fleisch, wo das Tier fachgerecht zerlegt und nicht mit der Machete in Stücke gehauen wurde. Wo das Fleisch nicht in ein Stück alten Zementsack gewickelt, sondern in unbenutzte Folie und neuem Papier verpackt wird. Die Brote sind ohne Sand gebacken. Hier kann man herrlich leben, sofern man es sich leisten kann, denn die Preise sind ebenfalls europäisch. Auf den Straßen sind neue Mercedes und BMW so selbstverständlich wie im Frankfurter Bankenviertel. Porsche Cayenne und Rolls-Royce gehören genauso zum Stadtbild, wie die Slums am Rand des Bahnhofs.
Herren in Nadelstreifen, Aktenköfferchen in der einen Hand, die Andere hält das Handy ans Ohr, eilen durch die Straßen. Fliegende Händler bieten in ihren Bauchläden Bonbons, Zigaretten, Kolanüsse und Raub-

 SENEGAL

kopien an. Bettler in Lumpen gekleidet halten die Hand auf oder suchen in den Abfalleimern vor den Glas- und Marmorpalästen nach Essbarem.

Wir fahren erst mal raus zum Leuchtturm. Auf der Wiese unterhalb des Turms verbringen wir fünf Tage. Tagsüber sind wir unterwegs quer durch die Stadt von Botschaft zu Botschaft, am Abend und in der Nacht stehen wir hier völlig alleine und in absoluter Ruhe. Am dritten Tag besucht uns die Polizei, kontrolliert unser Auto und gibt uns zum Schluss die Telefonnummer eines Polizisten. Sollte irgendwer Ärger machen, können wir Tag und Nacht anrufen und die Polizei macht sich sofort auf den Weg. Das ist Service. Normalerweise ist es die Polizei selbst, die uns Ärger macht.

In Dakar - wie überall im Land - werden Kleinbusse als Sammeltaxi eingesetzt. An den Standplätzen der Fahrzeuge rufen die Fahrer laut die Zielrichtung aus. Mit wenig Geld und viel Geduld kann man hier fast jeden noch so kleinen Ort erreichen.

Dakar wächst unaufhörlich. Gelder aus Europa und vor allem Dubai werden hier her gepumpt und in Beton gegossen. Der Containerhafen wird neu gebaut, eine Stadtautobahn entsteht und jede Menge neuer Hochhäuser. Dakar wird nach dem Zusammenbruch der Côte d' Ivoire (Elfenbeinküste) die Drehscheibe Westafrikas. Viele Firmen verlagern ihre Regionalbüros von Abidjan nach Dakar. Die hier Lebenden stöhnen über die rasant steigenden Preise, vor allem die Mieten der noblen Villen explodieren.

Die Millionenmetropole soll sich aus einer Buschkneipe entwickelt haben. Der Name Dakar leitet sich wahrscheinlich von dem Namen Daka ab und so heißen die kleinen Buschkneipen, in denen es Bier und vor allem Palmwein zu trinken gibt.

SENEGAL

Botschaftsstress, Verkehr und hübsche Frauen

Wir brauchen Visa für Burkina Faso, Ghana, Togo, Benin, Nigeria und Kamerun. Es gibt in Dakar kein Botschafts-Viertel, die Auslandsvertretungen sind über die ganze Stadt verteilt. Also machen wir uns auf den Weg. Im Schritttempo geht es quer durch die Stadt, die Botschaft von Ghana liegt ganz am anderen Ende. Die Tachonadel geht nie über die 20iger Marke hinaus. Alle Ausländer behaupten, der Verkehr sei chaotisch – wir finden ihn, für afrikanische Verhältnisse, angenehm. Keiner hupt und nur selten berühren sich die Fahrzeuge. Chaos, das ist Bombay, aber nicht Dakar.
Nach etwas mehr als einer Stunde haben wir zwar die Adresse gefunden, aber die Botschaft ist umgezogen. Wohin? Das weiß keiner, selbst die Taxifahrer nicht. Irgendwie finden wir heraus, dass sie am anderen Ende der Stadt liegt, fast da, wo wir herkommen. Also im Schritttempo wieder zurück. Wir finden die Botschaft, füllen den doppelseitigen Antrag in zweifacher Ausfertigung aus, aber unsere Passbilder werden nicht akzeptiert. Es dürfen keine Kopien sein, sondern es werden nur Originale akzeptiert und davon jeweils vier Stück. Okay, durch die Stadt zum nächsten Fotostudio, neue Passbilder machen und wieder zurück. Aber der Antrag wird immer noch nicht angenommen. Wir brauchen einen festen Wohnsitz in Dakar, ansonsten gibt es das Visum nur noch im Heimatland, weil man so gegen den internationalen Terrorismus kämpft. Mit einem Empfehlungsschreiben der deutschen Botschaft würde man uns ein Visum erteilen. Also zur deutschen Botschaft, doch die liegt... Ihr ahnt es schon.
Wieder eine Stunde Schritttempo. In unserer Botschaft werden wir nicht eingelassen. Die Verständigung ist äußerst schwierig. Der Beamte spricht nur Wolof (Stammessprache in Senegal) oder Französisch. Zudem sitzt er hinter einer gepanzerten Scheibe und die Verständigung erfolgt über eine krächzende Gegensprechanlage. Wir stehen auf dem Gehsteig vor der riesigen Mauer. Dicht an uns schiebt sich der Verkehr vorbei. Ich versteh noch nicht mal, ob er nun in Wolof oder in Französisch mit mir spricht. Aha, wir sind außerhalb der Besuchszeiten, diese sind von 9-12 Uhr. Shit, wir haben kurz nach 12. „Kann man eine Ausnahme machen, auch wenn ich zehn Minuten zu spät bin?"
Aber er versteht mich nicht.
„Kann ich mit jemandem sprechen, der Deutsch spricht?"

 SENEGAL

Er telefoniert und kurze Zeit später kommt jemand, der etwas Deutsch spricht, aber die Verständigung ist durch den Verkehr und die Gegensprechanlage dennoch nicht besser. Spricht er jetzt Deutsch oder Wolof? Ich weiß es nicht.
„Empfehlungsschreiben für Ghana!"
Er telefoniert.
„Nein, für Ghana brauchen Sie kein Empfehlungsschreiben."
„Ich komme gerade von der ghanaischen Botschaft, die verlangen ein Empfehlungsschreiben."
„Nein, für Ghana brauchen Sie kein Empfehlungsschreiben", wiederholt er sich.
Ich merke, wie mir der Hals schwillt und der Kragen meines guten Hemdes, welches ich nur bei Botschaftsbesuchen trage, eng wird.
„Kann ich mit jemandem sprechen, der mich versteht?"
Er telefoniert.
„Nein, nur innerhalb der Besuchszeiten. Wir machen keine Ausnahme, auch nicht für Deutsche. Kommen Sie morgen wieder."
Die Bilanz am Ende des ersten Tages in Dakar: Wir sind 87 Kilometer im Schritttempo gefahren und haben außer vier neuen Passbildern nichts erreicht. „No problem, it's black life", geht es mir durch den Kopf.

Die Stadt werden wir in den nächsten Tagen noch öfters kreuz und quer durchfahren. Mir macht es nichts aus, denn es gibt viel zu gucken. Vollbesetzte, bunt bemalte Minibusse. Überhaupt ist alles bunt. Und mir fallen die vielen hübschen, jungen Frauen auf. Alle tragen eng anliegende, figurbetonte Kleider oder Jeans mit T-Shirts. Die Dekolletés sind tief ausgeschnitten und Frau zeigt, was Frau (gepuscht) hat. 80% sind Muslime, Mohammed fiele rückwärts um, wenn er das hier sähe.

„Wir fahren europäisch"

Am nächsten Tag geht es wieder quer durch die Hauptstadt. Das Taxi vor mir hält am rechten Fahrbahnrand und ich wechsele auf die Seite des Gegenverkehrs. Das mir entgegenkommende Auto hat überhaupt keinen Respekt vor uns und hält nicht an. „Gibt's doch gar nicht." Jetzt wird's eng – zu eng. Ich fahre dem parkenden Taxi den Seitenspiegel, das Blinkerglas und eine Radkappe ab. An unserem Deutz ist, außer

SENEGAL

dass an einem Reifen etwas Dreck fehlt, kein Schaden zu erkennen. Der Taxifahrer rechnet kurz zusammen und verlangt 100 Euro. Ich sehe mir den Schaden genauer an und stelle fest, dass der Außenspiegel, der jetzt auf der Straße liegt, nur mit Isolierband festgebunden war und der Spiegel selbst eine Scherbe eines Kosmetikspiegels war. Das Blinkerglas war ebenfalls nur mit Isolierband festgeklebt und ist nur abgefallen. 100 Euro ist das ganze Taxi nicht wert. Bleibt die Radkappe, die wirklich zu Bruch ging. Ich biete 25 Euro. Wir können uns nicht einigen und sitzen zwei Stunden später auf Verlangen des Taxifahrers bei der Polizei.
„Warum haben Sie den Gegenverkehr missachtet?"
„Weil ich das größere Auto habe."
„Wir fahren in Dakar europäisch."
„Das habe ich bisher noch nicht bemerkt."
Der Taxifahrer wird gefragt: „Haben Sie jemals Geld für einen abgefahrenen Spiegel bekommen oder bezahlt?"
„Nein."
„Dann nehmen Sie die 25 Euro und seien froh, dass Sie soviel Geld bekommen." Zehn Minuten später sind wir wieder auf der Straße und es wird wirklich europäisch gefahren. Meistens.

Mit allen Visa im Pass, die wir bis Abuja in Nigeria brauchen, fahren wir Richtung Tambacounda. Die Straße ist schlecht, von tiefen Schlaglöchern übersät und Ausweichen ist unmöglich. Nerven, Geduld und Fahrzeug werden strapaziert. Im äußersten Südosten des Landes wird die Straße besser und führt durch den Niokolo-Koba-Nationalpark. Im Reiseführer steht, mit etwas Glück könne man hier Elefanten sehen, aber man braucht schon ausgesprochen viel Glück, um hier noch Großwild zu entdecken.

SENEGAL

21.11.2007
Tambacounda

Lieber Antonius,

Danke für deinen langen Brief. Uns geht es gut und Morgen geht es von Senegal nach Guinea.
Erinnerst du dich noch an den Kalifen Cherif Cheik Sidy Bouya Aidara, Sohn des Kalifen Pere Cheikh Adrame ould Cheik Saad-Bou?
Inzwischen habe ich im Internet etwas recherchiert: Es ist einer der höchsten Geistlichen des Islam, der in der ganzen islamischen Welt bekannt ist. Zumindest kennt man ihn nicht nur in Senegal, sondern auch in Guinea, Mali und sogar in Frankreich. Muss wohl so was sein, wie bei uns ein Erzbischof.

Worauf der Reichtum des Kalifen Cherif Cheik Sidy Bouya Aidara, Sohn des Kalifen Pere Cheikh Adrame ould Cheik Saad-Bou beruht, weiß ich nicht, aber in Senegal gibt es viele islamische Bruderschaften, die Kinder zum Betteln schicken. Dies ist sogar ein solch enormes, gesellschaftliches Problem, insbesondere in Senegal, dass in den Medien darüber berichtet wird.
Die Vorstände der Bruderschaften gehen in die Dörfer und versprechen den Vätern, dass, wenn sie ihren ältesten Sohn in die Bruderschaft, eine Art Mönchstum, geben, dieser im Sinne der Sufis eine religiöse Ausbildung bekommt. Das Ganze finanziert sich selbst, indem die kleinen Mönche mit Blechbüchsen zum Betteln geschickt werden. So ist es auch Tradition, denn die Verherrlichung der Armut und folglich das Vertrauen an ein Überleben ausschließlich durch Gottes Gnade, ist Teil der Lehre.
Inzwischen gibt es jedoch eine ganze Reihe dieser Sufis, die den Kindern keinerlei Ausbildung zukommen lassen, sondern diese Kinder unter unmenschlichen Bedingungen wie Vieh halten. Es soll in Senegal Marabuts geben, die mehr als 1.000 Bettelkinder halten, die ausschließlich der unermesslichen Bereicherung des Marabuts dienen.

Liebe Grüße
Burkhard

GUINEA
DAS ARMENHAUS AFRIKAS

TYPISCHES DORF IM NORDOSTEN GUINEAS

Ein Land im Abseits

Lange Zeit war Guinea nicht zu bereisen. Touristenvisa wurden nicht erteilt und das Land war vom Rest der Welt isoliert. Alle Landesgrenzen waren geschlossen. Begonnen hatte das Desaster mit der Unabhängigkeitserklärung von Frankreich 1958. Während alle anderen ehemaligen französischen Kolonien sich in einem Staatenbund zusammenschlossen und sich weiter der Behütung Frankreichs unterstellten, lehnte der damalige Präsident Sekou Touré dies mit dem Satz: „Lieber Freiheit in Armut als Sklaverei in Reichtum!" ab.

 GUINEA

Der damalige, französische Präsident war darüber so verärgert, dass er nach dieser Rede seinen Staatsbesuch in Guinea sofort abbrach. Über Nacht wurden die 7.000 im Lande befindlichen Franzosen nach Hause berufen. Technische Einrichtungen wurden abgebaut oder sabotiert. Verwaltungsdokumente wurden vernichtet und die wirtschaftlichen Beziehungen annulliert.
Das Land geriet immer mehr ins Abseits und fand schließlich im sozialistischen Lager Aufnahme. Die Wirtschaftshilfe der Sowjets blieb bescheiden, die Tschechen lieferten ein paare Busse und Elektroapparate. Touré nannte die Sowjets daraufhin „kapitalistischer als die Kapitalisten" und isolierte sein Land völlig. Guineanern wurde die Ausreise verboten, die wenigen Ausländer unterlagen einer strengen Kontrolle. Mit Gefängnis, Folter und Tod wurde jeglicher Protest unterdrückt. Mit Hilfe eines riesigen Beamten- und Polizeiapparates wurde der junge Staat kontrolliert und regiert. Viele Tausende wurden gefoltert und getötet, Guinea erschien über viele Jahre zuoberst auf der Liste von Amnesty International.
1984 starb Touré überraschend an Herzversagen und bekam eines der imposantesten Begräbnisse, die Afrika je gesehen hatte. Einige Tage später hatte das Militär unter General Conté geputscht und Touré wurde nur noch wüst beschimpft. Die 27-jährige sozialistische Diktatur hatte ein Ende. Die Wirtschaft wurde liberalisiert und Korruption machte sich breit. Conté bereicherte sich maßlos und wurde innerhalb weniger Jahre hundertfacher Dollarmillionär und der größte Landbesitzer Guineas. 1990 wurden loyale Zivilisten in die Regierung nominiert und es wurden erstmals Touristenvisa ausgestellt.

Heute gehört Guinea zu den ärmsten und industriell am wenigsten entwickelten Ländern der Welt. Im Weltentwicklungsbericht der UN nimmt es weltweit den letzten Rang ein (Kombination von Lebenserwartung, Alphabetisierung und realer Kaufkraft). Die Infrastruktur ist marode oder nicht vorhanden. Auf dem Korruptionsindex steht Guinea an zweiter Stelle, hinter Haiti, dem korruptesten Land der Welt. Das gucken wir uns doch mal live an, also fahren wir hin.

GUINEA

„Wo ist die Piste nach Guinea?"

Nur wie hinkommen? Wir fahren von Tambacounda (Senegal) erst mal nach Kedougou. Von dort wollen wir eine Piste über die kleinen Dörfer Segou, Longue, Mali und Yambering nach Labe fahren.

Die Strecke gilt als schwierig, vor allem, weil sie stellenweise nur aus einem ausgewaschenen Flussbett besteht, kaum Instand gehalten und fast nicht befahren wird. Wir verlassen Kedougou auf guter Erdstraße in westliche Richtung. Nach etwa zehn Kilometern soll links eine Piste nach Guinea abgehen, so steht es in einem alten Reiseführer. Es weist sogar ein halb zugewachsenes, im Dickicht stehendes Schild in die Richtung, aber der bessere Trampelpfad endet nach wenigen Kilometern in Gestrüpp und Buschwerk. Wir drehen und fahren zurück zur Abzweigstelle.

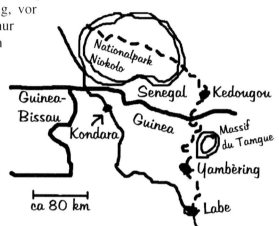

Um von Senegal nach Guinea zu fahren hast du zwei Möglichkeiten: Entweder die miserable Piste über Kondara nach Labe, auf der man Geschwindigkeiten von bis zu 40 km/h schafft, oder die von uns gewählte, hundsmiserable Piste über Kedougou und am Massif du Tangue vorbei, auf der man 40 km am Tag schafft.

Eine Frau stampft vor einer kleinen Hütte Hirse, Hühner laufen umher und ein Mann sitzt bei einem Bier im Schatten. Wir sind völlig überrascht, der Mann ist Franzose. Was macht der hier am Ende der Welt? Genaues will er uns nicht sagen, nur, dass er nicht zurück nach Frankreich kann, dort sind noch alte Rechnungen offen. Hier im Dreiländereck Senegal-Mali-Guinea kennt er sich gut aus, kennt jeden Dschungelpfad und ist gerade dort zu Hause, wo man ihn nicht sucht. „Das Leben hier ist härter als jede Strafe", geht es mir durch den Kopf. Ich hätte meine 20 Jahre abgesessen und im Knast ein besseres Leben gehabt als hier im Busch.

GUINEA

„Wo ist die Piste nach Guinea?"
„Dort drüben, wo ihr raus gekommen seid."
„Nein, das ist nicht die Piste, der Pfad endet nach wenigen Kilometern."
„Doch, das ist die Piste."
„Nein, die Piste endet dort."
„Ich lebe hier seit über 25 Jahren, wenn ich euch sage, dass das die Piste nach Guinea ist, dann müsst ihr nicht ‚nein' sagen."
„Bleibt die Piste so schlecht?"
„Nein, sie wird schlechter."
„Wie lange braucht man für die 150 Kilometer bis zum Ort Mali?"
„Mit dem Landcruiser braucht man zwei Tage."

Wir drehen wieder um und suchen Spuren in Richtung Süden. Alles, was hier im Busch zu finden ist, sind bestenfalls Radwege. Mit unserem Deutz ziehen wir eine breite Schneise durch das Unterholz. Gelegentlich muss ich mit der Säge nachhelfen, aber meistens drücken wir die Bäume mit der Pistenkuh um oder weg. Die Bergkette des Fouta Djalon kommt in Sichtweite und hinter dem letzten senegalesischen Ort Segou steigt die Piste steil an. Im normalen Straßengang nicht zu schaffen. Zudem ist die gerade mal fahrzeugbreite Piste mit ihren tiefen Auswaschungen und riesigen Steinblöcken in einem katastrophalen Zustand. Im ersten Gang, untersetzt mit allen Sperren, schaffen wir soeben die Steigung. Ich frage mich, wie man über die Felsbrocken mit einem Landcruiser kommen will. Aus unseren Reifen werden ganze

250 km schwierige Piste, oft ist die Strecke am Hang abgerutscht, zugewachsen oder verläuft im Flußbett. Eigentlich ist die Verbindung nicht mehr zu befahren

GUINEA

Stollen einfach weggerissen. Zu Fuß wären wir um einiges schneller, und so schaffen wir es an diesem Tag mal gerade bis Longue, dem ersten Ort in Guinea.

Die Einreise. Wir sind gespannt, denn wir haben bisher nichts Gutes von den korrupten Polizisten und Zöllnern gehört. Aber der junge Polizist ist freundlich und überraschend korrekt. Kein Trick, keine Stempelgebühr, keine Frage nach Geschenken – einfach nur korrekt. Beim Zoll das Gleiche. Alles freundlich und korrekt. Wir sind etwas enttäuscht, vom zweitkorruptesten Land der Welt hatten wir etwas mehr erwartet.
Zum Schluss liefere ich den Beiden eine Steilvorlage: „Ich habe gehört, man braucht eine Straßenbenutzungsgenehmigung von der Polizei oder dem Zoll, wo bekomme ich diese?"
„Nein, so etwas braucht man als Tourist nicht. Es ist alles erledigt, Sie können fahren."

Fula-Rundhaus mit riesigem Strohdach

Wir übernachten etwas außerhalb und haben an diesem Tag fast 50 Kilometer geschafft. Bei der Weiterfahrt zur Kleinstadt Mali am nächsten Tag fallen uns die typischen Fula-Rundhäuser mit ihren prächtigen, abgestuften Strohdächern auf. Leider werden immer mehr der Häuser inzwischen mit Wellblech gedeckt, vor allem wegen der geringeren Brandgefahr.

In dem Städtchen Mali sehen wir die Auswirkungen der maroden Infrastruktur in der Realität. 45.000 Menschen leben hier, aber die Stadt hat weder Wasserleitung noch Strom. Es ist Markttag und von weit her kommen die Menschen, um zu verkaufen, was sie in der Woche produziert haben. Ein Mann trägt zwei Hühner unter dem Arm, Frauen tragen Schüsseln mit selbst gekochtem Essen auf dem Kopf. Jeder hat irgendetwas anzubieten, aber nur kleinste Mengen. Mal ist es ein Glas Honig, mal fünf Tomaten oder ein kleiner Eimer Zwiebeln, ein Tütchen mit

 *GUINEA*

vielleicht zehn Eiern oder ein Bündel Holz – ein Schaf am Strick ist schon eine große Ausnahme. Der alte Mann, der sich auf einem selbst geschnitzten Stock abstützt und dem wir vier Eier abkaufen, erzählt mir, dass er sich heute Morgen mit neun Eiern auf den 12 Kilometer langen Weg gemacht hat, zu Fuß! Wie sonst? Wenn er die neun Eier verkauft hat, kann er zwei Kilo Mehl kaufen, dann macht er sich auf den Rückweg.

Der Bevölkerung hat man über 20 Jahre lang eingeredet, alle Weißen seien schlecht, beuteten Afrika aus und versklaven die Menschen. Wir rechneten daher mit eher unfreundlichen Menschen, aber genau das Gegenteil ist der Fall. Man braucht nur lachen, winken und freundlich sein und schon winkt und lacht jeder zurück. Es ist wie ein Spiegel. Scheinbar hat über 20 Jahre lang dem verrückten Präsidenten niemand zugehört.

In Unterhose durch den Dschungel

„Lass den Dieb doch laufen, der hat ein Gewehr! Bring dich doch nicht wegen ein paar Stühlen um", höre ich Sabine schreien.
„Das sind nicht irgendwelche Stühle, das sind meine Stühle", rufe ich zurück.
In Unterhose und Badeschlappen renne ich durch den Dschungel. Aber ich habe keine Chance. Trotz Vollmond kann ich nichts erkennen, sehe nichts, höre nur, wie in der Nähe Äste brechen. Der Dieb ist klar im Vorteil, er kennt die Pfade durch das Unterholz. Es ist unsere dritte Nacht in Guinea, wir sind immer noch auf der Piste von Kedougou nach Labe, ein paar Kilometer hinter Yambering und haben einen Platz auf einer Lichtung im Wald neben der Piste gefunden.
Wir saßen gerade beim Abendessen, als plötzlich aus dem Nichts ein groß gewachsener Mann vor unserem Tisch stand. Auf dem Rücken trug er ein Gewehr, das durch seinen blank polierten Lauf auffiel. Eine kurze Begrüßung und er verschwand wieder.
Nach dem Abendessen gingen wir nur kurz ins Auto um zu duschen, bevor wir draußen noch ein Bier trinken wollten. Ich stand unter der Dusche, als ich das Zusammenklappen unserer Klappstühle und Sabines Rufen hörte: „Unsere Stühle sind weg."

GUINEA

Schnell wenigstens die Unterhose an und die erst besten Schuhe. In einem Satz aus dem Auto und ab in den Wald. Aber zehn Minuten später bin ich ohne Stühle wieder im Auto. „Wo will der mit zwei Stühlen und zwei Hockern hier hin? Den finden wir morgen."
Sabine ist skeptisch, sie hat die Stühle bereits abgeschrieben.
Am nächsten Morgen hören wir Hühnergeschrei und Hundegebell. „Hier müssen irgendwo ein paar Hütten sein", folgern wir und machen uns auf die Suche. Nach etwas mehr als einem Kilometer kommen wir in ein kleines Dorf, vielleicht zehn oder zwölf Rundhütten. Seltsam, das Dorf scheint wie ausgestorben. Vier junge Männer kommen auf uns zu.
„Was wollt ihr?"
„Wir wollen den Dorfchef sprechen."
„Warum?"
„Wir sind gestern Abend ganz in der Nähe bestohlen worden. Der Dieb ist in diese Richtung gerannt, vielleicht hat ihn jemand gesehen. Oder der Dieb hat unsere Stühle im Wald versteckt. Wir wollen nur unsere Stühle zurück. Wenn sie jemand zufällig im Wald finden sollte und zu unserem Auto zurück bringt, zahlen wir umgerechnet 25 Euro Finderlohn."
(25 Euro ist ein Monatslohn, aber uns sind die Stühle viel mehr wert und wir befürchten bei zu geringem „Finderlohn", die Stühle nicht zurück zu bekommen.)
„Der Dorfchef ist nicht hier."
„Ist auch egal, derjenige, der unsere Stühle findet, bekommt 25 Euro. Wir bleiben heute auf unserem Platz. Morgen fahren wir mit unseren Stühlen weiter, oder, sollten sie nicht gefunden werden, holen wir die Polizei."
Die Männer diskutieren in ihrer Stammessprache.
„Wir suchen die Stühle, bleibt auf eurem Platz."
Den ganzen Morgen passiert nichts. Wir beobachten das Dorf, alles geht seinen Gang. Die Männer roden Wald, die Frauen stampfen Hirse und kochen.
Am Mittag kommt ein 14-jähriger Junge zu uns.
„Eure Stühle sind im Dorf, ich habe sie gesehen."
„Wie heißt der Mann mit dem Gewehr?"
„Das darf ich nicht sagen."
„Ist er ein Dieb?"
„Ja, ein großer Dieb, er hat auch schon Hühner und Schafe gestohlen."

GUINEA

„Wie heißt er?"
„Ich darf es nicht sagen."
Seine Mutter kommt und er wird zurechtgewiesen. Wir verstehen nichts, aber sie will wohl nicht, dass er mit uns spricht.
Am Nachmittag kommen die Männer vom Morgen.
„Wir kennen den Dieb. Wir haben sein Motorrad gefunden und wir wissen, wo er ist. Bekommen wir wirklich das Geld, wenn wir die Stühle bringen?"
„Ja, ich habe es euch doch versprochen."
„Kommt mit."
Sicherheitshalber stecke ich mir mein Pfefferspray in die Tasche. Wir gehen mit den Männern ins Dorf. Zu unserer Verwunderung ist das ganze Dorf versammelt. Männer stehen und diskutieren lautstark. Es hört sich nach Streit an. Der Dorfchef und der Dorfälteste begrüßen uns. Sie sind ausgesprochen nett, freundlich und höflich. Wir sind es auch. Der Streit der Männer dauert an.
Plötzlich setzt sich die Gruppe in Bewegung. Wir sollen folgen. Eine Hütte wird durchsucht. Nichts. Eine zweite Hütte wird durchsucht. Nichts. Was soll das, fragen wir uns. Die Stühle wurden doch angeblich gefunden. Aber wir sagen nichts, lassen das Dorfoberhaupt machen.

Wir hören, wie der Dorfchef in der Hütte laut und ernsthaft spricht. Die Gruppe teilt sich, wir sollen auf den Dorfplatz folgen. Der Dorfälteste will die Garantie, dass keine Polizei kommt, wenn wir die Stühle zurückbekommen.
„Sobald die Stühle hier sind, zahlen wir den Finderlohn und die Sache ist für uns erledigt und vergessen. Keine Polizei – Ehrenwort."
Zwei Minuten später liegen unsere Stühle und Hocker auf dem Dorfplatz. Der Dorfchef fragt nach dem Finderlohn. Ich zögere.
„Du musst dem Dorfchef den Finderlohn geben", flüstert mir der Dorflehrer zu.
„Nein, es bekommt der den Finderlohn, der dafür gesorgt hat, dass ich meine Stühle zurückbekommen habe."
„Das kannst du nicht machen, der Dorfchef verliert sonst sein Gesicht."
Die Männer des Dorfes, vielleicht 30 oder 40, stehen um uns herum.
„Der Dorfchef hat sein Gesicht durch den Dieb verloren und nicht dadurch, dass er jetzt kein Geld bekommt", versuche ich zu erklären.

Die Männer des Dorfes diskutieren. Einer, vielleicht 50 Jahre alt, sagt: „Wir sollten das Geld von dem weißen Mann nicht annehmen. Einer von uns hat ihn bestohlen und es ist nur gerecht, dass er seine Sachen zurückbekommt."
Die Diskussion wird lauter und heftiger.
„Was sagen sie?", frage ich den einzig Englisch sprechenden Jugendlichen.
„Sie diskutieren wegen dem Geld. Alle wollen es annehmen und haben."
Ich unterbreche den Streit. „Wir lassen die Stühle hier liegen und gehen zurück zu unserem Auto. Es bleibt dabei, wie wir es heute Morgen versprochen haben. Derjenige, der uns die Stühle ans Auto bringt, bekommt die 25 Euro. Verdient hätten es die drei Jugendlichen, aber wenn der Dorfchef uns die Stühle bringt, bekommt er das Geld. Macht es unter euch aus."
Der Dorfälteste fragt mit sorgenvollem Blick noch mal nach: „Keine Polizei?"
„Nein, wir zahlen und die Sache ist für uns erledigt."
Der alte Mann verabschiedet sich deutlich erleichtert.
Nur wenige Minuten später werden unsere Stühle ans Auto getragen. Es kommen die drei Jugendlichen vom Morgen. Der 50-jährige Mann kommt ebenfalls und entschuldigt sich nochmals für sein Dorf und den Dorfchef, der das Geld haben wollte.
„Normalerweise wäre es unsere Pflicht, kein Geld zu nehmen und euch stattdessen ein Festmahl zu machen, aber unser Dorfchef ist beleidigt, es gibt kein Essen."
Bevor wir fahren, frage ich einen der „Finder", was vorhin im Dorf diskutiert wurde, als wir kamen.
„Das Dorf ist eine große Familie. Viele befürchteten, wenn die Polizei käme, würden wir alle verhaftet oder verprügelt. Deswegen wollten einige die Stühle im Wald vergraben und nicht zurückgeben, dann hätte es keine Beweise gegeben, dass einer aus dem Dorf gestohlen hat. Andere wollten sich anschleichen und die Stühle heimlich vor euer Auto stellen und eine dritte Gruppe wollte das Geld. Diejenigen, die das Geld wollten, haben sich durchgesetzt. Darüber haben sie seit heute morgen diskutiert."

 GUINEA

Die Fratze der Korruption

In Labe, einer Stadt mit über 300.000 Einwohnern, gehen wir erst mal zur Bank. Der Diesel ist in Guinea im Vergleich zu den Nachbarländern relativ preiswert, mehr als 30% günstiger, also tauschen wir 400 Euro. Wir bekommen etwa 2,5 Millionen Franc-Guinée. Der größte Schein ist ein 5.000er. Ein Bankraub wäre schon logistisch gar nicht möglich. Als mehrfache Millionäre verlassen wir die Bank mit zwei Tragetaschen voll Geld und fahren zum Zoll. Unser Carnet muss angestempelt werden. In Longue und auch in Mali war niemand dazu bereit. Beim Zoll ist man ausgesprochen freundlich. Zwei Stühle werden für uns in den Schatten des großen Mangobaumes gestellt und der Direktor angerufen.

400 Euro sind 2,5 Mill. Franc-Guinée

Nur dieser darf unser Carnet stempeln. Zehn Minuten später fährt ein dunkler Mercedes vor. Wir folgen dem beleibten Anzugträger. Erst mal wird der Fernseher eingeschaltet, dann folgt eine ausgiebige Kontrolle aller unserer Papiere. Aber immer sehr freundlich und korrekt.
Das Carnet wird gestempelt. Ich frage nach einem Passierschein für die Straße, den man angeblich braucht. Der Direktor lässt von seiner Sekretärin ein solches Dokument erstellen, stempelt, unterschreibt und gibt es uns. Wir warten auf seine Geldforderung.
„Nein, das ist alles gratis für Touristen", lacht er mich an.
Muss ich ihn etwa daran erinnern, dass er Beamter im zweitkorruptesten Land der Welt ist?

Wir lernen Jürgen kennen, einen ehemaligen Entwicklungshelfer und sind zwei Tage bei ihm zu Gast. „Was ist los in Guinea, gibt es keine Korruption mehr?", will ich wissen.
„Korruption? Die findest du hier überall. Die Stadt hat über 300.000 Einwohner, aber nur zwei Tage in der Woche gibt es Wasser. Nicht, weil nicht genügend Wasser vorhanden wäre, sondern weil es für den

GUINEA

Dieselgenerator nicht genug Diesel gibt. Diesel wird eigentlich genügend geliefert, aber der Stadtdirektor tankt seinen Privatwagen und den seiner Freunde voll. Es ist seit Jahren geplant, eine Stromleitung von der Stadt zum sieben Kilometer entfernten Brunnen zu legen, aber der Stadtdirektor verweigert seit Jahren die Genehmigung. Klar, denn dann wäre der Dieselgenerator überflüssig.

Vor vier Jahren ist wegen Überlastung ein Transformator auf dem Gelände der Elektrizitätswerke explodiert und abgebrannt, die Sicherungen sind vorher von den „Technikern" überbrückt worden. Seitdem, also seit vier Jahren, gibt es in einigen Stadtteilen kein Strom mehr, dabei ist vor zwei Jahren ein neuer Transformator geliefert worden, aber dieser steht seitdem im Dreck vor dem Gelände. Durch die Regenfälle der letzten Jahre ist er inzwischen fast knietief im Dreck versunken. An dem neuen Transformator konnte man gut verdienen, auch an den Transportgenehmigungen, aber am Einbau kann sich keiner bereichern, also steht das Ding im Dreck. Der Transformator hat seinen Zweck erfüllt.

Im Krankenhaus sind die Zustände katastrophal. Hier wird im Licht von Öllampen operiert und natürlich hat das Krankenhaus auch nur alle drei bis vier Tage Wasser.

Wichtige Medikamente oder Metallplatten, die zur Behandlung von komplizierten Knochenbrüchen nötig sind, werden aus dem Krankenhaus gestohlen und auf dem Basar verkauft. Die Chirurgen kennen den Händler und schicken ihre Patienten zu ihm, damit sie sich die für die OP nötigen Materialien kaufen. Der Händler ist ein Verwandter des Krankenhausdirektors. Ärzte, die etwas dagegen sagen, werden mit sehr schlechtem Zeugnis entlassen.

Lehrer erpressen Geld von den Eltern für gute Noten. Ein gutes oder schlechtes Zeugnis in Guinea sagt überhaupt nichts über das Lernverhalten oder den Wissensstand des Schülers aus, lediglich über den Geldbeutel des Vaters, oder – bei Mädchen, ob es mit dem Lehrer im Bett war oder nicht.

Ich hatte mit Agraringenieuren zu tun, die eine hoch bezahlte Position inne hatten, die aber soeben mit Hilfe des Taschenrechners die Grundrechenarten rechnen konnten. An Dreisatz und Prozentrechnung sind sie gescheitert. Ich könnte dir stundenlang solche Geschichten erzählen."

GUINEA

Paradies für Missionare

Über einen ehemaligen Arbeitskollegen von Sabine haben wir Kontakt zu einer Familie, die seit Jahren in Guinea als Mitarbeiter einer Schweizer Missionsstation arbeitet. Leider war die Verbindung über Internet schwierig und so haben wir erst in Guinea erfahren, dass sie für ein paar Wochen Urlaub in Bamako machen. Aber auf der Suche nach ihrer Missionsstation haben uns Einheimische zu einer christlichen Missionsstation eines Deutschen geschickt. Wir werden eingeladen und können auf dem Missionsgelände campen.
Beim Abendessen wollen wir mehr von Matthias erfahren.
„Wie kommt man ausgerechnet nach Guinea?"
„Ich habe Bauer gelernt und war dann als Entwicklungshelfer hier in Guinea. Zurück in Deutschland bin ich von Gott zum Missionieren berufen worden. Gott war es auch, der mich wieder zurück nach Guinea geschickt hat."
„Bei der Leichtgläubigkeit der Afrikaner ist das ja ein Paradies für Missionare", scherze ich.
„So leicht ist es nicht. Am Anfang gab es Morddrohungen und es sind auch schon Missionare umgebracht worden. Auch Gläubige, die sich ihren Familien offenbaren und sich vom Islam zum Christentum hinwenden, werden von ihren eigenen Familien verstoßen und teilweise sogar verfolgt und umgebracht."
„Ich habe gelesen, dass sich durch die Isolation des Landes viele wieder den Naturreligionen zugewandt haben und es auch wieder zu Menschenopferungen bei den Ritualen kommt."
„Menschenopfer gibt es auch bei den Muslimen hier in Guinea. Bei dem Bau der Moschee in der Stadt wurde bei der Grundsteinlegung ein Mädchen geopfert."
„Wie will man die Vermischung von Ritualen der Naturreligionen, Geisterglaube etc. mit dem christlichen Glauben verhindern?"
„Warum verhindern? Geisterglaube ist ja kein falscher Glaube. Natürlich gibt es Geister und Dämonen. Jesus selbst hat Geister ausgetrieben, wo sollen die Geister denn hin sein? Und man darf nicht vergessen, es gibt den Teufel, der in unterschiedlichster Gestalt auftritt. Ich kenne einige, die von Dämonen gepeinigt werden und wir haben auch schon einige Dämonen mit Gottes Hilfe ausgetrieben. Wenn die Leute die Geister rufen und ihre geheimen Rituale vollziehen, brauchen sie sich

GUINEA

nicht wundern, wenn die Geister Besitz von ihnen ergreifen. Es gibt nur einen Weg ins Paradies, den Weg, den uns die Bibel zeigt, alles andere führt in die Hölle. Die Menschen müssen mehr Gottesfurcht haben, müssen der Sünde und Unmoral abschwören..."
„Wie finanziert man das Ganze?"
„Wir können hier mit wenig Geld viel machen. Das Geld sind Spendengelder aus Deutschland, die unsere christliche Gemeinde dort sammelt. Ein großes Projekt ist die Schule, die wir betreiben. Ein Klassenraum kostet mit Einrichtung etwa 3.000 Euro. Die Klassenräume sind alle von der Gemeinde getragen worden. Wir sind eine Privatschule mit jetzt 250 Schülern und unterrichten den staatlichen Lehrstoff. Außerdem achten wir verstärkt auf Sozialverhalten und Befolgung christlicher Werte.

Unsere Klassenstärke sind nur 45 Schüler, an den staatlichen Schulen sind 120 Schüler je Klasse normal. Nur das Lehrergehalt wird auf die Eltern in Form von Schulgeld umgelegt."

Mädchen sind die Benachteiligten in Afrika

Zur Korruption gehören zwei

Auf der Straße von Labe nach Mamou, kurz vor dem Städtchen Mamou, müssen wir bei einem Polizeicheckpoint halten. Unsere Papiere werden kontrolliert und schon ist ein Fehler gefunden. Der Polizist behauptet, unser Passierschein hätte in Mamou abgestempelt werden müssen, das kostet Strafe. Wir verweigern die Zahlung, kurzes Gezeter und nach fünf Minuten bekommen wir unsere Papiere zurück. Die Nuss war schnell geknackt.
Die zweite Polizeikontrolle kurz hinter Kankan ist schon schwieriger. Wieder beginnt es mit der Kontrolle unserer Papiere. Scheinbar alles okay.
„Noch das Zolldokument fürs Auto." „Okay."
„Noch die Impfpässe wegen der Gelbfieberimpfung." „Okay."

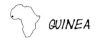 *GUINEA*

„Noch die Bescheinigung der Technischen Kontrolle des Fahrzeuges."
„So ein Papier haben wir nicht, unser Auto ist technisch in bestem Zustand."
Der Polizist spielt den Bösen mit grimmigem Blick. Er brüllt mit mir auf Französisch, ich verstehe was von Strafe und Dollar, aber stelle mich erst mal blöd, das kann ich inzwischen ganz gut und zeige auf meine TÜV-Plakette und den TÜV-Stempel im Fahrzeugschein.
Wieder brüllt der Polizist irgendetwas von Dokument und Papier und zeigt mir den TÜV-Bericht für sein Moped.
„Ich werd verrückt, da steht wirklich TÜV, genau wie bei uns! So was gibt es hier? Das ist wohl unsere Form von Entwicklungshilfe, denen erst mal die Schrottautos still zulegen." Aber es wird gar kein Auto stillgelegt, es ist nur eine weitere Verdienstmöglichkeit.
„Ich habe noch unseren letzten TÜV-Bericht dabei", sagt Sabine.
„Bring mal her, der wird Augen machen."
Aber er erkennt den Bericht nicht an, er müsse ins Französische übersetzt sein.
Ich will die Verordnung sehen, dass ein TÜV-Bericht übersetzt werden muss. Die kann er natürlich nicht bieten. Patt.
Da kann man nichts machen, außer Warten. Nach knapp zehn Minuten gibt er unsere Papiere zurück und verabschiedet sich mit einer Frage nach einem kleinen Geschenk. Geschenke gibt es natürlich keine und nach so einer Nummer schon mal gar nicht.

Und die letzte Polizeikontrolle ist direkt vor der Ausreise nach Mali. Ich bin an dem Schild „Stop-Police" vorbei gefahren und habe genau hinter dem Schild auf der gekennzeichneten Parkfläche geparkt. Ich hätte natürlich vor dem Schild parken müssen, auch wenn ich dort den gesamten Verkehr blockiert hätte. Das macht umgerechnet 40 Euro Strafe und entspricht dem Monatslohn eines Lkw-Fahrers. Aber erst mal werden unsere Papiere gestempelt. Und zum Schluss noch die Strafe. Wir bleiben einfach sitzen, reagieren gar nicht auf seine Forderungen. Er erklärt noch mal, warum ich zahlen soll, ansonsten müssten wir bis zum Abend warten und dann mit auf die Polizeiwache kommen oder wir zahlen ihm eine kleine Gebühr ohne Quittung. Wieder ist der Ton laut und einschüchternd. Aber wir haben inzwischen ein ganz schön dickes Fell. Wir reagieren einfach nicht.

GUINEA

„Warum zahlst du nicht?", will er von mir mit fast weinerlicher Stimme wissen. Ich suche einen Englisch sprechenden Übersetzer und finde einen unter den Straßenhändlern, der aus Sierra Leone kommt.
„Ich zahle nicht, weil das, was der Polizist macht, Korruption ist. Korruption ist Gift für ein Land, sie schadet allen, dir als Straßenhändler genauso, wie letztendlich dem Polizisten selbst. Aber zur Korruption gehören immer zwei, einer der Geld fordert und einer der Geld gibt. Wenn ich Geld gebe, schade ich dem Land Guinea und allen Einwohnern. Aber das Land ist so großartig und die Menschen so freundlich und nett, denen werde ich nicht schaden, also werde ich auch nicht zahlen, auch wenn es jetzt hier Stunden dauert."
Der Straßenhändler übersetzt und wir bekommen ohne ein Wort unsere Papiere zurück und können gehen.

Die Armut in Guinea ist nicht bedingt durch die schlechte geografische Lage, wie etwa in der Sahara. In Guinea lagern etwa 30% der weltweiten Bauxit-Vorkommen. Die Böden sind ertragreich und Regen gibt es genug. Aber die Bevölkerung besteht nicht aus Bauern. Landwirtschaft gilt als niedere, verachtete Arbeit. Man versteht sich als Nomade und Viehzüchter und daher wird die Ackerfläche nicht bewirtschaftet, sondern nur abgeweidet.

In einem Dorf sind wir zum Tee eingeladen. Der alte Mann, vielleicht Ende der Sechziger, zeigt uns einen dreijährigen Jungen, sein ganzer Stolz. Er ist der Papa.
Eine Anfang zwanzigjährige holt den Kleinen und bindet ihn auf den Rücken.
„Ist das deine Frau oder seine ältere Schwester?", frage ich etwas neugierig.
„Nein, das ist meine Enkelin."
Wir erfahren, dass es für einen Mann zur Ehre gehört, bis ins hohe Alter Kinder zu zeugen, um nicht in den Verdacht der Impotenz zu geraten. Daher wird, sobald die erste Frau aus dem gebärfähigem Alter raus ist, eine junge Zweitfrau geheiratet und notfalls eine Drittfrau. Hauptsache reproduzieren bis zum Umfallen. Das ist gelebte Polygamie, wie sie hier in Westafrika üblich ist.

MALI UND BURKINA FASO
AFRIKA WIE IM BILDERBUCH

WARENTRANSPORT AUF AFRIKANISCH

Wir sind die ersten Kilometer in Mali unterwegs, auf erstklassiger Teerstraße. Einiges hier ist anders als in Guinea. Das Warenangebot ist vielseitiger. Es wird wesentlich mehr Fleisch gegessen. Überall sieht man die geschlachteten Tiere bei den Metzgern am Straßenrand in der Sonne liegen. Direkt daneben ergänzen kleine Grillbuden das Gesamtbild. Der Grill ist ein kleiner Lehmofen, in den durch das Brennloch, welches aus einer alten Autofelge besteht, dicke Baumstämme hinein geschoben werden. Auf einer mit Öl bestrichenen Eisenplatte wird das Fleisch gebraten. Auch die Struktur der Ortschaften ändert sich. In Guinea standen die Hütten noch alle dicht beisammen. Hier in Mali ist jede Familie etwas mehr für sich. Einen Ansatz von Privatsphäre scheint es hier zu

MALI UND BURKINA FASO

geben und viele Dörfer sind mit Strom versorgt, der mit Dieselgeneratoren erzeugt wird. In Guinea haben wir Städte durchfahren, in denen fast 50.000 Menschen ohne jegliche Infrastruktur leben.

Der kleine Steinewerfer

Der Kleine steht am Straßenrand und statt uns freundlich zu zuwinken, wie es alle Kinder machen, nimmt er einen daumengroßen Stein und wirft ihn gegen unsere Pistenkuh. Nun macht das unserer Pistenkuh nicht viel aus, wenn mal ein Stein gegen das Außenblech knallt, aber es ist eine schöne Gelegenheit für mich, Oberlehrer zu spielen.
Inzwischen haben wir etwas Erfahrung mit solchen Kindern und wissen, dass ein sofortiges Wenden nicht viel bringt, denn die Kinder rennen, sobald sie die Bremslichter sehen, davon. Also erst mal ein paar hundert Meter weiter, dann heimlich wenden und zurück. Das ist der erste Teil meiner Rache. Ich sehe das Entsetzen in den weit aufgerissenen Kinderaugen, wenn die Pistenkuh in einer riesigen Staubwolke die Straße verlässt und quer durch den Straßengraben direkt auf sie zu fährt. Vollbremsung, raus springen und hinter dem laut schreienden Bengel her, ist quasi eins. Die Wenigsten haben eine Chance zu entkommen. Meist werde ich ihnen habhaft oder kann zumindest ein Pfand in Form eines Fahrrades, Schulranzens oder Schuhen im Wettlauf erkämpfen, einfach alles, was die Frechdachse abwerfen, um schneller zu sein.

Auch diesmal konnte ich den vielleicht Achtjährigen am Kragen packen und zur Hütte seiner Eltern zerren. Der Kleine schreit, als ging es zum Opferplatz, aber die Lektion muss er nun mal lernen, genau wie vor ihm schon die Bengel in Marokko, Mauretanien und Pakistan. Kein Mitleid.
In der Regel verlange ich den Vater zu sprechen und schildere, wie der Stein um Haaresbreite die Windschutzscheibe verfehlte, was enorme Kosten verursacht hätte, aber diesmal unter der Vorsehung Allahs zum Glück nichts passiert sei. Der Vater soll seinem Sohn klar machen, dass er in Zukunft keine Steine auf violette Fahrzeuge werfe, denn das violette Fahrzeug könnte meines sein. Üblicherweise folgt dann die obligatorische Einladung zum Tee, die wir auch annehmen, um die Hütte anschließend in Freundschaft zu verlassen.
Doch diesmal ist es anders:

Der Kleine, in Lumpen gekleidet, schreit wie am Spieß. Ich zerre ihn am Kragen zu der einzigen Hütte, die weit und breit zu sehen ist und vor mir eröffnet sich das blanke Elend. In einer Ecke stehen ein paar Plastikbecher mit Hirsebreiresten, in der anderen Ecke liegt ein weißer Jutesack mit Getreide, vor der Hütte qualmt ein kleines Feuerchen, daneben steht ein 20-Liter Kanister mit Wasser. Ein alter Holzmörser und der keulenförmige Stampfstößel, mit dem üblicherweise Hirse oder Maniok zerkleinert wird, liegen verstreut herum. Sonst gibt es hier nichts. Die gesamten Habseligkeiten passen in eine Plastiktüte, keine Kleidung, kein Bett, keine Lebensmittelvorräte außer dem erwähnten Sack. Der Junge spricht natürlich kein Französisch, er geht ja auch nicht zur Schule und ist hier völlig allein.

Keine Ahnung, wo seine Eltern, Geschwister oder Verwandte sind. Im Urlaub oder auf Schicht werden sie wohl nicht sein. Das Ganze macht, genau wie der Junge selbst, einen völlig verwahrlosten Eindruck. Plötzlich haben wir Mitleid mit dem kleinen Steinewerfer und erstmalig fällt die Strafpredigt aus. Stattdessen füllt Sabine ihm etwas Zucker für den Hirsebrei in eine kleine Tüte. Auch so wird er hoffentlich keine Steine mehr auf violette Fahrzeuge schleudern.

Afrika wie im Bilderbuch

Wir fahren durch idyllische Dörfer, Kinder winken uns zu, Frauen in bunten Kleidern tragen Wassertröge, Schüsseln mit Wäsche oder Essen auf dem Kopf. Der Einkauf auf dem Markt wird nicht in Plastiktüten verpackt, sondern in großen Schüsseln auf dem Kopf nach Hause getragen. Es sieht genau so aus, wie in einem Bilderbuch, das ich als Kind hatte. Runde Lehmhütten mit Gras gedeckt, daneben ein paar Esel und Ziegen. Feuer, auf dem gekocht wird und Brunnen, aus denen mit Eimern das Wasser gezogen wird. Nur die Baströcke der Frauen sind inzwischen durch bunte Tücher ersetzt. Und in meinem Kinderbuch stand nicht, dass alle nach Geschenken betteln. Die Märkte werden bunter, Erdnüsse, Orangen, Bananen, Wassermelonen und Früchte, die wir noch nie gesehen haben, gibt es zu kaufen. Morgens werden wir von vielfältigem Vogelgesang geweckt. Einige Vögel sehen aus wie Wellensittiche, nur in der Größe einer Elster. Vielleicht kleine Papageien? Schmetterlinge fliegen umher. Das Reisen macht richtig Spaß.

MALI UND BURKINA FASO

Die Bibel der Apotheker

In einer Apotheke wollen wir einige Medikamente kaufen. Der Apotheker kennt weder den Namen des Medikaments noch den Wirkstoff. Er holt ein dickes, rotes Buch aus dem Schrank, scheinbar die Bibel der Apotheker, und sucht vergeblich. Er sagt, dass Medikament müsse ein ganz Neues sein, welches in seinem Buch noch nicht aufgeführt sei. Die neusten Medikamente gibt es in Mali nicht. Als er sein Buch zuschlägt, sehe ich die Jahreszahl in goldenen Ziffern: 1991.

Cleverer als die Polizei

Die Polizeikontrollen sind korrekt. Meist bleibt der Polizist im Schatten sitzen und sein Arbeitseinsatz beschränkt sich auf eine Handbewegung, die uns „Durchfahren" signalisiert. Hinter Bamako auf dem Weg nach Segou ist es jedoch anders. Ich winke freundlich dem Polizisten in seiner Tarnuniform zu und der winkt mich nicht durch, sondern rechts ran. Der Deutz steht noch nicht richtig, da reißt der Polizist schon die Beifahrertür auf. So was kann ich leiden. Doch dann hält er uns ein Tablett mit einer Kanne Tee und einigen Gläsern hin.
„Willkommen in Mali, ich möchte Sie gerne zum Tee einladen, bitte nehmen Sie die Einladung an, es wäre eine große Ehre für mich."
„Das gibt's doch gar nicht, die Polizei will nicht meine Papiere sehen und abkassieren, sondern lädt uns zum Tee ein?"
„Ja, die Zeiten ändern sich", lacht er.
„Darf ich das fotografieren?", frage ich mehr zum Scherz, als das es ernst gemeint wäre.
„Kein Problem."
Ich hole den Fotoapparat aus der Tasche und mache ein Foto von dem Polizisten mit seiner Teekanne.
Zum Abschied fragt er: „Haben sie ein kleines Geschenk für mich? Mein Sold reicht nicht aus für meine Familie und mich."
„Genau so etwas habe ich mir schon gedacht", sagt Sabine.
„Na klar will der was haben, aber die Idee ist doch klasse und Cleverness muss belohnt werden, das haben wir doch bisher immer gemacht. Komm, dem müssen wir was geben."

Ich greife in die Tüte mit Obst, die von unserem Einkauf auf dem Markt noch vorne liegt und reiche ihm zwei Bananen.
„Nein, danke. Bananen und Essen haben wir genug. Nach Dienstschluss arbeite ich noch auf dem Feld. Ein T-Shirt, das wäre toll."
„Hmm, okay." Eines meiner alten T-Shirts wechselt den Besitzer. Zum Abschied winkt er uns freundlich hinterher.
„Das ist doch korrekt. Wir sind froh. Er ist froh. Wir behalten die Polizei in guter Erinnerung und er hat ein T-Shirt, das er nie bekommen hätte, wenn er die Nummer mit fehlenden Genehmigungen und Stempel abgezogen hätte", sage ich auf der Fahrt zu Sabine.
„Ja, der war clever."
Am Abend lade ich die Bilder auf unseren Laptop.
„Sabine, guck dir das an, der ist viel cleverer, als wir dachten. Die Uniform ist ein Fake, das war kein echter Polizist. Auf der Uniform ist kein einziges Abzeichen oder Rangzeichen."
„Das gibt's doch gar nicht."

Mopti stinkt

Über gute Asphaltstraße fahren wir nach Mopti. Mopti stinkt. Nicht nach Fisch, wie man es von einer Hafenstadt am Nigerfluss vermuten könnte, sondern nach Schiss. Nur wenige reiche Bewohner können sich einen Wasser- und Abwasseranschluss leisten. Die Abwässer werden direkt in die schmalen Kanäle neben der Straße geleitet. Während der Regenzeit schwimmt die Stadt in ihrer eigenen Sch... Viele Hausbrunnen werden dadurch verseucht und es kommt regelmäßig zu Epidemien. Wir machen einen Rundgang durch die Altstadt und über den Markt hin zum Hafen.
Von der Terrasse eines Restaurants haben wir einen schönen Blick auf das Treiben im Hafen. Pirogen werden be- und entladen. Getreide, Salz, Stoffballen und Tiere, aber auch Ölfässer, Mofas und Holzkisten werden verstaut.
Im Hafenbecken werden Mofas gewaschen. Direkt daneben waschen sich einige Männer von Kopf bis Fuß und Frauen reinigen ihre Wäsche. Als ein Viehhändler seine Ziegen waschen will, rückt man einfach ein bisschen dichter zusammen und so passen auch die Ziegen mit ins Wasser. Und dann sind wir froh, nur eine Cola getrunken zu haben, denn der

MALI UND BURKINA FASO

Küchenjunge des Restaurants kommt mit schweren Töpfen und einer Schüssel Geschirr und man kann sich denken, wo diese gespült werden.

Kopfarbeit

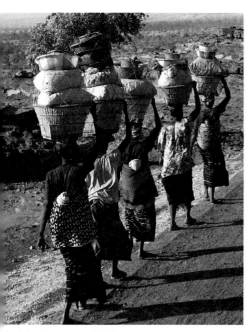

Auf dem Weg zum Markt

Wir sind immer wieder überrascht, wie geschickt die Frauen ihre Tröge, Kalebassen und Schüsseln auf dem Kopf balancieren können. Geübt wird schon im Kindesalter, wenn die kleinen Mädchen Wasser vom Brunnen holen und es in Eimern, die sie von Erwachsenen auf den Kopf gestellt bekommen, weil sie so schwer sind, dass sie diese selbst nicht hoch gehoben bekommen, nach Hause tragen. Die Eimer sind fast randvoll und doch geht kein Tropfen verloren. Auch ihre Schultaschen tragen sie auf dem Kopf zur Schule.

Wir sehen eine Frau, die mit einer Schüssel auf dem Kopf Fahrrad fährt. Eine andere trägt ihren gesamten Marktstand auf dem Kopf. Dazu wurde der Tisch verkehrt herum auf den Kopf gestellt und auf den Tisch sechs große Körbe mit geräuchertem Fisch.

Das kurioseste sehen wir in Segou. Fünf sehr gut gekleidete, vornehme Frauen schlendern durch die Stadt. Ihre modischen Designerhandtaschen tragen sie auf dem Kopf.

Zeit spielt keine Rolle

Am Straßenrand steht ein Tanklastzug, der seinen Auflieger verloren hat. Dieser ist die Böschung hinunter gekippt und der Fahrer wartet seit zwei Wochen auf einen Autokran, der aus dem knapp 400 Kilometer

entfernten Bamako kommen soll. Wie selbstverständlich wird er aus dem nahen Dorf mit Essen und Wasser versorgt. „In ein paar Tagen wird der Kran kommen."
120 Kilometer weiter sehen wir einen Kranwagen am Straßenrand, das Getriebegehäuse ist geplatzt und nicht

Unfälle, ein alltägliches Bild

mehr zu reparieren. Seit Tagen liegt der Fahrer im Schatten seines Krans und wartet auf ein neues Getriebe. „In ein paar Tagen wird ein Getriebe kommen."
Insgesamt sehen wir fast alle 20 Kilometer einen Lkw am Straßenrand mit unlösbaren Problemen, die Fahrer schlafen unter ihren Autos und warten wochenlang auf Hilfe oder Ersatzteile.

Dogonland

Wir fahren ins Land der Dogon, östlich von Mopti. Die Dogon leben entlang einer ca. 150 Kilometer langen und 300 Meter hohen Felswand aus Sandstein. Die Dörfer kleben teilweise in der Felswand und sind nur durch Fußwege zu erreichen.
Aufgrund ihres relativ isolierten Lebensraums haben sie ihre alten, traditionellen Riten und ihren Maskenkult trotz einer massiven Islamisierung und zahlreicher Touristen beibehalten. Wir fahren in den Ort Songo, wo unter einem Felsüberhang ein Initiationsplatz liegt, auf dem die Jugendlichen nach altem Kult durch die Beschneidung in die Glaubens- und Erwachsenenwelt eingeführt werden. Die Beschneidung der Mädchen ist inzwischen offiziell verboten, ob sie dennoch durchgeführt wird, wollte uns keiner sagen.

Für die Besichtigung des Ortes ist eine Gebühr von 1,20 Euro zu zahlen und ein Führer ist obligatorisch, dieser kostet ebenfalls 1,20 Euro. Unser Führer spricht gut Englisch, er ist der Dorflehrer.

MALI UND BURKINA FASO

Wir können fotografieren, bekommen viele Dinge erklärt und werden auf dem Rückweg zum Dorfplatz, wo unser Deutz steht, gefragt, ob wir eine der drei Wasserpumpen des Dorfs reparieren können.

Die Reparatur

Die strohgedeckten Bauten sind Getreidespeicher. Hirse wird hier gelagert, die Hauptnahrung der Bewohner.
Jeden Tag stampfen Frauen die Hirse in hölzernen Mörser mit hölzernen Keulen, so genannten Kuni-i, zu Mehl. Aus dem Mehl werden Brei und Hirsebier zubereitet.
In die Holztüren der Getreidespeicher sind oft Gesichter von Menschen und Tieren geschnitzt. Sie haben symbolische Bedeutungen und sollen das darin gelagerte Getreide schützen.

Die Pumpe ist eine der vielen Handpumpen, wie sie im Rahmen der Entwicklungshilfe zahlreich nach Mali geliefert wurden. Sie ist demontiert und ein Pumpenteil steckt in den 25 Metern Tiefe des Brunnens fest. Wir sollen es mit dem Deutz nach oben ziehen, Esel und Pferd seien zu schwach. Das Seil spannt sich – und reißt. Inzwischen ist das ganze Dorf am Brunnen versammelt. Das Seil wird geknotet und doppelt genommen. Ich drehe den Deutz um, damit ich mit der Seilwinde gleichmäßiger ziehen kann.
Neuer Versuch. Der eiserne Haken, der in der Tiefe an der Pumpe befestigt ist, biegt sich auf und das Seil rutscht ab. Der Dorfschmied muss kommen. Schnell wird mit einfachsten Hilfsmitteln ein neuer Haken gebogen. Der Schmied ist ein wahrer Meister.

75

MALI UND BURKINA FASO

Beim erneuten Versuch bricht der Haken ab. Inzwischen ist es später Nachmittag. Wir brechen die Aktion ab. Über Nacht soll der Schmied einen neuen Haken bauen.
Auf dem Campingplatz dürfen wir kostenlos übernachten. Der Bürgermeister lässt uns Reis mit Hühnchen zum Abendessen bringen. Die Souvenirhändler beschenken uns und die Bauern bringen einen großen Korb mit Erdnüssen. Man ist wirklich dankbar für unsere Hilfe, auch wenn sie leider erfolglos blieb.

Schluss mit Lustig

Im letzten Sonnenlicht kommt eine Frau mit ihrem vielleicht sechsjährigen Mädchen zu uns und zeigt uns eine fürchterliche Wunde am Bein des Kindes. Der Verband, bestehend aus einem Stofffetzen, ist seit Tagen oder vielleicht noch nie gewechselt worden und entsprechend schmutzig. Fliegen umschwärmen die Wunde und sind in großer Zahl unter dem Verband. Grausam. Sabine reinigt und desinfiziert die eitrige Wunde und legt einen neuen Salbenverband an. Mich ärgert es, dass die Mutter nicht sorgfältiger die Wunde versorgt, doch scheinbar hat sie von Hygiene noch nie etwas gehört. Inzwischen haben sich zahlreiche Kranke, vor allem Mütter mit Kindern, um unser Lager versammelt. Wir sind geschockt von den deutlich unter- und mangelernährten Kindern, überwiegend Mädchen.
Fast alle Kinder sind übersät mit eitrigen Hautinfektionen und scheinbar seit Wochen nicht gewaschen worden. Hygiene – noch nie gehört.

Mangelernährte Kinder, ein Problem in Mali

MALI UND BURKINA FASO

Der Dorflehrer soll kommen. Er soll mir sagen, warum die Mütter ihre Kinder so verwahrlosen lassen, warum sie die Infektionen nicht behandeln, warum sie nicht zum Arzt gehen? Die Antwort des Lehrers ist einfach: Das Krankenhaus ist zu weit weg, der Arzt und Medikamente zu teuer. Wir machen den Vorschlag, einen weiteren Tag zu bleiben, am nächsten Morgen die schlimmsten Infektionen zu fotografieren und zum Krankenhaus zu fahren, um die Behandlung mit einem Arzt zu besprechen. Der Lehrer und die Dorfbewohner sind einverstanden.

Am nächsten Morgen nehmen uns zwei Touristen aus Frankreich in ihrem Geländewagen mit in die 12 Kilometer entfernte Stadt Bandiagara. Unser Deutz bleibt im Dorf zurück. Der Arzt im Krankenhaus ist überhaupt nicht begeistert von meiner Idee.
„Ihr Touristen sollt aufhören, irgendwelche Medikamente in der Bevölkerung zu verteilen! Gebt eure Medikamente hier im Krankenhaus ab und kümmert euch nicht um Dinge, die euch nichts angehen."
Schock, mit der Reaktion hatten wir nicht gerechnet. Wie naiv sind wir eigentlich? Was machen wir hier überhaupt? Warum sitzen wir nicht mit den anderen Touristen in einem guten Restaurant und zeigen den hungernden Kindern auf der Straße, wie viele leckere Sachen in so einen weißen Bauch rein gehen? (Abends hören wir auf der Deutschen Welle im Radio, dass es in Deutschland ein Gesundheitsprogramm gegen die Fettleibigkeit von Kindern im Vorschulalter geben soll.)
„Würden wir einfach Medikamente verteilen, wären wir jetzt nicht hier. Wir möchten eine medizinische Beratung und zahlen auch dafür."
Wir werden in ein Büro geführt und warten. Nach 15 Minuten kommt der Arzt in Begleitung einer belgischen Ärztin, die Deutsch spricht. Wir erläutern unsere Idee: Ich möchte am Abend in der Dorfschule einen Kurs in Hygiene anbieten. Zeigen, wie man durch Auskochen von Stoff einen sterilen Verband herstellen kann, wie man mit abgekochtem Wasser und etwas Salz Wunden reinigen kann, erklären, wie wichtig es ist, Wäsche nicht im Fluss zu waschen, sondern zu kochen, insbesondere bei Erkrankungen durch Würmer und Milben.
Die Atmosphäre entspannt sich. Die Ärzte erzählen, dass es viele solcher Kurse gegeben habe. In jedem Dorf gebe es einen Hygienebeauftragten, der auch eine kleine Sanitäterausbildung habe, aber die Bewohner seien zu nachlässig. Kinder werden in der Regel nicht zum Arzt gebracht, Mädchen schon gar nicht. Wenn ein Kind stirbt, ist das der

Wille der Geister und im nächsten Jahr gibt es ein neues Kind. Dieses zu zeugen ist einfacher und billiger, als der Arztbesuch. Kranke Kinder werden den Touristen gezeigt, weil viele Touristen Mitleid bekommen und dann Geld für Medikamente geben, doch das Geld wird für andere Dinge ausgegeben.
Im Übrigen kostet eine medizinische Untersuchung mit Diagnose soviel wie eine Flasche Bier und die Entfernung ist auch kein Argument, laufen die Väter und Mütter doch jede Woche auf den Markt in die Stadt. „Das Leben ist grausamer, als man es sich vorstellt", sagt die Ärztin. Ich zeige den Ärzten die Bilder. Alle Infektionen kommen durch Mangelernährung, aber vor allem durch mangelnde Hygiene.

Saufen mit den Ahnen

Am Nachmittag kommen wir aus der Stadt zurück und werden bereits erwartet. Der Schmied hat aus einem Fenstergitter, das aus einem der vornehmeren Häuser ausgebaut wurde, einen neuen Haken gefertigt. Wir fahren zum Brunnen, das Dorf ist bereits versammelt. Doch bevor es los gehen kann, muss der Imam aus der Moschee herankommen und seinen bzw. Gottes Segen geben. Diskussionen beginnen, schließlich kommt man zu der Überzeugung, dass der Medizinmann mit dem Haken und einer Flasche Schnaps zum Ritualienplatz gehen soll und das Vorhaben mit den Geistern und Ahnen bespricht, um auch deren Segen einzuholen.
40 Minuten später, der Medizinmann torkelt, die Ahnen haben ihn unter den Tisch gesoffen, spannt sich das Seil und tatsächlich die Pumpe kommt Meter für Meter nach oben. Wir freuen uns und auch das Dorf ist euphorisch. Plötzlich ein Schlag, der Haken bricht und die Pumpe rast nach unten. Wir sind traurig. Die Bewohner gehen niedergeschlagen in ihre Hütten. Die Ahnen sind gegen uns.
Den späten Nachmittag verbringen wir auf dem Campingplatz und bereiten uns auf den Kurs am Abend in der Schule vor. Der Lehrer ist dabei und soll übersetzen, er scheint wirklich ernsthaft an Allem interessiert. Ich möchte den Hygienebeauftragten des Dorfes sehen und werde zu ihm geführt. Mich trifft fast der Schlag. In seiner Hütte lagern zahlreiche Medikamente zwischen Lebensmitteln und dreckigem Geschirr. Ratten sitzen in den Ecken und laufen die Wände entlang.

MALI UND BURKINA FASO

Hygiene – noch nie gehört.
Am Abend nach dem Gebet in der Moschee ist es so weit. In der Schule versammeln sich neun Männer. Genau diejenigen, die jeden Abend in die Schule kommen und vom Dorflehrer unterrichtet werden. Alle sind sehr interessiert und aufmerksam. Von den restlichen Dorfleuten kommt leider niemand, wie der Arzt es schon vermutet hatte.
Die Nacht dürfen wir wieder kostenlos auf dem Camping übernachten und wieder bringt uns das Dorf ein Hühnchen mit Reis. Als wir am nächsten Morgen die Tür nach draußen öffnen, erwartet uns bereits die Mutter mit dem Mädchen und möchte, dass wir den Verband wechseln. Abdulai, der Dorflehrer soll sie nach Hause schicken. Sie soll Feuerholz sammeln und Wasser aufsetzen, dann zeigen wir ihr, wie sie den Verband selbst wechseln kann.
Eine Viertelstunde später sitzen wir vor ihrer Hütte. In einem gusseisernen Topf ohne Henkel kocht Wasser. Darin schwimmt ein Stoffstreifen, den wir als Verband nehmen wollen. Fünf Minuten lassen wir das Wasser brodeln, erklären ausführlich die Wichtigkeit des Kochens. Sabine wäscht sich demonstrativ und intensiv die Hände mit Seife.
Als die Frau den Topf vom Feuer nimmt, traue ich meinen Augen nicht. Hätte ich es im Fernsehen gesehen, würde ich sagen, es sei ein Trick. Sie greift mit bloßen Händen unter den Topf, nimmt ihn von der Glut und stellt ihn zwei Meter weiter auf den Boden. Wir lassen den Stoffstreifen trocknen, berühren ihn nur an einem Zipfel und fertigen daraus einen Verband. Jetzt hoffen wir, dass der Verband jeden Tag gewechselt und ausgekocht wird. Der Lehrer verspricht, jeden Tag nach dem Mädchen zu sehen und an den Verbandwechsel zu erinnern.

Stadteinfahrt nach Timbuktu

Timbuktu

Lange war nicht klar, ob wir nach Timbuktu fahren oder nicht. Die Einen raten dringend vor Reisen in die Region wegen umherziehender Banditen ab. Andere halten lediglich die Strecke Gao-Timbuktu für gefährlich und sagen, die neue Piste Douentza-Timbuktu sei sicher. Nach langer Überlegung entschließen wir uns, das Risiko in Kauf zu nehmen und machen uns

79

auf den Weg in die Stadt mit dem sagenumwobenen Namen, deren Moscheen außerdem UNESCO Weltkulturerbe sind – wo wir doch schon mal hier sind. Die Strecke ist langweilig, aber schnell zu befahren. Die Stadt selbst ist enttäuschend. Von der einstigen Pracht ist nicht mehr viel vorhanden, außer den prächtigen Preisen in den Restaurants und Hotels. Hätte man die Stadt nicht gesehen, hätte man nichts verpasst.

Verschiede Sichtweise

In Timbuktu lernen wir einen netten Studenten kennen. Wir verbringen den Nachmittag zusammen und laden ihn abends zum Essen ein.
„Ich habe Europa gesehen."
„Warst du schon mal dort?"
„Nicht direkt, aber so gut wie. Ich habe mal Urlaub bei meinem Onkel in Marokko gemacht, das ist wie Europa. Ganz viele Autos, sogar Ampeln und Häuser mit drei Etagen."
„Ich kenne Leute, die haben Urlaub in Marokko gemacht und sagen, sie hätten Afrika gesehen." Er kriegt sich vor Lachen kaum noch ein.

„Peng" – kaputt ist der Kumpel

Für die Fahrt von Mali nach Burkina haben wir uns eine kleine Piste bei Hombori ausgesucht. Hier erwarten wir ursprüngliche Dörfer und einsame Landschaft. Was wir nicht erwarteten, ist, dass es gar keine Piste gibt. Die Landschaft ist flach, keine Berge, nur trockenes Gras und vereinzelt ein paar Büsche und Bäume. Sieht aus wie bei Daktari.
Also warum nicht die 30 Kilometer ins nächste Dorf querfeldein fahren, irgendwann werden wir bestimmt auf eine Piste treffen. Schlimmstenfalls fahren wir 200 Kilometer durch den Busch bis zur Hauptpiste bei Dijabo in Burkina.
Nach einigen Kilometern macht dichter Buschwald ein Weiterfahren unmöglich. Die Bäume und Büsche sind zu groß, als dass ich sie einfach überfahren könnte. Zu den Dörfern führen nur noch Fußpfade. Wir fahren durchs Gras am Wald entlang Richtung Westen, irgendwann muss der Wald ja mal aufhören. Plötzlich ein lautes Zischen und der Deutz sackt vorne links 15 Zentimeter tiefer.

MALI UND BURKINA FASO

Ich springe aus dem Führerhaus und sehe einen ca. zehn Zentimeter langen Riss in der Seitenwand des Reifens. Im hohen Gras bin ich auf einen Überrest eines mit der Machete abgeschlagenen Baums gefahren. Dummerweise hat der Baumfäller den Baum so gefällt, dass der Überrest angespitzt wie ein Marterpfahl im Gras verborgen blieb.

Gedanken rasen durch meinen Kopf. Wie viele solcher Reifenkiller verstecken sich noch im hohen Gras? Das schöne liebliche Gras, in dem es soviel Spaß machte, zu fahren, kommt mir jetzt beängstigend und bedrohlich vor.

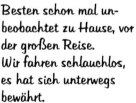

Reifenpannen sind die häufigsten Pannen beim Off-Road fahren. Flickzeug gehört unbedingt in die Werkzeugkiste. Das Wechseln der Karkasse übt man am Besten schon mal unbeobachtet zu Hause, vor der großen Reise.
Wir fahren schlauchlos, es hat sich unterwegs bewährt.

Ich ärgere mich über den kaputten Reifen und freue mich gleichzeitig über die in Mauretanien für viel Geld gekaufte Karkasse. Der Wagenheber ist noch nicht ausgepackt, da sind schon alle schattigen Plätze unter den Bäumen von Zuschauern belegt. Keine Ahnung, wo die plötzlich alle her kommen.

Heute bieten wir das komplette Programm, nicht nur Rad wechseln, sondern Reifen wechseln, denn unser Reserverad hatten wir ja in der Westsahara verloren und seit Mauretanien nur eine Karkasse als Ersatz dabei. Der Reifen ist schnell gewechselt und das alte Ding aus Mauretanien ist überraschenderweise dicht. Es zeigen sich keine Risse in den Flanken und auch bei hohem Tempo läuft der Reifen völlig ruhig. War doch nicht so schrottreif, wie ich beim Kauf dachte. Nach zwei Stunden ist für die Zuschauer das Kino beendet und ich packe meinen Kram zusammen. Einer der Jungs erhebt sich aus dem Schatten und reicht mir den Radmutternschlüssel. Anschließend verlangt er Geld für seine „Hilfe" bei der Reparatur. Okay, dann verlangen wir auch Geld für die „Schulung" im Reifenwechseln. Breites Grinsen. Wir fahren weiter durchs hohe Gras. Jetzt mit Herzklopfen.

Wir treffen auf einen Eselskarrenweg, der schon lange nicht mehr von einem motorisierten Fahrzeug befahren wurde. Äste ziehen tiefe Kratzer in den Lack, aber egal. Jeden Abend fehlt ein Teil am Fahrzeug. Mal ist es ein Nebelscheinwerfer, mal die Antenne, mal eine Staubschutzkappe, alles hängt jetzt irgendwo in den Bäumen. Ein dicker Ast verkeilt sich zwischen Führerhaus und Wohnaufbau. Als ich ihn, auf der Motorhaube stehend, absäge, ist soviel Spannung auf dem Baum, dass er mich mit samt der Säge von der Haube haut und der Ast selbst auf die Haube stürzt. Eine dicke Beule bleibt als Erinnerung im Blech.

BURKINA FASO

Endlich noch mal Teer unter den Rädern. Nach Tagen über Feldwege durch trockene Savannenlandschaft erreichen wir die Hauptstadt von Burkina Faso, Ouagadougou. Am Dachgepäckträger des uns entgegenkommenden Busses sind bestimmt 30 lebende Hühner festgebunden. Das Mofa vor uns transportiert drei Ziegen auf dem Gepäckträger. Frauen tragen große Tabletts mit allerlei tropischen Früchten auf dem Kopf. Aus den Garküchen weht Essensduft zu uns ins Auto.

Völlig überladenes Fahrzeug

MALI UND BURKINA FASO

Rechts ein Autoteilehändler, der auf einer Pappe in einem Wust aus Getriebeteilen und Radlagern seinen Mittagsschlaf hält.
Am liebsten würde ich alles fotografieren, mir wird in Deutschland niemand glauben, was hier ab geht.

Autoteilehändler in Burkina Faso

Mitten im Bordell

Zwei Tage müssen wir auf unser Visum für Ghana warten. In der Nähe des Flughafens gibt es einen Campingplatz, bzw. das, was von einem Camping übrig geblieben ist. Weil keine Touristen mehr kommen, ist der Camping inzwischen zu einem Puff umgestaltet worden. Die etwa 10 qm großen Räume sind an Mädchen vermietet, die hier leben und arbeiten. Unser Auto steht im Innenhof des Bordells und wir können zwei Tage campen, zu einem guten Preis. Allerdings gibt es kein Wasser und keine sanitären Einrichtungen, aber das alles brauchen wir sowieso nicht. Hauptsache, der Karren steht bewacht.
Am Abend sitzt Jade bei uns am Tisch, wir haben sie zu einer Cola eingeladen. Sie kommt aus Nigeria, hat schon auf dem Straßenstrich in Italien und in einem Bordell in Amsterdam gearbeitet. Sie kennt auch die Bordelle in Libyen und Niger. Nur nach Marokko möchte sie nicht mehr, da nehmen die Polizisten ihr das ganze Geld ab und wollen Sex ohne zu zahlen.
Hier in Burkina ist alles familiär. Der Puff- und Campingplatzbetreiber ist nett und wenn sie nichts zu essen hat, weil kein Kunde kommt, gibt er ihr auch Brot und Spaghetti ohne Geld zu verlangen. Dafür ist es hier sehr schwer, Geld zu verdienen, denn für viele Männer sind die umgerechneten 1,50 Euro, die sie verlangt, schon zu teuer, entspricht es doch dem Tageslohn eines Bauarbeiters.

83

MALI UND BURKINA FASO

Freibier, der Präsident zahlt

Am nächsten Nachmittag sitzen wir im benachbarten Hotel Okinn mit zwei Engländern zusammen, die wir zuvor im Internetcafé kennen lernten. Das Hotel gehört zur gehobenen Klasse und hat einen sauberen Swimmingpool in einem schön angelegten Garten. Herrlich, ein sauberer, ruhiger und schattiger Platz, eiskalte Cola, nette Gespräche und die Zeit vergeht wie im Flug. Gegen Abend wird ein Grillbüffet aufgebaut, Lautsprecher werden herbei geschleppt und ein französischer DJ spielt die neusten Hits aus Europa. Wir bleiben. Die Preise sind zwar fünfmal so teuer wie landesüblich, aber ein Menü ist mit acht Euro immer noch bezahlbar.

Das Hotel füllt sich. Immer mehr Franzosen kommen. Später erfahren wir, dass es sich um ca. 50 französische Soldaten handelt, die zum Vorauskommando des französischen Präsidenten gehören. Dieser war für zwei Tage in Ouaga auf dem Kongress der Frankophonie und die Soldaten sorgen schon seit drei Wochen für Sicherheit – Kanaldeckel zuschweißen und so.

Das Abendessen ist erstklassig. Die Musik ebenfalls und die Engländer ziehen das Bier weg, sodass der Kellner von der Lauferei ins Schwitzen kommt. Gegen Mitternacht steht einer der Briten auf, zieht sich die Badehose an und geht in den Pool schwimmen. Alle gucken.

Zwei ebenfalls betrunkene Franzosen machen es ihm in Unterhosen nach. Ein Franzose im Anzug steht am Beckenrand und lacht, da bekommt er von einem seiner Kollegen einen Stoß und fliegt mit Anzug, Schuhen und Sektglas in den Pool. Jetzt ist die Party im Gange.

Jeder stößt oder wirft jeden in den Pool. Wer es schafft, seinen Anzug vorher auszuziehen, hat Glück, sonst fliegt er mit Klamotten ins Wasser. Plötzlich eine Verwechslung: Zwei Männer packen mich und tragen mich zum Pool.

Ich rufe noch: „Ich bin Deutscher, Je suis allemand, I am from Germany", und kann in letzter Sekunde noch den Reisverschluss meiner Hosentasche mit dem Kleingeld schließen, als schon das Wasser über mir zusammen schlägt. Als ich auftauche sehe ich, dass auch Sabine im Pool liegt. Freigetränke für alle, die nass sind, gezahlt wird von der französischen Regierung. Trotz nasser Klamotten und einiger Blessuren war es ein schöner Abend.

GHANA - TOGO - BENIN

GHANA
TRAUMSTRÄNDE, JOINTS UND RASTAMÄNNER

TRAUMSTRAND BEI SEKONDI-TAKORADI

Die Formalitäten an der Grenze zwischen Burkina Faso und Ghana sind schnell erledigt und über gute Teerstraße erreichen wir Tamale. Die Luft wird deutlich feuchter, es wird tropisch.
In einer Bank tauschen wir unsere Euros in Cedis und erhalten für 1.000 Euro 12.000.000 Cedis. Der größte Schein ist ein 5.000er. Wir verlassen die Bank mit einem Rucksack randvoll gefüllt mit Geld. Ein gutes Gefühl und genug für die kommenden Wochen.

Mit einem Ranger der Mole-Nationalparkverwaltung unternehmen wir einen Morgenspaziergang. Wir sehen Antilopen, Affen, Warzenschweine und am Wasserloch können wir Elefanten und Krokodile beobachten. Die gefährlichsten Tiere sind für uns die Affen, denn sie turnen am Auto herum und brechen alles ab, was nicht richtig fest ist. Am nächsten Tag chartern wir ein Kanu und lassen uns über den Volta-Fluss in die Mangrovenwälder paddeln, um Flusspferde zu beobachten. Leider kommen wir für ein gutes Foto nicht dicht genug heran. Die riesigen Kolosse sind scheu und tauchen weg.

Pavian im Mole-Nationalpark

Der Eintrittspreis für den Park ist mit 4 Euro bescheiden und der Ranger ist mit 75 Eurocent je Stunde zufrieden. Auch sonst sind die Preise superniedrig, eben paradiesisch. Coca-Cola kostet 18 Cent, Frühstück im Café 40 Cent, Mittagessen im Restaurant 2 Euro und das Wichtigste, der Diesel, kostet 30 Cent.

Als wir zurück auf dem Campingplatz sind, parkt ein alter Landrover 109 neben unserer Pistenkuh. Ausgerüstet mit Dachzelt und Reservekanister versprüht er den Duft von Abenteuer. Zu ihm gehören Jeffrey und Paula, die vor drei Monaten in Amsterdam gestartet sind. Wir sind uns sofort sympathisch und wollen für die nächsten Tage gemeinsam an einen schönen Strand.

In Busua-Beach finden wir das Paradies – einen langen, fast menschenleeren Sandstrand. Unsere Autos stehen 30 Meter vom Meer entfernt im Schatten der Kokosnusspalmen. Keine 100 Schritte weiter gibt es eine kleine Strandbar, von der afrikanische Musik zu uns herüber klingt. Das Wasser ist kristallklar und jeden Morgen laufe ich mit Anlauf in die warmen Fluten.

Nach zwei Tagen haben wir alles, was wir zum Leben brauchen, organisiert. Morgens bringt ein Farmer frische Kokosnüsse, Bananen und Ananas. Im nahe gelegenen Dorf haben wir eine Köchin gefunden, die mittags vorbei kommt um zu fragen, was wir abends essen wollen. Am Abend steht alles frisch zubereitet, heiß und lecker auf unserem Tisch. Mit dem Chef der Bar ließen sich Sonderpreise für Bier und Cola aushandeln. Kurz, wir haben das Paradies entdeckt. Zwei Tage wollten wir bleiben, inzwischen sind fast drei Wochen vergangen.

GHANA – TOGO – BENIN

Im Dezember 2007, Ghana,
ca. 20 km westlich von Dixcove am Palmenstrand

Blaues Meer, weißer Sand, Palmen, hinter dem Strand beginnt der Urwald. Traumhaft, paradiesisch.
Gibt es auf der Welt einen schöneren Platz als hier?
Wie sollte sich das noch steigern lassen?
Sollen wir hier ein Grundstück kaufen, ein Baumhaus bauen, eine Dusche draußen im Wald, eine Veranda, auf der wir abends den Sundowner mit Blick auf die kleine vorgelagerte Insel genießen?
Die Fischer bringen jeden Tag ihren Fang vorbei, die Gemüsefrau schickt ihren Sohn täglich mit frischen Ananas, Bananen und Tomaten zu uns.
Warum sollten wir hier wegfahren? Warum das Paradies verlassen?
Nein, hier muss man eine Hütte bauen.
Diese Gedanken liegen jetzt vier Wochen zurück. Heute ist der letzte Abend im Paradies. Ich habe meine Hängematte eingepackt, die Feuerstelle vergraben und mich von Gemüsefrau und Fischern verabschiedet. Wir sind froh, es geht weiter.
Das Paradies wurde von Tag zu Tag langweiliger.
Veränderungen sind es, die unser Leben interessant machen.
Wir sind froh mobil zu sein, eine Hütte auf Rädern zu haben.
Hier im Paradies bleiben zu müssen wäre die Hölle.

GHANA - TOGO - BENIN

Das deutsche Restaurant

Im Dorf hält man mir eine ledergebundene Speisekarte eines berliner Edelrestaurants hin. Der Ghanaer spricht Deutsch und sagt, er sei Koch in diesem Restaurant gewesen und habe jetzt hier im Dorf ein deutsches Restaurant eröffnet. Obwohl mich inzwischen nur noch wenig überrascht, will ich das Restaurant sehen. Er führt mich in ein unscheinbares Haus und zeigt voller Stolz sein aus zwei Tischen und acht Plastikstühlen bestehendes Restaurant. Ich will die Küche sehen. 10kg-Dosen mit Sauerkraut, Rotkohl und Grünkohl stehen auf dem staubigen Regal. Dazu einige Dosen Hackfleisch und Rouladen, alles aus Deutschland importiert. Ich wundere mich über den Rost auf den Dosen und suche das Verfallsdatum. 1998 oder 1999 ist auf allen Dosen zu lesen.
Auf meine Frage, ob die Lebensmittel denn noch gut seien, führt er mich zu einer Gefriertruhe, öffnet diese und zeigt mir Töpfe und Schüsseln, die mit einer dicken Eisschicht überzogen sind.
„Ich habe bereits alles vorgekocht. Wenn Gäste kommen, mache ich es nur warm." Später stellt sich heraus, dass ein Freund die Speisekarte in Deutschland geklaut hatte, er dachte wohl, die Karte sei im Menüpreis enthalten.

Zu Gast bei Nana

Nana betreibt ebenfalls ein kleines Restaurant im Dorf, wie üblich bestehend aus einem Plastiktisch mit vier Stühlen. Als er uns die selbst gemalte Speisekarte bringt, kniet er sich neben den Tisch, bekreuzigt sich und dankt Gott für seine Gäste. Es ist noch früh am Morgen, daher frühstücken wir nur Rührei mit Brot und reservieren den Tisch für das Abendessen. Nana will zum Hafen gehen und zwei schöne große Fische aussuchen. Am Abend dann die Enttäuschung: er hat die Fische zu lange auf dem Grill gelassen und sie sind völlig verbrannt. Kein Problem, Nana serviert uns die Haifischstücke, welche die Gäste bestellt haben, für die der Tisch nach uns reserviert ist. Für diese wird er irgendwo noch ein paar andere Fische auftreiben.
Nachdem wir gegessen haben, tritt Nana hinter jeden Einzelnen, legt die Hand auf die Schulter, schließt seine Augen und spricht ein Gebet, da-

GHANA - TOGO - BENIN

mit wir sein Essen gut vertragen und auch morgen wieder kommen. Natürlich kommen wir am nächsten Tag. Zum Nachtisch gibt es frische Ananas aus seinem kleinen Garten. Irgendwie schmecken die Stücke widerlich, nicht schlecht oder alt, irgendwie seltsam.
„Ist mit der Ananas alles okay?", frage ich Nana.
„Die Ananas war zu süß, fast wie Zucker und ich weiß doch, dass ihr Deutschen nicht gerne soviel Zucker mögt, deshalb habe ich etwas Salz auf die Ananas gestreut."
Wir mögen Nana und kommen jeden Tag. Kein einziges Mal gelingt ihm das Gericht, was er uns zuvor angekündigt hat. Meist kauft er dann im Nachbarrestaurant Essen, welches er uns serviert.

The International Rastaman Taxi Company

Wir sitzen mit Jeffrey und Paula zusammen am Strand vor unseren Autos. Paula hat ein paar Longdrinks gemixt und aus der Strandbar Strohhalme organisiert.
Philip, ein junger, Joints rauchender Rastamann setzt sich zu uns und erzählt, dass er bald ein Taxiunternehmen haben werde. Vor zwei Jahren habe ein Engländer ihm versprochen, sobald er aus seinem Urlaub zurück in England sei, 1.000 Euro zu senden. Seitdem wartet Philip auf das Geld.
"Könnt ihr mir nicht 1.000 Euro leihen, bis der Engländer mir das Geld schickt? Dann kann ich in Accra ein gutes Taxi kaufen und Touristen fahren, ich gebe euch 2.000 Euro zurück."
"Wenn sich hier so schnell Geld verdienen lässt, dann verkaufen wir unsere Autos und kaufen 50 Taxis", scherzt Jeffrey.
Wir fangen an zu spinnen, planen eine internationale Taxi-Company. Von New York über Rio bis nach Tokio nur Joint rauchende Rastamänner in rostigen, verbeulten Taxis.

Der Landrover von Jeffrey und Paula

Am nächsten Tag, die Spinnereien haben wir schon längst vergessen, kommt Philip mit einem potentiellen Käufer für unsere Autos. Sein Vater kommt ebenfalls in seinem besten Anzug und zeigt uns all seine Papiere – er will eines der Taxis fahren. Joints rauchen sei kein Problem. Wir erklären die Situation, schieben den schönen Traum auf zuviel Beachcocktails und Joints.
Philip tut uns leid. Wir werden nie wieder solche Scherze machen, die Einheimischen glauben den Weißen einfach alles. Jetzt ist uns auch klar, warum so viele Missionare hier ihr Paradies gefunden haben.

Horror im Paradies

Jeffrey ist von einem unbekannten Tier gebissen oder gestochen worden. Sein Arm wird schnell dick und verursacht höllische Schmerzen. Der Arzt empfiehlt das Hafenkrankenhaus in der 50 Kilometer entfernten Kreisstadt. Eine Spritze muss gegeben werden. Ich sitze in der Empfangshalle und warte.
Alles ist soweit ganz ordentlich, keine Spinnenweben in den Ecken, kein abgeplatzter Putz um die Türpfosten und auch die Steckdosen und Lichtschalter sind nicht aus der Wand gerissen, wie man es üblicherweise in afrikanischen Krankenhäusern sieht. Vor der Eingangshalle hält ein Pick-Up Geländewagen. Ein Krankenbett wird gebracht und der Kranke, der auf der Ladefläche transportiert wurde, wird in die Empfangshalle geschoben.
Oh mein Gott! Ein Arm ist abgerissen und liegt neben dem Schwerverletzten. Blut überall. Der Bauchraum ist offen und in pulsierendem Rhythmus blutet es stark aus der Wunde, aber der Verletzte lebt, er stöhnt und bewegt sich. Sofort springen die Passanten und Kranken auf, die mit mir in der Empfangshalle warten, stehen im Halbkreis ums Bett und gaffen. Die Krankenschwester geht in aller Ruhe eine Schere holen und schneidet ihm die Kleider vom Leib. Der Verletzte macht eine zuckende Bewegung und der Arm fällt auf den Boden. Die Schwester hebt ihn auf und legt den Arm ans Fußende.
Keinerlei Hektik. Der Arzt kommt, wirft einen kurzen Blick auf den Verletzten und verschwindet wieder. Alles in Ruhe, nicht mal der Ansatz eines Laufschrittes ist zu erkennen. Immer mehr Passanten kommen ins Krankenhaus und schauen zu. Einer telefoniert mit seinem Handy

und beschreibt, was er gerade sieht. Ein Anderer nutzt sein Handy, um Fotos zu machen. Der Schwerverletzte liegt nach 10 Minuten immer noch in der Empfangshalle, der Arzt ist noch nicht wieder aufgetaucht. Jeffrey kommt aus dem Behandlungszimmer und wir gehen. Auf der Rückfahrt starren wir beide einfach nur nach vorne. Keiner sagt ein Wort, uns ist nicht nach Plaudereien.

Den Strandbarbesitzer schockt es weniger: „Wer hier so stark verletzt ist, dass der Arzt sich beeilen müsste, der hat sowieso keine Chance."

Das Glück ist bei uns

Die Küste Ghanas verschwindet langsam im Rückspiegel. Wir fahren in Richtung Nord-Ost zur Grenze von Togo. Bei den Wasserfällen von Wli, noch in Ghana, begegnen wir Sabine und Bernhard, einem deutschen Ehepaar. Vor fünf Jahren sind sie aufgebrochen, um mit einem alten Mercedes Postbus 609 durch Afrika zu reisen, haben dann diesen tollen Platz entdeckt und sind geblieben. Inzwischen unterhalten sie einen kleinen Campingplatz mit Restaurant und vermieten ein paar Zimmer.

Wir richten uns auf dem Camping ein. Die meiste Zeit verbringen wir mit Bernhard und Sabine und selbstgebackenem Kuchen auf deren Terrasse. Von hier blicken wir über tropischen Regenwald bis hin zur Gebirgskette, welche die Grenze zwischen Ghana und Togo bildet. Wir beobachten abends das Farbenspiel des Sonnenunterganges und obwohl es jeden Abend gleich ist, fasziniert es uns immer wieder neu.

Von Paula, Jeffrey und dem Landrover trennen wir uns hier. Ihr Zeitfenster beschränkt sich auf ein Jahr, daher müssen sie etwas Gas geben. Später erfahren wir, dass sie in Kamerun technische Probleme bekommen haben und den Landrover nach Rotterdam verschiffen mussten. Ihre Reise haben sie abgebrochen.

Der Chef einer Truppe deutscher Entwicklungshelfer hat Geburtstag. Er möchte groß feiern und bestellt für 18 Mann ein opulentes, warmes Büfet im Restaurant von Sabine und Bernhard.

Doch der Chef scheint nicht sonderlich beliebt, denn seine Mannschaft wurde plötzlich reihenweise krank, Autos blieben liegen und alle fünf Minuten entschuldigte sich einer seiner Mitarbeiter telefonisch, dass er

leider nicht kommen könne. So waren am Ende nur fünf Personen anwesend und wir wurden kurzerhand zur Geburtstagsfete eingeladen, verbrachten einen schönen Abend mit interessanten Gesprächen, leckerem Essen und allerlei Getränken.
Von den Entwicklungshelfern erfahren wir, dass eine deutsche Baufirma nur 50 km entfernt ein großes Baucamp unterhält und eine Straße baut. Dort könnten wir eventuell einen Reifen in unserer Größe bekommen, denn wir sind ja seit Mali wieder ohne Reservereifen unterwegs. Früh am nächsten Tag fahren wir zum Camp der Baufirma. Fünf Deutsche arbeiten hier und 500 Arbeiter aus Ghana. Ich bin baff, als ich die Werkstatt und die vollen Container mit Ersatzteilen sehe. Wir werden zum Mittagessen eingeladen und lernen einen weiteren Gast kennen. Er kommt aus Kanada und ist Missionar. Seit 14 Jahren lebt er mit seiner Frau in einem kleinen, unbekannten Dorf und übersetzt die Bibel in eine Sprache, die nur in diesem und drei weiteren Dörfern gesprochen wird. Nach dem Essen bekommen wir einen gebrauchten, ziemlich abgefahrenen Reifen geschenkt, aber es ist das schönste Weihnachtsgeschenk seit Jahren. Zudem wird eine große Inspektion an unserem Deutz durchgeführt und als ich ihn aus der Werkstatt hole, ist sogar das kaputte Blinkerglas ersetzt.

TOGO

Kein Visum im Busch

Von dem kleinen Campingplatz bei Sabine und Bernhard ist es nicht weit bis zur Grenze nach Togo. Das Visum gebe es schnell, problemlos und billig an der Grenze, man brauche nur mit seinem Pass an der Grenze aufzutauchen. Also machen wir das. Der Grenzbeamte erklärt uns freundlich: „Visa gibt es nur am Hauptgrenzübergang, aber nicht hier im Busch."
„Komm, lass uns rein, du kannst doch einfach in unseren Pass rein schreiben: ‚Hiermit erteile ich eine Aufenthaltsgenehmigung'." Er lacht. Nein, so was könne er nicht machen, aber er wolle seinen Vorgesetzten anrufen. Doch die Verbindung kommt nicht zustande. Wir warten. Vier

GHANA – TOGO – BENIN

Stunden später, inzwischen ist es dunkel, klappt es tatsächlich und wir sollen persönlich zum Chef kommen. Zum Glück ist die Stadt nur 12 Kilometer entfernt und liegt sowieso auf unserem Weg.
Wir werden freundlich empfangen. Der Chef möchte, dass wir im Hotel übernachten und am nächsten Morgen unter Polizeischutz in die 250 Kilometer entfernte Hauptstadt gebracht werden, um dort ein reguläres Visum zu beantragen. Shit, wir wollen nicht in die Hauptstadt, sie liegt in entgegen gesetzter Richtung und bedeutet 500 Kilometer Umweg und ins teure Hotel wollen wir für die Nacht auch nicht.
Unsere Lage ist ungünstig, wir müssen ganz kleine Brötchen backen. Aber immerhin gelingt es uns auszuhandeln, dass wir für die Nacht auf dem Polizeihof campen dürfen – kostenlos.
Weiter Verhandlungen ergeben, dass wir am nächsten Morgen unter Polizeischutz zur Grenze nach Benin gebracht werden, da wollen wir ja schließlich hin. Zudem ist diese nur 150 Kilometer entfernt. Wir einigen uns, dass wir dem Polizisten, der bei uns im Auto mitfährt, die Busfahrkarte zurück bezahlen, zudem seinen Tagesverdienst und ein Mittagessen, alles zusammen 15 Euro. Das ist der halbe Preis des regulären Visums. Glück gehabt.

BENIN

Zauberer – Geister – Dämonen

Der Glaube an Geister und Zauberei ist hier in Benin, genau wie in Burkina, Togo, Ghana und überhaupt in ganz Westafrika, weit verbreitet. Nichts geschieht hier zufällig. Jemand verunglückt mit seinem Auto tödlich – warum hat ausgerechnet er einen Unfall erlitten? Die Europäer machen es sich leicht, untersuchen das Auto und stellen fest, dass die Bremsen defekt waren. Aber an diesem Tag waren tausende von Autos mit defekten Bremsen unterwegs! Nein, der Fahrer ist umgekommen, weil ein Zauber gegen ihn gesprochen war. Jetzt gilt es, herauszufinden, wer den Zauber gesprochen hat, um sich zu rächen. Sein Nachbar? Seine Ex-Frau?

GHANA – TOGO – BENIN

Um zu zaubern geht man zu einem Zauberer, den es in fast jedem Ort gibt. „Wenn ich will, dass mein Feind ein Auge verliert, dann wird der Zauberer aus Lehm eine Figur – das Ebenbild meines Feindes – formen und mit einem Dorn, den er vorher in Hühnerblut getaucht hat, in das Auge der Lehmfigur stechen und ab dem Zeitpunkt ist das Auge verwünscht. Eines Nachts wird unser Feind durch den Busch laufen, mit dem Auge gegen einen Zweig rennen und ein Dorn wird sich in sein Auge bohren. Das ist kein Glaube, das ist Tatsache", so erklärte es mir der Dorflehrer in Mali.

Als wir die Geschichte im Dogondorf hörten, glaubten wir zunächst an ein Relikt vergangener Zeiten. Aber den Zauberer gibt es wirklich und täglich kommen Dorfbewohner zu ihm. Der Preis für einen Zauber variiert. Soll sich der Feind nur in den Finger schneiden, ist es mit einem Huhn getan. Soll hingegen seine Frau unfruchtbar werden, so sind schon zwei Ziegen fällig.

Der Voodoo-Glaube hat sich inzwischen mit anderen Religionen vermischt. Häufig sehen wir winzige Lederbeutelchen, die schon den kleinen Kindern an einem Lederriemen um den Hals hängen.

In dem Lederbeutel waren früher mit einem Zauber besprochene Steine, Kerne oder Muscheln. Heute hat man darin einen Bibel- oder Koranvers, je nachdem, welcher Missionar schneller war.

Aber auch diese Bibelverse müssen jedes Jahr von einem Zauberer neu besprochen werden, damit sie ihre schützende Kraft und der Zauberer sein Einkommen behalten.

Soldaten gehen zum Voodoo-Priester, dieser zaubert ein wenig vor sich hin und die Kraft des Amuletts macht den Soldaten für den Feind unsichtbar oder feindliche Gewehrkugeln können ihm nichts anhaben. Dass der Zauber funktioniert ist doch ganz klar, erklärt mir ein Soldat: Sein Freund musste ins Krankenhaus zu einer Blinddarmoperation. Der Arzt bestand darauf, dass er vor der OP das Amulett ablege, anderenfalls könne man ihn nicht operieren. Die Nadel der Spritze und das Skalpell wären sonst sicherlich abgebrochen.

NIGERIA
NIGERIA IST BESSER ALS SEIN RUF

POLIZEI IN NIGERIA, DEIN FREUND UND HELFER

Um die Spannung gleich vorweg zu nehmen: Nigeria ist besser als sein Ruf. Wir sind bei Nikki von Benin aus eingereist, dann nach Abuja gefahren, wo wir einige Visa besorgen wollten und bei Ekok nach Kamerun ausgereist. Die Menschen waren ausnahmslos freundlich, genau wie in Benin oder Burkina Faso. Von all den Horrorgeschichten, die man im Internet liest, können wir weder eine bestätigen, noch eine eigene dazu schreiben. Wahrscheinlich schreibt da jeder Geschichten, die er mal irgendwo gehört hat und dichtet noch etwas dazu, damit es etwas spannender wird.

Korrupte Polizei

Bei anderen liest man, alle drei Kilometer sei ein Police-Check, immer Forderungen nach Geschenken und Geld. Also führen wir eine Strichliste, um mal genaue Fakten liefern zu können.

 *NIGERIA*

In Nigeria gibt es verschiedene Ordnungskräfte auf den Straßen. Die Polizei, die Sicherheitsinspektoren und die so genannten „Stickerboys", die vor allem an den Provinz- und Stadtgrenzen Nagelbretter auf die Straße legen und Durchfahrtsgebühren erheben. Die Stickerboys und die Sicherheitsinspektoren sind die härtesten Nüsse, aber in unserer Statistik fassen wir alle zusammen:
Insgesamt sind wir 1.737 km in Nigeria unterwegs.
Wir kommen in 46 Kontrollen.
An 28 werden wir ohne Halt durch gewunken.
4 Kontrollen sind sehr nett; keine Papiere, keine Überprüfung, nur ein kleiner Smalltalk, wie uns Nigeria gefalle, keine Forderung nach Geschenken, etc.
7 Kontrollen sind korrekt. Es werden die Papiere kontrolliert und sofort zurück gegeben, keine Forderung nach irgendwas.
6 Kontrollen fragen im Anschluss nach Geschenken, lassen uns aber sofort fahren, als wir dies verneinen. „No problem, Sir."
1 Kontrolle ist hart. Der Polizist kontrolliert unser Auto und stellt eine Liste der Mängel auf. Zuviel Zusatzscheinwerfer, keine Reflektionsstreifen, etc. Er kommt auf knapp 40 Euro Gesamtstrafe. Aber auch diese Nuss ist nach 15 Minuten Diskussion geknackt, wir bekommen unsere Papiere zurück und können weiter fahren ohne gezahlt zu haben und natürlich ohne auch nur einen Kugelschreiber raus gegeben zu haben.
Wir haben von Anderen gehört, dass sie in Nigeria über 300 Euro an diversen Check-Points abdrückten, aber die Selben zahlten auch bereits überzogene Forderungen in Senegal und Mauretanien und legten bei der Einreise nach Marokko schon mal vorsorglich 10 Euro in den Pass. Unserer Erfahrung nach ist Nigeria (ausgenommen das Niger-Delta-Gebiet) nicht komplizierter als andere Länder in Westafrika.

Tankstellen ohne Sprit

Tankstellen gibt es genug im Ölland Nigeria, sogar mehr als genug und überall werden neue Tankstellen gebaut. Wir wundern uns, denn parallel dazu verfallen viele Tankstellen, weil sie einfach nicht gewartet und gepflegt werden. Und wir wundern uns noch mehr, denn an den Tankstellen gibt es weder Diesel noch Benzin und auch sonst nichts zu kau-

NIGERIA

fen. Was soll das? Die Antwort ist einfach. Der Treibstoff wird in die Nachbarländer geschmuggelt. Um jedoch Diesel oder Benzin von der Raffinerie zu bekommen, braucht man eine Konzession. Diese gibt es jedoch nur, wenn man auch eine Tankstelle betreibt. Also ist der Nigerianer nicht dumm, baut eine Tankstelle und lässt den 40.000 Liter Tanker gleich durch ins Nachbarland rauschen.

Die angeschlagenen Spritpreise stimmen nirgends. Stattdessen muss jedes Mal mit dem Tankwart verhandelt werden. Nirgendwo sonst auf der Welt musste ich den Dieselpreis aushandeln und so ist der nigerianische Diesel im Nachbarland Benin billiger und problemloser an jeder Tankstelle zu bekommen als im Förderland selbst. Verrückte Welt. Also, das nächste Mal in Benin voll tanken und dann ins Ölland Nigeria.

Die Folge von Überladung, zu hoher Geschwindigkeit und schlechten Bremsen

Deutsche Insel in Abuja

Eigentlich wollten wir gar nicht nach Abuja, liegt nicht so richtig auf dem Weg, aber von anderen Reisenden haben wir gehört, dass es das Visum für Angola nur noch mit Schwierigkeiten bzw. gar nicht mehr gebe. Lediglich in Abuja soll es noch möglich sein, das Visum zu bekommen. So fahren wir nach Abuja, der Hauptstadt Nigerias.

Die Stadt wurde am Zeichenbrett völlig neu entworfen. Die Orientierung ist daher relativ einfach und die Straßen breit und ohne Schlaglö-

NIGERIA

cher. Wir halten an einer Polizeistelle und fragen nach einem Campingplatz, doch den gibt es in Abuja nicht. Plötzlich hält neben unserem Deutz ein Mercedes G.
„Mensch, dass ist ja was Seltenes, ein deutsches Nummernschild in Abuja, was macht ihr denn hier? Ich bin übrigens Udo."
„Wir suchen einen Campingplatz, doch den gibt es hier nicht. Wir brauchen einige Visa für die Weiterreise nach Süden."
„Ach, dass machen wir ganz unkompliziert. Ihr fahrt einfach hinter mir her. Ihr könnt bei mir campen. Ich freue mich über Besuch aus Deutschland, kommt ja sonst keiner vorbei."
Die Fahrt endet vor einer Villa mit riesigem Swimmingpool im Grünen. Wachmann, Gärtner, Hausangestellte und persönlicher Fahrer gehören zur Mindestpersonalausstattung eines jeden Deutschen in Abuja, wie wir später erfahren.
„Die Stewardess macht euch das Gästezimmer klar, im Wagen schlafen kommt gar nicht in die Tüte. Und heute Abend gehen wir erst mal zum Libanesen schick essen."
Am nächsten Tag fahren wir zur Botschaft von Angola. In Abuja soll das Visum relativ leicht zu bekommen sein, doch Fehlanzeige, nichts zu machen.
Wir lernen Stephan und Birgit kennen, Freunde von Udo, und sind am Abend bei ihnen zum Essen eingeladen. Am nächsten Tag warten wir in Udos Büro und lernen Andreas kennen.
„Udo ist nicht hier, der ist mal gerade in die Fertigung, was nachsehen."
„Ich komme nicht wegen Udo, ich wollte euch mal kennen lernen und für heute Abend zum Essen ins Tantata einladen."
Es spricht sich herum, dass zwei deutsche Nomaden ihre Zelte für kurze Zeit aufgeschlagen haben und so lernen wir auch noch Helmut und Babs kennen, mit denen wir leckeren Fisch im Mogadischu essen.
Die Tage vergehen wie im Flug.
Morgens machen wir die Botschaftsrunde, nachmittags liegen wir mit Eis und Cola an Udos Pool und abends geht's in edle Restaurants oder zu tollen Grillpartys. Langsam bekommen wir ein schlechtes Gewissen, wir gehen denen bestimmt auf den Nerv.
„Quatsch", meint Udo, „hier ist jeder Tag gleich. Wir kennen uns alle und Besuch kommt nach Nigeria ganz selten. Wir sind froh, endlich mal etwas Abwechslung zu haben, macht euch da mal keine Gedanken."

NIGERIA

Und so bleiben wir statt geplanten drei ganze zwölf Tage und nehmen fast täglich ein Kilo zu. Noch mal vielen Dank an Udo, Stephan und Birgit, Andreas und Karin, Helmut und Babs und alle Anderen, die uns die Zeit in Abuja so schön gemacht haben, dass die Tage für uns unvergesslich bleiben.

Noch zwei kleine Geschichten am Rande:
Adigo, der Fahrer von Udo, fährt mit uns und Udo am Abend zu einem Restaurant. Plötzlich bremst er an einer Kreuzung ab.
Udo: „Why do you stop here, don't you know where the gas is?"
Adigo: „I have to stop, because the traffic-light is red. This is the law."
Udo: „Since when do you follow the law?"
Adigo: „Since today, Sir."

Udo will eine ebenso praktische Frisur haben wie ich. Sein Haarschneider liegt in der Schublade in seinem Büro.
Udo: „Adigo, drive to the yard, in my office in the drawer is the haircutter. Bring it to me, but give gas."
Adigo: „Yes, Sir. I'll bring the welding machine."
Udo: „Not the welding machine, the haircutter for the coconut, you know?"
Adigo: „Yes Sir, I know, I'll bring it."
Eine Viertelstunde später klingelt es an der Tür. Adigo steht davor und hat die Schweißmaschine im Kofferraum und auf dem Markt eine Kokosnuss gekauft.
Udo: „Ohhh, not the welding machine, the haircutter, do I speak russian or what? Bring it back."
Adigo in fast perfektem Deutsch: „Mein Gott, mein Gott, mein Gott."

Der Tanz

Wir verlassen die Teerstraße und nehmen eine Piste als Abkürzung. Die Landschaft wird grüner und der Dschungel immer dichter. In den wenigen Dörfern winkt man uns freundlich zu und wir haben Spaß an der neuen, fruchtbaren Landschaft, die blasse, fade Buschsavanne liegt wohl endgültig hinter uns.

 *NIGERIA*

Plötzlich stehen wir vor einer Brücke, 6-7 Meter hoch, 50 Meter lang, halb verfallen und baufällig. Wir gucken uns das Ding erst mal zu Fuß genauer an. Ein Schild datiert das Baujahr auf 1932. Die Stahlbrücke scheint seitdem nicht mehr gewartet worden zu sein. Ein Brückenkopf ist abgerutscht, so hängt die ganze Brücke etwas schief. Durchgerostete Stahlträger wurden provisorisch durch Bretter ersetzt. „Stabil sieht das nicht aus", stellt Sabine treffend fest.

Viele Brücken in Afrika stammen aus der Kolonialzeit, sind fast 100 Jahre alt und seit 60 Jahren nicht mehr gewartet oder Instandgehalten worden. Oft sehen die Brücken beängstigend aus, sind aber immer noch erstaunlich stabil.

Inzwischen stehen drei Jugendliche um uns herum und ich frage:
„Hält die Brücke?"
„No problem, Sir."
Okay, welche Antwort hatte ich auch erwartet?
„Fahren öfters Lastwagen darüber?", bohre ich nach.
„Ja, wenn sie nicht zu schwer sind."
Was soll ich mit solchen Sprüchen anfangen?
Da hilft mir die klare Aussage von meinem Freund Karsten schon mehr:
„Für einen Deutz gibt es kein Zurück."
Also los.
Sabine will freiwillig Fotos machen und nicht mitfahren. Ich bin fast in der Mitte der Brücke, als die Jungs einen wilden Tanz aufführen. Drüben angekommen sind sie immer noch ganz aufgeregt:
„The bridge was dancing, yeah, the bridge was dancing with you, she never did it before."

NIGERIA

Die letzte Nacht in Nigeria

Abuja liegt seit ein paar Tagen hinter uns. Eine schmale Landstraße führt uns Richtung Grenze zu Kamerun und wir wundern uns, dass diese sogar recht gut geteert ist. Allerdings haben wir hier ein kleines Problem, wir finden keinen Übernachtungsplatz im Wald oder Busch. Entweder sind Felder angelegt oder der beginnende Dschungel ist undurchdringlich. Am späten Nachmittag entdecken wir eine Schule mit riesigem Fußballplatz am Rand eines Dorfes. Neben dem Fußballplatz parken wir unseren Deutz und fragen einen vor der Schule sitzenden Mann, ob es okay sei, wenn wir die Nacht dort blieben.
„No problem, you're welcome."
Die Kinder sind auffallend zurückhaltend, halten großen Abstand und gehen nach ein paar Minuten. Der Schuldirektor kommt. Wieder fragen wir um Erlaubnis und alles ist kein Problem. Gegen Abend kommt aus dem Dorf eine kleine Delegation von vielleicht 20 Männern in festlichen Gewändern, es ist der „Chief" mit seinem Gefolge.
Wir werden freundlich begrüßt, müssen uns ins Gästebuch des Dorfes eintragen und jeder bringt soviel frische Orangen mit, wie er tragen kann, die man uns als Willkommensgeschenk überreicht. Wir setzen Wasser auf und laden die Delegation zu Tee und Plätzchen ein. Man bietet uns eine Rundhütte für die Nacht an, fragt, ob man Essen kochen solle und ob es uns störe, wenn sie nach dem Abendessen noch mal zu einem Gespräch vorbeikommen.
Nach dem Essen kommt das ganze Dorf, ich schätze, mehr als 200 Frauen, Kinder und Männer. Wieder werden Unmengen Apfelsinen an uns verschenkt und alle lauschen den Gesprächen zwischen Schuldirektor, dem Chief und uns. Selbst die Kinder sind absolut leise. 200 Leute sitzen im Halbkreis um uns herum und man hört sie nicht. Das ist in Afrika wohl einmalig.
Man will viel über Deutschland wissen: was für Früchte dort wachsen, wie ein Tagesablauf eines Arbeiters und der eines Bauern aussieht, ob wir wirklich immer Wasser und Strom haben oder nur an bestimmten Tagen, wie das Wetter ist, wie viel Stunden wir arbeiten müssen, um uns ein Huhn kaufen zu können.
Wir kommen zum Thema Politik und uns überrascht ihr Scharfsinn und ihr Wissen. Der Schuldirektor und der Dorfälteste kennen die Probleme

 NIGERIA

in Afrika genau: Korruption, ungerechte Einkommensverteilung, unfähige Manager auf Vorstandsstühlen, etc.
„Aber was sollen wir machen? Wir sind Farmer, arm und ohne jeden Einfluss."
Ich frage sie zu ihrer Meinung zu den vielen Afrikanern, die sich auf den Weg nach Europa machen.
„Das sind alles Verbrecher", so der Dorfälteste.
„Woher haben sie sonst das viele Geld, das sie für die Überfahrt brauchen? Wenn einer aus unserem Dorf sich auf den Weg machte, der würde schon an der Provinzgrenze gefangen genommen und zurück geschickt. Einer von uns käme nicht mal nach Burkina-Faso. Diejenigen, die das Land verlassen, müssen viel Geld haben. Wenn sie das hier ehrlich verdienten, ginge es ihnen so gut, da würden sie nicht weg gehen. Aber viele machen ihr Geld mit kriminellen Geschäften und wenn sie erwischt werden, schmieren sie die Polizei, damit sie nicht verhaftet werden, und hauen ab. Frag doch mal in Deutschland einen Nigerianer, was er in Nigeria gemacht hat, er war bestimmt kein Farmer."
Am nächsten Morgen steht das ganze Dorf an der Straße und winkt uns nach.

Nigeria, wir kommen wieder – irgendwann.

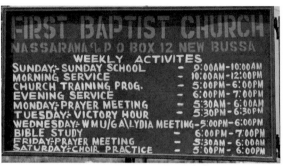

Was einem in Nigeria sofort ins Auge fällt, sind die vielen Reklametafeln christlicher Gemeinden an der Straße. Über 350 verschiedene gibt es und jede missioniert jeden. Jede noch so kleine amerikanische Sekte hat ihren Missionar nach Nigeria geschickt und der missioniert wie ein Besessener, wobei missionieren schon an Gehirnwäsche grenzt Wahnsinn!

KAMERUN
„HEY, WHITE MAN, GIVE MONEY!"

ABENTEUERLICHE BRÜCKE IM DSCHUNGEL

„Hey, white man, be welcome", das hörten wir in Nigeria oft. In Kamerun werden wir mit „Hey, white man, give money!" begrüßt. Sobald man uns als Weiße erkennt, werden wir angebettelt und zwar von jedem. Kinder kommen angerannt und brüllen von Weitem: „Give me something!", alte Männer rufen: „Give money" und Frauen halten einfach die Hand auf. Wir sind bisher noch in keinem Land so angebettelt worden wie in Kamerun. Aber der Reihe nach:

An der Grenze Nigeria-Kamerun endet der Teer. In der Regenzeit weichen die Lehmpisten auf und durch die überladenen Lastwagen entstehen dann tiefe Löcher. Keine Schlaglöcher, in denen vielleicht das Rad versinken würde, sondern richtige Löcher, in denen auch gut das Auto verschwinden könnte. Leider – oder zum Glück – ist keine Regenzeit und so sind die Pisten trocken und dank unserer großen Räder relativ gut

 KAMERUN

zu befahren. So richtig Spaß muss es erst im Regen machen. Ich gucke jeden Abend nach den dunklen Wolken über uns, aber es will einfach nicht regnen.

Also hoffen – oder bangen – wir auf Kongo und das ehemalige Zaire, denn was wäre eine Afrikadurchquerung ohne die eindrucksvollen Schlammbilder, wie man sie von der Camel-Trophy kennt?

Die Brücken sind eine echte Schau. 1901 von Deutschen erbaut, für 10 Tonnen Achslast. Seit über 100 Jahren wurden sie nicht gewartet, doch sie halten immer noch. Zwar knackt, knarrt und schwankt es, aber auf die Ingenieursleistung unserer Urgroßväter ist eben Verlass.

Schlammlöcher, nicht knietief, sondern fahrzeugtief

Landschaftlich ist Kamerun ein Traum. Sahel und Grasland im Norden, tropischer Regenwald im Süden und dazwischen ein Übergang, der an die Schweiz erinnert. Kamerun vereint alle afrikanischen Landschaftsformen in einem Land.

Der Dorfchef – Hurra er lebt!

Kurz vor Mamfe erzählt uns ein junger Mann eine rührende Geschichte. Der Vater gestorben, kein Geld für die Ausbildung, alleinige Verantwortung für seine kleinen Geschwister und seine Mutter. Wir kennen solche Geschichten und haben sie in anderen Ländern schon oft in unterschiedlichen Abwandlungen gehört und sie endet immer mit den Worten: „Give me money."
Vermutlich ist auch diese Geschichte erfunden, aber wir wissen es nicht genau. Wir wollen helfen, nehmen uns Zeit und suchen den Dorfchef auf, um die Wahrheit der Geschichte zu ergründen.

Beim Dorfchef angekommen staunen wir doch:
„Das gibt's doch nicht, guck mal, wer da kommt", sage ich zu Sabine. Ferdinand, der junge Mann von gestern kommt aus dem Haus, er ist der älteste Sohn des Chefs und, hurra, der Dorfchef steht noch voll im Leben. Vater und Sohn betteln nun gemeinsam:
„You are rich, why don't you give money? Don't you like us?"

Money transfer

Wir sind in einer kleinen Stadt und wollen in einer Bank Geld wechseln, Euro zu CFA-Zentral. „Wollt ihr offiziell tauschen oder diskret?"
„Diskret natürlich."
Zack, wir sitzen im Zimmer des Direktors, ein gepflegter Herr in Nadelstreifen und Krawatte. Das Büro hingegen ist weniger gepflegt. Akten liegen auf dem Boden verstreut. Eselsohren und Fettflecke sind feste Bestandteile afrikanischer Akten, brauche ich ja eigentlich nicht extra zu erwähnen. Die Ordner in den Regalen sind zentimeterdick eingestaubt, Spinnenweben überziehen die Fenster. Seinen Schreibtisch aus edlem Mahagoni zieren zahlreiche alte Ränder von Kaffeetassen. Das Leder der einst schön beschlagenen Tür hängt in Fetzen. Auf dem Fernseher läuft nicht CNN oder Bloomberg, sondern irgendein Spielfilm in voller Lautstärke.
Die Verständigung ist wieder schwieriger, denn wir sind im französischsprachigen Teil Kameruns. Irgendwas ist mit unserem Geld nicht in Ordnung. Die Scheine seien zu klein. Am Rande bemerkt: Wir reisen mit zahlreichen gefälschten, oder sagen wir besser „optimierten" Papieren, aber unsere Banknoten sind alle echt. Ich schwöre.
Wir deuten sein Zögern so, dass die 200 Euro, die wir tauschen wollen, wohl zu „klein", also zu wenig seien. Okay, wir erhöhen auf 400 Euro, ist ein bisschen wie beim Pokern, aber der Kurs ist gut und Provision fällt ja nicht an, weil der Direktor seine eigene Bank bescheißen und schwarz tauschen will.
Jetzt liegen acht 50-Euro-Scheine auf dem Tisch, aber es ist immer noch zu „klein". Will er 500?
„Ich tausche keine 500. 400 Euro Maximum, oder ich steig aus."
„Nein, nicht zu wenig, zu klein!"

 KAMERUN

Ich werde langsam wahnsinnig: „Unser Geld ist nicht zu klein, die Scheine sind echte Fünfziger im Original, hol das Maßband und miss nach."
Ein Mann seines Vertrauens muss geholt werden, der uns die Probleme ins Englische übersetzt: „Habt ihr nur kleine Scheine? 50ziger tauschen wir nicht, am Besten 500ter oder 1.000ter Scheine, mindestens aber 100ter Noten."
„Hä?"
„Der Direktor tauscht für einen Kunden und der akzeptiert keine kleinen Scheine. Unser Kunde fliegt mit dem Geld nach Dubai oder in die Schweiz und mit den kleinen Scheinen ist der Koffer so schnell voll."
Aha, das sind also die Probleme Afrikas.
Jetzt verstehe ich auch das Schild am Eingang: „Money transfer".

Ich gehe zum Auto und hole „große" Scheine. Der Tausch geht über die Bühne oder besser gesagt, über den bekleckerten Tisch. Alles ist klar und wir sind schon wieder in der Tür, da höre ich hinter mir den Direktor: „Sssssst, Sssssst, give money for me, because I have to pay the translater."

In der Kirche – Halleluja

Sonntags gehen wir in die Kirche. Nein, ich bin nicht bekehrt, aber es ist bei den Afrikanern immer lustig. Da wird getanzt, getrommelt und manchmal in strengem Ton eindringlich gepredigt. Für uns ist das mehr eine kostenlose Kabarettveranstaltung. Also sitzen wir ganz hinten auf der ungehobelten Holzbank und lauschen der Predigt über Römer oder irgendwas. Der Pfarrer entdeckt uns und wir müssen nach vorne zum Altar und uns der Gemeinde vorstellen.
Der Gottesdienst nimmt seinen Lauf und zum Schluss kommt das Fürbittengebet. Ich sitze anständig mit gefalteten Händen und gesenktem Kopf immer noch auf der Holzbank und traue meinen Ohren nicht:
„... and at least we will beg the lord, that the white man gives plenty money for the new roof of the church."
Und die Gemeinde im Chor: „Halleluja."

KAMERUN

Der Fon – immer beschäftigt

In Bandjoun möchten wir eine der vielen Chefferien besichtigen. Diese hier soll eine der schönst Erhaltenen sein. Eine Chefferie ist der Palastbereich des Herrschers, des Fons. Ein Fon ist ein Herrscher ähnlich dem Sultan in der arabischen Welt. Oder einem früheren König bei uns. In unserem Reiseführer steht, man könne die Chefferie mit Ausnahme der Frauenhäuser besichtigen, gegen ein Entgelt natürlich. Weiter steht in dem Büchlein, dass der Fon 54 Jahre alt sei, in seinem Palast mit 62 Ehefrauen lebe und mit ihnen (bis 2005) 378 Kinder gezeugt habe. Inzwischen dürfte er wohl die 400er Marke geknackt haben. Den Prachtgockel gucken wir uns mal an.

Aber die Chefferie ist verwaist, niemand da. Nicht schlimm, denn knapp 30 Kilometer weiter in Bangangté wohnt der nächste Hahn mit etwa 40 Frauen und einigen hundert Kindern. Laut Reiseführer kann man auch diese Chefferie besichtigen. Ein Diener empfängt uns und wir sollen im Hof warten. Fünf Minuten später ist er zurück, der Fon möchte unsere Ausweispapiere sehen. Also laufe ich zurück zum Auto und hole die Pässe. Wieder warten.

Dann bekommen wir die Pässe zurück und der Diener sagt: „Der Fon lässt ausrichten, dass er euch heute nicht sehen will. Ihr sollt morgen noch mal kommen und um einen Besuchstermin bitten, dann entscheidet der Fon erneut, ob es ihm passt oder nicht."

„Wir wollen ja gar keine persönliche Audienz beim Gockel, wir wollen uns nur mal seine Bude ansehen und die tollen, handwerklichen Fähigkeiten seines Volkes bewundern, das sonst nicht in der Lage ist, eine Radmutter richtig anzuziehen", entgegne ich – natürlich nur sinngemäß.

„Der Fon ist heute beschäftigt, kommt morgen wieder und bringt Geld mit."

Wir fragen besser nicht nach, womit er beschäftigt ist, wir können es uns schon denken. Inzwischen geht uns der Palast und der bettelnde König am Arsch vorbei und wir fahren weiter in Richtung Süden.

 KAMERUN

Später lese ich in einem dicken Schinken von Peter Scholl-Latour über den Reisenden Kandt im Jahre 1898: „...Er fühlte sich vom Fon beleidigt und wurde sogar von diesem, der sich einer Begegnung verweigerte, mit der Forderung nach zusätzlichen Geschenken bedrängt." Eine Genugtuung, das Kandt vor 110 Jahren auch nicht in die Bude durfte.

Das doofe Kind

Ich mache kaum noch Fotos, immer will irgendeiner Geld. Fotografiere ich ein Auto am Straßenrand, ertönt es aus irgendeiner Spelunke: „Hey, give money, das Auto gehört mir." Fotografiere ich einen Kaffeestrauch auf der Plantage, heißt es: „Hey, give money, der Strauch gehört mir." Menschen sind gar nicht zu fotografieren, denn dazu frage ich stets vorher nach deren Einverständnis, aber das scheitert immer an den horrenden Geldforderungen, die den Tageslohn eines Arbeiters mehrfach übersteigen und eher in die Liga eines Topmodels passen. Mit meinen gebotenen zwei Bonbons werde ich nur ausgelacht.
Ein vielleicht 12-jähriges Kind lässt sich gerne fotografieren und nimmt freudig die zwei Bonbons entgegen. Ich habe die Kamera gerade weggepackt, da kommt ein Mann um die Ecke, behauptet, das sei sein Kind (und ich dachte schon, alle Kinder seien vom Fon) und will umgerechnet 5 Euro fürs Foto einstecken.
„Ich habe doch vorher gefragt und das Mädchen war einverstanden."
„Das Kind ist doof, das weiß nicht, wie viel Geld ihr Weißen habt."

Der doofe Lkw-Fahrer

Wir kriechen hinter einem Lkw her. Der gar nicht mal so alte Mercedes zieht einen voll beladenen, eher schon überladenen Bierauflieger den Berg hoch und qualmt tief schwarz, wodurch ein Überholen nicht möglich ist, weil ich durch den Ruß den Gegenverkehr nicht erkennen kann. So etwas habt ihr noch nicht gesehen.
Er schaltet noch einen Gang runter und jeder Fußgänger wäre schneller. Dazu muss man sagen, dass die Kameruner ihre Straßen gerade den Berg hinauf bauen. An Serpentinen hat man nicht gedacht, nicht denken

KAMERUN

wollen oder nicht denken können. Die Steigung ist deutlich steiler als 12%, ich tippe auf 15-18%.
Plötzlich bleibt der Bierlaster stehen, der Motor ist verreckt. Nicht kaputt, sondern einfach im ersten Gang abgewürgt, weil die Kraft fehlt, trotz 320 PS. Jetzt gibt es zwei Möglichkeiten, entweder einen Teil der Ladung abladen oder langsam rückwärts den Berg wieder runter rollen. Der Fahrer entscheidet sich für eine dritte, afrikanische Lösung. Er startet den Motor und versucht mit Vollgas und schleifender Kupplung am Berg anzufahren. Nicht einmal, nicht zweimal, sondern solange, bis die Kupplung in einem beißenden, blau-weißen Qualm den Geist aufgibt. Normalerweise hätte man ihn aus dem Laster treten müssen, so etwas einem Mercedes anzutun, gerade er muss doch wissen, dass jedes Ding eine Seele hat.

Tropenholz

Wir erinnern uns ans Siegerland nach Kyrill im Sommer 2007, wo wochenlang die Motorsägen zu hören waren. Hier hat kein Sturm gewütet, hier wütet man(n) selbst. Man(n) holzt ab, was vor die Säge kommt. Internationale Holzfirmen schaffen Teak-, Mahagoni- und andere Tropenhölzer zum Seehafen und verschiffen es zu Käufern in aller Welt. Erschreckend ist, wie auf dem Land die einheimische Bevölkerung mit ihrem Holz umgeht. Da werden Bäume gefällt und gleich an Ort und Stelle mit der Kettensäge in Bretter geschnitten. Schnittbreite 10 mm und Brettstärke 15-20 mm. Aus einem Urwaldriesen bleiben so ein fast zwei Meter hoher Haufen Sägespäne und ein Sack Küchenbrettchen übrig.

Entwicklungshilfe – oder Schnee für Afrika

Vorab ein kleiner Rückblick: Anno 1995/96 veranstalteten wir einige Afrikaausstellungen für die Volkshochschule des Kreises Siegen. Viel Idealismus, wenig Geld. Im Zuge dieser Ausstellungen lernte ich einen Gymnasiallehrer kennen, der einige Exponate aus Kamerun zur Ausstellung beisteuerte. Im gleichen Jahr kauften wir unseren Deutz und rüsteten ihn auf größere Reifen um. Die noch brauchbare, kleinere Bereifung

KAMERUN

wollten wir verkaufen. Um es kurz zu machen: Es stellte sich heraus, dass jener Lehrer ein Projekt in Kamerun unterstützt. In diesem Projekt haben sich kamerunsche Kleinbauern (Kakao und Kaffee) zu einer Kooperative zusammengeschlossen. An seiner Schule in Herchen wurde viel Geld gesammelt und davon insgesamt vier gebrauchte Allrad-Lkw gekauft, darunter auch zwei ehemalige Werkstattwagen der Bundesbahn. Wir machten einen wirklichen Freundschaftspreis für die Reifen und ich habe sie in Herchen an der Schule abgeliefert, wo ich einen der Lkws sehen konnte.

Technisch war der erst drei Jahre alte Wagen in einem topp Zustand, man könnte sagen, neuwertig. Die Schüler hatten den Kögelaufbau liebevoll mit Gras- und Blumenmotiven bemalt. Der Lehrer erzählte uns von Geldtöpfen des Bundes und der Kirche, an die man ran käme und interessante Geschichten aus Kamerun. Die Lastwagen brauche man, um die Ernte bei den Kleinbauern abzuholen und zum Hafen zu bringen. Man habe es geschafft, die Kooperative in einen Fair-Trade Handel einzubetten, so dass sie für ihre Produkte ordentlich bezahlt werden. Regelmäßig, ich meine, alle zwei Jahre, fährt er nach Mamfe und tut Gutes. Mir kam sofort der Gedanke: „Klasse, Abenteuer Afrika auf Kosten der Spender und der Steuerzahler, warum komme ich nicht auf solche Ideen?" Aber ich will nicht von mir auf andere schließen, kenne den Lehrer und die Finanzierung nicht wirklich und unterstelle daher mal faire, edle Absichten.

Mitte Februar 2008 sind wir in Mamfe. Direkt neben der Hauptstraße sehen wir das Schild der Kleinbauernkooperative MACEFCOOP und die vier gesponserten Lastwagen stehen.

Vollbremsung und rauf auf den Hof. Keiner der Lastwagen ist mehr fahrtauglich. Ich kann den Zustand kaum fassen, wie kann man ein Fahrzeug so zurichten. Es sieht aus, als seien sie alle mutwillig zerstört worden.

Der Magirus ist total zerstört

Motor und Getriebe sind ausgebaut. Antriebswellen fehlen, die offenen Achsrohre sind nicht verschlossen worden. Regenwasser steht in den Differenzialgehäusen und Öl sickert ins Erdreich.
Ich erkenne die Lkw wieder, die Blumengemälde der Schüler aus Herchen sind deutlich zu erkennen.

Keine Wartung, keine Pflege, kein Wunder

Die Außenhaut des Koffers ist aufgerissen, das Ding total demoliert. Der Direktor der Kooperative (toller Titel) kommt und begrüßt uns. Ich bin verärgert, obwohl mich die Sache eigentlich nichts angeht, und frage, gegen wen man mit diesen Fahrzeugen Krieg geführt hat.

„Die Fahrzeuge sind auf unseren schlechten Straßen kaputt gegangen. Wir haben kein Geld, um die Straßen besser zu bauen."
„Okay, aber in Guinea sind die Straßen auch nicht besser und dort fahren Lastwagen, die 20 Jahre und älter sind. Da sieht kein Fahrzeug nach 10 Jahren so aus."
„Die Lastwagen waren ja schon alt, als sie aus Deutschland kamen. Die waren nicht neu."

„Ach so. Und jetzt? Kauft man neue Fahrzeuge?"
„Wir brauchen neues Geld, wir können nichts kaufen."
„Aber ihr bekommt doch einen ordentlichen Preis im fairen Handel und bildet doch bestimmt Rücklagen in Höhe der Abschreibungen?"
„Der alte Manager hat das Geld unterschlagen und ist damit weg. Die Kasse ist jetzt leer. Das ist die Situation. Möchtet ihr die Lagerhallen und das Büro sehen?"
„Nein, mir reicht, was ich gesehen habe, danke."
Der Manager lädt uns zum Essen in ein Restaurant ein, wir lehnen ab. Stattdessen sehe ich noch mal bei den Lkws. In einem Magirus ist noch

der Motor eingebaut. Ich ziehe den Ölmessstab und eine zähe schwarze Pampe klebt daran. Alle Achs- und Federlager sind trocken, sie sind nie gewartet worden. Bei genauer Betrachtung ist es ganz klar: Überladen und zu schnell auf schlechten Straßen gefahren, ohne dass sich irgendwer um irgendwas gekümmert hat. Schade. Ein Mitarbeiter möchte, dass wir unbedingt doch noch mit ins Restaurant fahren, wo sein Chef und die anderen Mitarbeiter schon warten. Also gut.

Im Restaurant sitzen neun Personen, einige trinken etwas, andere saufen Bier und essen zu Mittag. In Anbetracht der katastrophalen, finanziellen Lage beschränken wir uns auf eine Cola. Alle am Tisch sind Mitarbeiter der Kooperative. Sie haben jetzt ein Geschäftsessen, weil heute morgen wichtige Dinge besprochen worden sind.

Ich bin neugierig: „Worum ging es heute morgen?"
Der Direktor öffnet seine Aktentasche und gibt mir einen Brief zu lesen. Darin sagt ein englischer Kakaohändler seinen Besuchstermin im März ab.
„Wir haben heute morgen diskutiert, was wir jetzt machen."
„Und was macht ihr jetzt?"
„Wir warten erst mal ab. Wichtig ist, dass wir neues Geld kriegen."

Im nächsten Internetcafé sehe ich mir die Homepage über das gescheiterte Projekt an und lese: „Erstmals gibt es eine reelle Chance, dass nach der Kleinbauernkooperative MACEFCOOP auch die Presbyterian High School Besongabang mittelfristig auf eigenen Beinen stehen kann."
Von den zerstörten Lastwagen, dem unterschlagenen Geld und dem wirtschaftlichen Chaos der Kooperative gibt es keine einzige Zeile. Weiterhin wird fleißig Spendengeld gesammelt, jetzt für oben genannte Schule. Wer gerne spenden will und mehr über das Projekt erfahren will, googelt mal unter „macefcoop" oder „Gymnasium Herchen".

Kribi – Kein Paradies mehr

Seit Wochen freuen wir uns auf Kribi. An den Traumstränden Kameruns, dort wo Kokospalmen an feinem, weißen Sandstrand stehen und dahinter nahtlos der tropische Regenwald beginnt, werden wir bestimmt andere Reisende treffen. Wir werden ein paar Tage zusammen am

KAMERUN

Strand leben, den Fischern frischen Fisch abkaufen, Cocktails mischen und die Baccardi- und Becks- Werbung nachspielen.
Aber das Strandstück bei den Lobe-Wasserfällen, das als Treffpunkt gilt, finden wir verwaist. Keiner da. Einheimische stürmen auf uns zu. Keine Begrüßung, kein Hallo, sondern gleich: „Beer, beer, money, donnez moi la charge."
Am Strand zu campen kostet 8 Euro. Nach ätzenden, mühsamen Verhandlungen mit den nach Bier riechenden Jugendlichen des Dorfes sind wir bei 80 Cent. Für uns ist das okay und wir bleiben zwei Tage.
Wir werden von einem amerikanischen Ärzteehepaar, die in einer Klinik im Norden Kameruns ehrenamtlich operieren (Entwicklungshilfe), zum Fischessen in eines der kleinen One-Table-Restaurants am Strand eingeladen. Der Amerikaner handelt vorab pro Person 2.000 CFA für den Fisch aus, doch beim Kassieren will der Chef plötzlich 5.000, völlig überzogen, dafür kann man in einem richtigen Restaurant dinieren. Zum Schluss wird der „Chef" aggressiv und nennt den Amerikaner einen Lügner und Betrüger. Später erfahren wir, dass wir keinen Einzelfall erlebten, sondern schon bei vielen Besuchern von den „Restaurantbetreibern" mit Gewaltandrohung Geld erpresst wurde.

Am Strand bei Kribi

Immer noch sind wir allein auf dem Camping. Irgendwo müssen die anderen Afrikafahrer doch sein. Seit Senegal haben wir keinen anderen Reisenden getroffen. Wir halten Ausschau und fahren mal die Küste weiter in Richtung Süd. Traumhaft. Überall finden sich herrliche Möglichkeiten, im Schatten der Urwaldbäume am Strand zu campen. Aber wir sind völlig allein, keine anderen Reisende.
„Hey, wo seid ihr? Ich hab ne volle Kiste Bier dabei, Ananas, Kokosnüsse und jede Menge Baccardi."

 KAMERUN

Keiner antwortet. Also fahren wir an den Strand, bauen Tisch und Stühle auf, knacken eine Kokosnuss und genießen allein das Paradies. Es dauert keine zwei Stunden, bis zwei Jugendliche kommen, denen angeblich der Strand gehört und dafür eine kleine Gebühr von 8 Euro pro Nacht kassieren wollen. Runter handeln ist nicht möglich, es endet unfreundlich, die Beiden drohen, die Nächte seien sehr gefährlich, wenn wir nicht für unsere Sicherheit zahlten. Wir packen die Kokosnuss wieder ein und verlassen „ihren" Strand. Kein Problem, denn das Paradies zieht sich über fast 30 Kilometer. Um es kurz zu machen: Wir packen im Stundentakt unsere Sachen. Der Strand kostet immer 8 Euro und es endet jedes Mal unfreundlich, manchmal aggressiv. Ein Verhandeln ist nie möglich. Wir haben so etwas in den letzten vier Jahren noch nirgends erlebt. Also fahren wir. Uns ist jetzt auch klar, warum hier kein Tourist mehr zu finden ist.
Ein letzter Versuch, bevor wir zum fünften Mal einpacken und fahren: Der letzte Strandbesitzer spricht relativ gut Englisch und ich frage ihn: „Der Strand ist herrlich. Die Sonne versinkt im Meer. Das Klima super. Alles passt, aber kein einziger Tourist ist hier, woran liegt das?"
„Unsere Regierung ist schlecht, sie gibt uns kein Geld und sie tut nichts, damit Touristen kommen."
Wir fahren etwas geladen zurück an „unseren" Strand bei den Lobe-Wasserfällen. Die Jugendlichen sind inzwischen angetrunken und statt einem „welcome back" hören wir „give money for beer". Ich steige gar nicht erst aus, hätte sonst einen von denen erschlagen, und drehe sofort um.
„Und jetzt?", fragt Sabine.
„Ich habe die Schnauze gestrichen voll von dem Pack. Ich gebe eher 100 Euro in einem Hotel aus, als dass ein „Strandeigentümer" noch 10 Cent bekommt. Das ist jetzt keine Frage des Geldes."
Sabine blättert im Reiseführer: „Hier, Seite 366: Hotel Ilomba Beach, von Schweizern geführt, gehobenes Preisniveau."
„Genau da will ich hin!"
Fünf Minuten später stehen wir auf dem Parkplatz, auf dem überwiegend noble Karossen mit Diplomaten-Kennzeichen parken. Es ist Freitagabend, das Hotel füllt sich, viele Deutsche sind unter den Gästen. Die meisten kommen aus der Hauptstadt übers Wochenende her, Regierungsberater der Weltbank, der WHO, der PAM und anderen internationalen Organisationen, die Geld verteilen und damit angeblich Gutes tun.

KAMERUN

Wir führen nette Gespräche und können unsere Aggression abbauen. Wir genießen die Atmosphäre. Im Restaurant gibt es Stoffservietten, wohltemperierten Wein und vor allem sind unsere Tischnachbarn, Regierungsberater aus Deutschland, vielseitig interessiert, gebildet und können mit Messer und Gabel umgehen. Sie sprechen nicht mit vollem Mund, spucken Gräten nicht in die Hand und schmieren diese nicht an das Tischtuch. Für uns eine Oase der Zivilisation und wir bleiben übers Wochenende.

Dann verlassen wir Kribi auf der Piste in Richtung Ebolowa und nach wenigen Kilometern sind die Einheimischen wieder normal. Seltsam. Es wird auch gebettelt, klar, aber jeder ist freundlich, winkt, lacht und man kann verhandeln und scherzen.

25.Feb.2008
Bafoussam

Lieber Antonius,

ich habe vor ein paar Tagen eine E-Mail an den betreffenden Lehrer des Gymnasiums in Herchen geschrieben, mit der Bitte mir etwas mehr zu dem auf der Internetseite so erfolgreichem MACEFCOOP-Projekt zu schreiben und habe mal ein Bild von einem der gespendeten Lastwagen angehangen. Die Antwort kam überraschend schnell: Wegen Unterrichtsvorbereitungen fehle die Zeit, meine Frage zu beantworten.
Irgendwie habe ich - nicht nur in Kamerun, sondern in ganz Afrika - den Eindruck, dass Spenden- und Entwicklungshilfegelder über Umwege in den falschen Taschen landen.
Die weißen Helfer aus Europa meinen, sie tun mit den gesammelten Euros und US-Dollars viel Gutes, doch in Wirklichkeit lähmen sie jede Eigeninitiative der Afrikaner. Aber der Helfer fühlt sich gut, der Spender fühlt sich gut und der korrupte Staatsdiener fühlt sich auch gut. Warum daran was ändern?
Und vor allem, wer sollte ein Interesse haben, daran was zu ändern?

Liebe Grüße
Burkhard

GABUN
CHAMPAGNER UND ARMUT

RIESIGE HOLZTRANSPORTER KOMMEN UNS ENTGEGEN

Wir reisen in Eboro ein, Polizei, Immigration, Zoll, alles korrekt und freundlich, wenn auch zeitaufwändig. Aber daran muss man sich in Afrika gewöhnen, die Uhren gehen langsamer, manchmal auch völlig anders oder sie stehen still.

Unser erstes Ziel ist Libreville, dort soll es das Visum für Angola zu 100% geben, so hatte man es uns auf der Botschaft in Abuja versichert. Wir wählen die direkte Route durch den Wald, in Bibas, etwas südlich von Oyem geht es rechts ab. Versorgungsmöglichkeiten gibt es auf der knapp 400 Kilometer langen Strecke kaum, sieht man mal von Ananas und Bananen ab. Dafür führt die gute Piste durch ursprünglichen Urwald und die Autos, die uns begegnen, können wir an einer Hand abzählen. Wer in Gabun ist, sollte die Strecke unbedingt befahren, traumhaft schön.

GABUN

Libreville

Libreville wurde 1849 für 46 Afrikaner gegründet, die von einem Sklavenschiff befreit wurden, und wächst seitdem unaufhörlich. 1960 lebten in der Stadt 30.000 Menschen, heute sind es 360.000. Die Gabuner ziehen aus den Wäldern in die Stadt, nur die Alten trifft man in den Dörfern des Waldes. In der Stadt erhoffen sie sich, von den Einnahmen aus dem Öl- und Holzexport profitieren zu können und mit Schlips und Lackschuhen ihr Geld zu verdienen.

Gabun zählt zu den reichsten Ländern Afrikas und so hat der Präsident, der seit 40 Jahren regiert, sich zahlreiche Prestigebauten errichten lassen. Gelegentlich lässt er sich Nutten aus Frankreich einfliegen und verbrasst mit ihnen die Petrodollars. Libreville hat übrigens den höchsten Champagnerkonsum pro Kopf in der Welt.

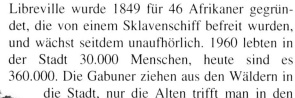
raumhaft schöne Urwaldpiste

Gegner halten dem Präsidenten vor, nur wenige, von ihm Auserwählte, an den Erlösen aus dem Erdölhandel teilhaben zu lassen, während die große Mehrheit der Bevölkerung weiterhin in Armut lebe.

Bei der Botschaft Angolas dann die Enttäuschung: Es gibt kein Visum, die Aufkleber sind aus. Wir sollen nach Kongo fahren und es uns in Point Noire holen, dort gebe es das Visum auf jeden Fall. Ganz sicher.

Ich bin Marokkaner – Gott sei es gedankt

Wir haben ein technisches Problem an unserem Expeditionsfahrzeug. Die Vorderreifen fahren sich extrem schnell ab. Seitdem wir die Spur in Abuja haben kontrollieren und einstellen lassen (vor 2.500 Kilometern), sind 70% des Profils weg. Wahnsinn! Zudem zieht der Karren nach

GABUN

rechts. Ich bin ratlos und sehe den einzigen Ausweg in einer Fachwerkstatt. Das dürfte in Libreville, der Hauptstadt Gabuns, wohl möglich sein. Fast alle Holztransporter, die wir unterwegs sehen, sind neue Mercedes Actros, also google ich im Internet nach „Mercedes" und schon ist die Adresse auf dem Schirm.

Wir fahren raus ins Industriegebiet. Alles ist hier vertreten, aber Mercedes finden wir nicht. Bei einer kleinen Schrauberwerkstatt halte ich an und frage nach dem Weg. „Zwei mal links."

Aus dem Büro kommt ein Hellhäutiger: „Wo hast du deine Schuhe her?", will er von mir wissen. Ich habe meine Lieblingsschuhe an, Sandalen aus alten Autoreifen. „Die sind aus Marokko."

„Ich bin Marokkaner, Al Hammdulillah (Gott sei es gedankt), kommt rein, Tee trinken."

Das können wir wohl nicht ausschlagen und so sitzen wir zwei Minuten später bei Minztee. Als ich ihm Bilder aus Marokko zeige und auch noch erzähle, dass meine Schwägerin aus Casablanca kommt, wird die Freude immer größer. Er kommt ebenfalls aus Casa und hat hier mit einem Franzosen zusammen die Autowerkstatt aufgemacht, weil hier leichter Geld zu verdienen ist, als in Marokko.

„Je schwärzer der Fahrer, umso schneller ist das Auto kaputt", fasst Hassan, 42 Jahre alt, seine Erfahrungen zusammen. Sein Partner, der Franzose, kam mit den Afrikanern und dem Müll nicht zurecht und ist zurück nach Frankreich. Auch Hassan hat Schwierigkeiten mit den Schwarzen. Aber das Schlimmste für ihn ist: „Die gehen angetrunken aus der Kneipe in die Moschee."

„Was wollt ihr bei Mercedes?"

„Meine Reifen nutzen sich stark ab, ich weiß nicht, woran es liegt."

„Das gucke ich mir mal an, wir sind doch Brüder."

Er guckt sich die Reifen an, Sabine muss hin und her lenken und er fasst an die Schubstange. „Hier, guck, der Kugelkopf am Lenkhebel ist kaputt. Besorg einen Neuen und ich baue ihn dir ein."

Er bemerkt meinen anerkennenden Blick für die schnelle und treffsichere Diagnose und freut sich: „Ich bin Marokkaner, Gott sei es gedankt."

„Einbauen kann ich selbst", sage ich.

„Du hast Familie in Casablanca, genau wie ich, wir sind Brüder, natürlich baue ich dir das ein und es kostet gar nichts."

Rein ins Taxi und auf zu Mercedes. Ich bin platt, so groß hatte ich es mir nicht vorgestellt. Auf dem Hof stehen zig neue Actros als Zugma-

schinen, daneben zig Baustellenkipper. Jede Menge neuer Geländewagen ML 500S in schwarz oder silber. Das scheint der Wagen zu sein, mit dem der Afrikaner seinem Nachbarn zeigt, was er hat.
BMW, Porsche und Toyota sind hier genauso vertreten wie Separ, Boschdienst und CAT. Die Werkstatt ist klimatisiert und alles ist genau wie man es aus Europa kennt. Mein original Mercedes-Teil, der Kugelkopf, kostet 200 Euro. Sieht man dem Ding nicht an.

Zurück bei Hassan:
„Das sind Diebe, noch größere, als die Schwarzen", regt er sich auf, rennt auf die Straße, springt ins erstbeste Taxi und ist mit meinem Kugelkopf verschwunden. 20 Minuten später überreicht er mir voller Stolz und mit einem zufriedenen Lächeln meine 200 Euro.
„Den kann ich auch reparieren, ich bin Marokkaner, Gott sei es gelobt."
Er baut den Kugelkopf aus, zerrt eine alte Felge aus der Ecke und steckt den Kopf mit der Seite, die normalerweise im Lenkhebel steckt, in eines der Felgenlöcher. Mit einem Fäustel schlägt er nun wie ein Besessener auf den Kugelkopf ein. Für mich ist klar, den können wir wegwerfen und ich sehe mich mit dem nächsten Taxi zu Mercedes fahren und wieder einen Kugelkopf kaufen. Hassan sieht meinen mehr als skeptischen Blick. „Der geht wieder, ich habe das gelernt, ich bin Marokkaner, Gott sei es gedankt."
Ich glaube kein Wort.
„Ich gebe Garantie auf meine Arbeit, ich habe beim Militär 14 Jahre lang Unimog repariert und Caterpiller."
Er kommt zu mir und zeigt eine drei Zentimeter lange Narbe auf der Stirn und eine daumenbreite über der Augenbraue. „Mit 12 Jahren habe ich in einer Werkstatt gelernt und immer, wenn ich was nicht richtig gemacht habe, gab es Schläge mit dem Schraubenschlüssel oder dem Verlängerungsrohr, meist auf den Kopf." Dann zeigt er mir weitere Narben am Hinterkopf.
Ich bin geschockt und lasse ihn gewähren, soll er halt auf den Kugelkopf einschlagen. Bei der Probefahrt merke ich keine Veränderung, aber mein Deutz hat ja auch kein Problem, das man auf wenigen Kilometern merkt. Während der Fahrt kommen wir an einem Reifenhändler vorbei und ich frage Hassan, ob es hier irgendwo gebrauchte 14.00 R 20 Reifen gibt. „Ja, wir fahren zu meinem Freund aus Mali, ich mache mit den Gabunern keine Geschäfte."

GABUN

Tatsächlich, er hat einen passenden Reifen mit etwa 75% Profil und will 100 Euro als Freundschaftspreis. Der Preis ist mehr als okay, dazu noch ohne lange Konferenzen. Ich binde den Reifen hinten an meinen vorhandenen Ersatzreifen und fahre zur Missionsstation in Libreville, auf der wir die Nächte verbringen.
Für den nächsten Tag sind wir bei Hassan zum Abschiedstee eingeladen. Um die dritte Karkasse sicher transportieren zu können, will ich meinen Reserveradhalter erweitern. Dazu will ich zwei stabile Winkel- oder U-Profile kaufen und diese an den vorhandenen Träger schrauben. Auf denen soll dann das Rad stehen.
Am nächsten Morgen die erste Niederlage beim Eisenhändler: er verkauft nur ganze 6m-Längen. Vor dem Zweiten kann ich nicht parken, der Dritte hat keine Eisensäge, der Vierte keine passenden Profile.
Sabine hat eine gute Idee: „Wir fahren zum Teetrinken und Hassan soll einen Taxifahrer losschicken, der die Winkel besorgt."
Hassan freut sich, macht eine Zeichnung, hält ein Taxi an und schickt den Fahrer mit der Zeichnung los. Es dauert. Nach einer Stunde ist immer noch kein Taxi zurück, auch nicht nach zwei oder drei. Am Nachmittag hält das Taxi vor der Tür. Mir stockt der Atem, obwohl ich die Dinger noch nicht gesehen habe. Es reicht der Anblick, wie das Taxi hinten aus den Federn geht, als der Fahrer die Träger auslädt. Hassan hat aus einer 20 mm Eisentafel zwei Formteile brennen lassen. Zwischendrin war das Gas ausgegangen, deshalb hatte alles so lange gedauert. Ich will die Teile mit 13 mm Schrauben festschrauben und nicht schweißen, wie Hassan es gerne hätte. Hassan will Löcher vorbohren mit 6 mm, einfach so nach Augenmaß. Ich will, dass die Löcher ausgemessen werden, dass sie alle den gleichen Abstand haben und auf einer Linie sitzen.
„Das muss nicht sein, die Halterung hält auch so, wenn ich sie festschraube, ich bin Marokkaner, Gott sei es gedankt."
„Ja, das hält, sieht aber nicht ordentlich aus, ich bin doch Deutscher", und statt zu grinsen hätte ich lieber „Gott sei es gedankt" gesagt.
Ich gebe ihm meine Bohrer. Zack, ist der 10 mm Bohrer abgebrochen. Okay, kann passieren. Mir gehen die Worte meines alten Meisters bei der Stabo durch den Kopf, als mir, wirklich nur einmal, ein 4 mm Bohrer abbrach: „Burkhard, du weißt doch, warum sich hier jeden Morgen 50 Leute treffen. Wir wollen alle zusammen Geld verdienen. Das geht aber nur, wenn jeder sorgsam mit dem Material umgeht. Was soll ich denn dem Betriebsleiter sagen, wenn der mich fragt, warum wir soviel

GABUN

Geld für Bohrer ausgeben? Du willst doch auch nicht, dass ich dem sage, die hat der Burkhard alle abgebrochen. Hier hast du einen Neuen, aber pass gut drauf auf."
Okay, das Vorbohren hat geklappt und ich gebe ihm meinen 13 mm Bohrer. Das Ding ist stumpf. „Ich kann Bohrer schleifen, ich bin Marokkaner, Gott sei es gedankt."

Hassan schleift den Bohrer und anschließend löst er nicht mal mehr einen Metallsplitter ab. Kein Problem, Hassan stellt die Bohrmaschine auf Schlagbohren und legt los. Ein Mörderkrach, Hassan grinst, „No Problem", aber natürlich ist der Bohrer deswegen nicht scharf. Ich rede auf ihn ein, mich einen neuen Bohrer kaufen zu lassen, denn schließlich ist es ja mein Bohrer, der da stumpf ist. Endlich gibt er auf. Rein ins nächste Taxi und zum Baumarkt.

Reserveradhalter angeschraubt – nicht angeschweißt

Gigantisch, wie Obi in Köln und das in Afrika. An der Tür stehen Wachleute, die mit doppelläufigen Gewehren bewaffnet sind. Gestern habe ich ein Interview in der Deutschen Welle gehört, zu dem 110 Millionen-Euro-Kunstraub in der Schweiz und der mangelnden Bewachung. Der Direktor argumentierte, man müsse sich fragen, ob man bewaffnete Türsteher in den Museen haben wolle und ob man wirklich eine Schießerei und Tote wegen 110 Millionen verantworten könne. Hier kann man eine Schießerei wegen ein paar geklauten Trennscheiben verantworten. Eine andere Welt.
Ich gucke mir die Rasenmäher an, ein Modell heißt „Wheel-Sheep". Ein neuer Bohrer macht 8 Euro und mit dem nächsten Taxi zurück. Hassan setzt an und zack, der neue Bohrer ist krumm wie eine Banane. Ich mache große Augen und verstehe langsam die vielen Narben auf seinem Hinterkopf. „Ich kann den richten, ich bin Marokkaner, Gott sei es gedankt."

GABUN

Der Fäustel kommt zum Einsatz und anschließend eiert der Bohrer, logisch. Zwei Minuten später ist der neue Bohrer abgebrochen. Entsetzen im Gesicht von Hassan.
„Kein Problem, wir kaufen einfach einen Neuen", sage ich und spiele den Relaxten. Mit dem Taxi zum Baumarkt, 8 Euro für den neuen Bohrer und ein Taxi zurück. Der Bohrer hält fünf Minuten und dann ist auch dieser krumm. Hassan fragt: „Soll ich nicht doch besser schweißen?"
Ich bin geladen, versuche aber, es mir nicht anmerken zu lassen. „Nein, es ist ja nur noch ein Loch, mach dich wegen der Bohrer nicht verrückt. In der Firma, in der ich früher gearbeitet habe, sind die 13er-Bohrer auch reihenweise abgebrochen, wie Spaghetti." Mein Humor ist immer noch eisenhart.
Zum Schluss geht es doch noch gut aus. Hassan richtet den Bohrer mit dem Fäustel und schafft es tatsächlich, damit das letzte Loch zu bohren. Insgesamt kostete so die Trägererweiterung 60 Euro, Metallplatte, brennen, Bohrer, jede Menge Taxifahrten und einen ganzen Tag Zeit. Viel zu teuer für das Erwartete und dennoch hat keiner was daran verdient. Hassan kann man nicht böse sein. Nett, freundlich, immer bemüht und ehrlich, aber meine Achtung vor seinem Können ist von Stunde zu Stunde deutlich gesunken. Er sagt, er sei in Libreville einer der Besten und das glaube ich sogar.

In Libreville haben wir kein Visum für Angola bekommen, dafür ist das Dem.Rep.Kongo-Visum (Ex-Zaire) im Pass. Die letzte Chance für Angola ist also in Point Noire, kurz vor der Grenze zu Cabinda (Angola). Wir haben von anderen Reisenden gehört, dass sie es dort bekommen haben, andere wiederum haben es nicht bekommen und haben ihre Reise abgebrochen. Sollten wir das Visum nicht bekommen, bleiben nur die Möglichkeiten, das Auto zu verschiffen, die gleiche Strecke zurückzufahren, oder im Kongo quer rüber nach Lumbumbashi und an die Grenze zu Sambia. Aber das sind 2.600 Kilometer Dschungel, schlechte Pisten, schlechte Dieselversorgung, eventuell erforderliche Sondergenehmigung für 200 USD sowie 500 bis 1.000 USD Wegezoll, der sich auch nicht so locker umgehen lassen soll, wie in Nigeria. Wir sind noch etwas ratlos.

Libreville ist ein teures Pflaster. Der Gabuner verkauft einfach das vor der Küste gefundene Öl oder holzt den Urwald ab. Mit den Petrodollars lässt er sich alles aus Frankreich einfliegen, also essen wir hier Tomaten, Zwiebeln und Kartoffeln aus Frankreich, genau wie Käse, Joghurt, Fleisch und alles andere. Dummerweise haben wir keine schmierigen Petrodollars, sondern nur gewöhnliche Euros und so ist alles dreimal so teuer als im Wilgersdorfer REWE. Ob es in Kongo billiger wird, ist die große Frage. Wir machen uns erst mal auf den Weg nach Point Noire.

Wir verlassen Libreville, die Hauptstadt Gabuns, und fahren zunächst über brauchbare Teerstraße Richtung Süden. Seit Tagen steht die Flasche Sekt im Kühlschrank bereit für den Fall, dass auf dem GPS aus dem „N" ein „S" wird, und so fahren wir, wie jeder andere Reisende wohl auch, die ersten Kilometer auf der Südhalbkugel etwas beschwipst.

Wir sehen die exotischsten Tiere, als führen wir durch einen Zoo. Allerdings springen diese nicht über die Fahrbahn, sondern werden zum Essen angeboten. Affen, Krokodile, Schlangen, toll gemusterte Katzen und alles andere, was sich im Urwald bewegt, wandert in den Kochtopf. Sieht man mal davon ab, dass der Schädel der Tiere eingeschlagen ist, ist es wirklich wie im Zoo.

Der Teer endet und über gute Erdpiste fahren wir einige hundert Kilometer durch Graslandschaft zur Grenze der Republik Kongo. Urwald gibt es hier schon seit Jahren nicht mehr, alles abgeholzt. Früher bestand Gabun zu 70% aus tropischem Urwald, heute sind es weniger als 5%. Die internationalen Holzfirmen haben ihre Geschäfte jetzt weiter nach Kongo verlagert.

Toll gemusterte Katze zum Verkauf

KONGO

REPUBLIK KONGO
TROPISCHES KLIMA, MOSKITOS UND REBELLEN

SCHLAMMSCHLACHT IM DSCHUNGEL

Grüne Hölle

Die Kongolesen sind bei der Einreise freundlich und korrekt. Die Piste wird schlechter und die Tachonadel steigt in den nächsten Tagen selten über die 30iger Marke. Das Klima bleibt tropisch feucht-warm und nervt uns immer mehr. Alles ist feucht, nichts wird trocken und wir schwitzen literweise Wasser aus uns heraus. T-Shirt und Hose kleben. Beim Ausziehen reiße ich den Kragen von meinem T-Shirt ab, so klebt das Ding an der nassen Haut. Die Duschhandtücher sind noch feucht vom Vortag, das Bettzeug ist feucht, die frischen Klamotten im Schrank sind feucht, der Zucker ist ein fester Klumpen und in Reis und Mehl leben inzwischen kleine Tierchen. Außerhalb des Autos kann man sich

KONGO

kaum aufhalten, sofort kommen Hunderte von kleinen Mangofliegen und setzen sich in die Augen und Ohren. Dazu gesellen sich kleine, kaum sichtbare Stechfliegen, die einem aber recht juckende Stiche zufügen. Solche verpassen uns außerdem die Menge an Moskitos, nur dass diese auch noch Krankheiten übertragen können.

Wer glaubt, dass der nachmittägliche Wolkenbruch eine Besserung bringt, der glaubt vielleicht auch, dass es in der Sauna kühl und frisch wird, wenn eine Kelle Wasser in die Kohlen gegossen wird.

Leider hat die „Reparatur" des Marokkaners in Libreville an dem Verschleiß unseres Vorderreifens nichts verbessern können und so wechsle ich den Reifen, als großflächig der Stahlgürtel zum Vorschein tritt. Schweiß rinnt von der Stirn, brennt in den Augen. An den Armen läuft er in kleinen Rinnsalen herab und tropft schneller als im Sekundentakt von den Handgelenken zu Boden. Alles erledigt sich viel schwerer als sonst. Die Radmuttern lösen, die Karkasse von der Felge hebeln, alles am Rande meiner Kräfte. Und dann gelingt mir das Aufstellen des Rades nicht. Es kommt mir vor, als hätte ich maximal 80% meiner Energie. Neuer Versuch, alle Kraft zusammen und dann, kurz bevor das Rad steht, fliegt die Sicherung raus. Mir wird für einen kurzen Moment schwarz vor Augen und ich liege neben meinem Rad im Dreck, bekomme kaum Luft. Es kommt mir vor, als mache ich das alles auf 5.000 Meter Höhe. Irgendwann ist das Rad dann doch montiert und Sabine ist geschockt: „Wie siehst du denn aus?" Ich bin übersät mit roten Punkten, sieht aus wie Masern, sind aber nur Hunderte von juckenden Stichen.

Das Abendessen ist fast fertig gekocht, als drei Jugendliche verlegen um unser Auto schleichen. Die Drei sind ganz nett und haben angeblich Hunger, aber das hat jeder Afrikaner, dem wir begegnen. Reis ist genug da, also warum nicht was abgeben und die Drei zum Essen einladen? Während wir gemeinsam draußen essen, setzen sich zwei so, dass ich den einen Typ nicht richtig sehen kann. Was soll das? Seltsam. Im Spiegel unserer Backofentür sehe ich dann, wie der Kerl versucht, meine Schuhe zu stehlen. Zupp, schon ist das Essen beendet. Die drei Reisteller fliegen ins hohe Gras für die Ameisen und der Junge bekommt noch einen Arschtritt für den Nachhauseweg verpasst.

Ich bin froh, an dem Abend in mein feuchtes Bett kriechen zu können. Warum man den Urwald auch „Grüne Hölle" nennt, ist mir jetzt klar.

KONGO

Der Gekreuzigte

Natürlich waren auch hier zahlreiche Missionare unterwegs. Evangelisten, Katholiken, Baptisten, Adventisten, Bethlehemiten, etc. haben ihre Kirchen gebaut, die teilweise schon wieder verfallen und ungenutzt in der Landschaft stehen. Die Kreuze, die auf dem Kirchenplatz aufgestellt wurden, sind teilweise deutlich größer als die Kirche selbst und im Maßstab 1:1. Natürlich hat man auch einen lebensgroßen, geschnitzten Jesus daran genagelt.
Was wäre, wenn die Römer ihre Verbrecher nicht gekreuzigt, sondern am Galgen aufgehängt hätten? Stünden dann jetzt vor jeder Kirche nachgebaute Galgen mit einer baumelnden Holz- oder Strohfigur? Was wäre, wenn Jesus in heutiger Zeit in den USA gelebt hätte? Stünde dann vor jeder Kirche ein elektrischer Stuhl?

Point Noire – Geht die Reise weiter?

Drei Tage später sind wir endlich in Point Noire. Ein schöner, kühler Wind weht vom Meer her, wir stehen auf dem Gelände des Segelclubs mit Blick auf die Ölplattformen. Die reichen Kongolesen spielen vor uns mit ihren Yachten und fahren Jetski.
Am nächsten Tag geht's zum Konsulat von Angola. Doch wir werden noch nicht mal auf das Gelände gelassen, es gibt keine Visa, entgegen allen Versprechungen in Libreville und Abuja. Wieder verspricht man uns: „Ihr bekommt das Visum ganz sicher in Matadi." Selbst ein Transitvisum für die Enklave Cabinda wird uns verwehrt.
Das heißt, um nach Matadi zu kommen, können wir weder die 300 Kilometer Teerstraße durch Cabinda fahren, noch die Brücke über den Kongofluss nutzen, sondern wir müssen zurück durch die „Grüne Hölle". Mindestens eine Woche werden wir durch den Dschungel für die 600 Kilometer bis Brazzaville brauchen, dann die Fähre nach Kinshasa und noch mal 250 Kilometer durch Ex-Zaire nach Matadi. Was passiert, wenn es dort kein Visum gibt, wollen wir uns gar nicht erst ausmalen.

Point Noire macht seinem Namen alle Ehre. Unsere Gemütslage ändert sich am Abend schlagartig, als wir von zwei Deutschen angesprochen werden, die hier mit ihrem VW-Bus gestrandet sind. Motorschaden.

KONGO

Zudem ist ihre Reisekasse nicht so richtig prall und so arbeiten sie immer wieder unterwegs, z.B. seit zwei Jahren in Point Noire. Wir werden zum Essen eingeladen und erfahren, dass es in Point Noire schon lange kein Visum mehr gibt und auch schon lange keine Touristen mehr hier her kommen. Aber in Matadi habe bisher jeder ein Transitvisum für Angola bekommen. Ein Lichtblick.
Am nächsten Tag können wir in Heikos Büro die schnelle Internetverbindung nutzen. Am Abend geht es in ein tolles Restaurant und zum Sundowner in eines der Edelrestaurants an der Strandpromenade, in denen fast nur Amerikaner und Europäer verkehren, die auf den Ölbohrinseln oder als Manager für ausländische Konzerne arbeiten und über ordentlich Geld verfügen.
Wir machen uns auf den Weg nach Brazzaville. Die Piste wird kaum befahren und die wenigen Autos, die es doch wagen, hängen in den Schlammlöchern fest. Unsere Winde kommt immer wieder zum Einsatz. Unser Deutz hingegen baggert sich durch den Schlamm, als hätte er sich schon lange darauf gefreut. Hier kann ich endlich die Bilder schießen, die man mit Abenteuer, Afrika und Dschungel verbindet.

Im Rebellengebiet

Vier Tage später, nachmittags gegen 15.07 Uhr, 35 Kilometer vor Brazzaville, stoßen wir auf einen chinesischen Bautrupp, der hier die Piste zu einer wahren Autobahn ausbaut. Hinweisschilder darauf sahen wir schon in Point Noire. „Die paar Hansels, die hier bauen, kriegen die Autobahn nie fertig", denke ich mir beim Anblick der Handvoll Arbeiter mit Hacke und Schaufel. Das Ganze verfällt schneller, als die bauen. Warum man nicht erst mal nur eine Spur teert, damit der ohnehin kaum vorhandene Verkehr nicht ewig im Schlamm steckt, bleibt das Geheimnis kongolesischer Planung.
Später erfahren wir, dass die Autobahn ein „Geschenk" der Chinesen ist und als Entwicklungshilfe abgerechnet wird. Im Gegenzug gibt es dafür Konzessionen, um im Kongobecken den Urwald zu roden. Somit haben die Chinesen kein großes Interesse an der Autobahn und die Teerdecke ist so dünn, dass sie jetzt schon Schlaglöcher aufweist.
Nach zwei Kilometer stehen wir vor einer Straßenbarriere aus alten Autoreifen und Ölfässern. Ich halte an und sehe, wie aus dem Gebüsch

KONGO

eine Gruppe Jugendlicher zwischen 14 und 20 Jahren kommt und unser Auto umringt. Jemand will die Türe öffnen, aber die Scheiben sind oben und die Knöpfchen unten.
„Wir sind Polizisten, mach das Auto auf, wir wollen es durchsuchen."
Die Jugendlichen in zerlumpten Klamotten sind mit Macheten bewaffnet.
„Das ist eine Falle", meint Sabine und im selben Augenblick gebe ich Gas. Machetenhiebe treffen unseren Deutz, aber wir können fliehen. Dann wird geschossen. Im Rückspiegel sehe ich, wie weitere junge Männer auf der Straße stehen und mit Maschinengewehren auf uns anlegen. Vollbremsung. Motor aus. Puls im roten Bereich.

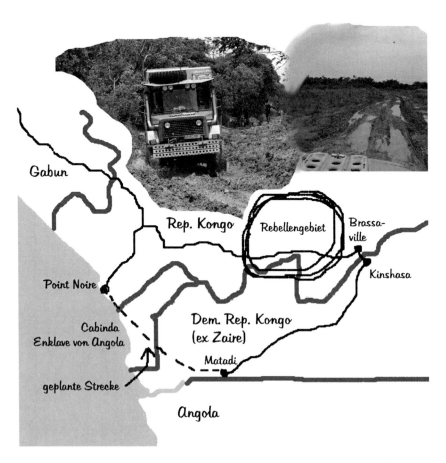

KONGO

Neun „Polizisten" kommen angerannt. Total aggressiv verprügeln sie sofort unseren Deutz mit Macheten. Die Motorhaube kriegt ein paar Beulen ab. Sabine schreit. Auf jedem Trittbrett stehen zwei Männer und hämmern gegen die Scheiben. Ich wundere mich, wie stabil so eine Autoscheibe ist.
„Los, aufmachen und aussteigen!"
Jetzt die Tür aufmachen? Bei der Horde Wilder?
Ich zögere. Einer nimmt sein Maschinengewehr und schießt vor unseren Deutz in den neuen Teer, dann zielt er auf mich und wiederholt die Forderung, die Tür aufzumachen. Ich ziehe den Knopf hoch. Die Tür wird aufgerissen. Ich werde aus dem Auto gezerrt und fliege auf die Straße. Verdammt hoch, unser Deutz. Ich will aufstehen, da trifft mich ein Machetenschlag eines 14jährigen im Rücken. Zum Glück mit der flachen Seite, sonst wäre es hier zu Ende. Der Schmerz ist wie ein Schlag mit einem Knüppel. Ich liege wieder neben meinem Vorderrad und bekomme einen Tritt in die Seite. Als ich mich umdrehe sehe ich in die Läufe drei durchgeladener Maschinengewehre.
„Was macht ihr hier?", will der Anführer wissen.
„Wir sind..."
„Halts Maul, du antwortest nur, wenn wir das sagen."
Ein Lastwagen mit einheimischem Kennzeichen verringert sein Tempo und hält an. Der Fahrer spricht ein paar aggressive Worte zu dem Anführer, doch der zielt nur mit dem Gewehr auf den Fahrer woraufhin dieser den Gang einlegt und weiter fährt.
Ein Geländewagen kommt. Ein neuer, weißer Landcruiser. Weiße. Irgendwelche Botschafter, Entwicklungshelfer, Manager, Missionare, Ärzte oder sonst was. Aber die verringern nicht mal das Tempo, gucken demonstrativ zur anderen Seite. In meiner Naivität denke ich noch: „Die rufen bestimmt die Polizei und in wenigen Minuten ist der Horror vorbei, du musst nur noch ein paar Minuten überstehen."
Meine Gedanken sind hin und her gerissen: „Das kann doch nicht sein, dass ich hier auf einer neuen, chinesischen Asphaltdecke aus dem Genpool der Menschheit verabschiedet werde. Die trauen sich nicht, zu schießen." Und dann denke ich: „Ein falsches Wort und der zieht eiskalt den Hebel durch. So sieht er also aus, der Sensenmann, zerlumpte Klamotten, Rasterzöpfe, Sonnenbrille, Maschinengewehr – wie viele wird er schon ins Jenseits befördert haben?"

KONGO

Aber das mein Leben nicht wie im Film an mir vorbei läuft, deute ich als gutes Zeichen. Inzwischen musste Sabine unsere kompletten Dokumente aushändigen.
„Los, aufstehen und zurück zu unserem Kontrollpunkt!"
Einer der Rebellen will unseren Deutz fahren. Die Aggression nimmt langsam ab und ich versuche eine kleine Verhandlung. Mit Erfolg. Ich darf mein Auto selbst zum Kontrollpunkt fahren und nicht einer der Rebellen. Einige bezeichnen sich jetzt als Rebellen, andere immer noch als Polizisten.
Ich muss langsam rückwärts fahren. Ein „Polizist" sitzt neben mir und hält die Knarre an meinen Kopf, ein anderer geht vor unserem Wagen her und hat ebenfalls die Waffe auf mich gerichtet. Langsam sinkt der Puls aus dem roten Bereich und ich denke, die Situation lasse sich mit Geld, viel Geld, regeln. Vor einigen Minuten hätte ich mich nicht gewundert, wenn es „Peng" gemacht und für immer dunkel geworden wäre.
Bei ihrem Kontrollposten werden uns zwei Stühle gebracht. Der eine, vielleicht der Anführer, scheint Mitleid mit Sabine zu haben und will sie trösten. Sabine hat die für diese Situation gute Eigenschaft, um so mehr anzufangen zu heulen, je mehr man sie zu trösten versucht. Er gibt ein Zeichen, dass mein Bewacher die Knarre mit dem Lauf zum Boden senken soll, statt immer noch auf meinen Kopf zu zielen.
„Wir sind Polizisten und wollen doch nur eure Pässe kontrollieren. Warum seid ihr geflohen?"
„Wir dachten, ihr seid Banditen, weil ihr keine Uniformen, keine Ausweise und nichts typisch Polizeiliches habt."
„Wir sind Rebellen, aber unser Chef hat sich mit dem Präsidenten geeinigt. Wir kämpfen nicht mehr gegen die Regierung, sondern sorgen nun auf dieser Straße für Sicherheit. Wir sind jetzt Polizisten."
Der Anführer telefoniert mit seinem Mobiltelefon.
Auf die Durchsuchung unserer Pistenkuh wird verzichtet.
Später erfahren wir: Für die „Sicherheit" wird von den Autofahrern eine Gebühr kassiert, die bei den Einheimischen je nach Fahrzeug zwischen 2 und 5 US-Dollar liegen kann. Touristen sind mit 50 USD dabei. Die Rebellen haben einige strategische Stellen (Zufahrt zur Hauptstadt, Zufahrt zum Hafen und Flughafen etc.) zugeteilt bekommen und sorgen dort für „Sicherheit". Offiziell liest sich das so: „Die Rebellen haben

ihren bewaffneten Kampf aufgegeben, werden jetzt in die Sicherheitskräfte von Polizei und Militär integriert und resozialisiert."

Der Anführer der Rebellen

Die Lage entspannt sich immer mehr, auch die Sicherheitsgebühr brauchen wir nicht zahlen, bekommen unsere Papiere zurück und einer der Rebellen fährt mit uns mit zum nächsten Kontrollposten der Rebellen in zehn Kilometer Entfernung. Auch hier wird normalerweise eine Sicherheitsgebühr fällig, die uns aber ebenfalls erlassen wird. Schließlich sind wir ja jetzt „Freunde der Rebellen" und werden sogar zum Essen eingeladen. Aber wir wollen nur hier weg.

Zum Schluss frage ich, ob ich noch ein paar Bilder meiner „Freunde" machen kann und so stehen wir zum Abschied Arm in Arm und grinsen in die Kamera.

Im Übrigen hätte unsere Flucht nichts genutzt, denn spätestens beim zweiten Checkpoint hätte man uns bereits erwartet.

Vor der Hauptstadt sind noch eine Militärkontrolle und eine Polizeikontrolle zu passieren. Diese sind ebenfalls korrupt, lassen uns aber nach zähem, humorlosem Verhandeln gegen jeweils eine der billigsten Sardinendosen fahren. Dann bleibt unser Deutz auch noch liegen, der Dieselfilter ist zu. Warum hört der Tag nicht einfach auf? Im Dunkeln erreichen wir endlich Brazzaville. Ein freundlicher Polizist meint, wir könnten beim französischen Kulturpalast auf dem Parkplatz übernachten, dieser sei stark bewacht und wir seien „absolutly safe".

Dort sieht man das allerdings ganz anders. Zum einen möchte niemand die Verantwortung für unsere Sicherheit übernehmen, dieser Platz sei „absolutly unsafe", sagt man, und zum anderen sei es ohnehin verboten, nachts auf dem Parkplatz zu stehen.

KONGO

Gegenüber ist das Hauptgebäude der UNICEF, wo nachts die ganzen, teuren Geländewagen der Hilfsorganisation parken, die tagsüber von den Fahrern ohne Herz und Verstand auf den Schlaglochpisten kaputt gefahren werden. Der Nachtwächter erlaubt uns auf der Straße vor dem Gebäude zu stehen und gegen eine kleine „Charge" sieht er gelegentlich nach dem Rechten.
Wir können nach der Aufregung sowieso nicht schlafen und da stört es auch nicht weiter, dass er im Stundentakt mit seinem lauten Transistorradio seine Runde um unser Auto dreht. Irgendwann müssen wir dann doch eingeschlafen sein, denn nachts um halb zwei klopft es an der Tür. Unser Wachmann: „Ich habe mir überlegt, dass mein Chef es bestimmt nicht will, wenn ihr hier parkt. Am Besten, ihr sucht euch jetzt einen anderen Platz, sonst bekomme ich Ärger."
Ich bin genervt und habe überhaupt keine Lust nachts geweckt zu werden, um irgendwelche Verhandlungen zu führen. Aber die Alternative, jetzt durch Brazzaville zu kurven und einen Übernachtungsplatz zu suchen, ist noch beschissener. Also Geschichten erzählen:
„Ich bin ein Freund von dem Chef der UNICEF Deutschland", lüge ich, „der ist ein guter Freund von deinem Chef und ich soll morgen deinen Chef von meinem Chef Grüße bestellen. Dann wird dein Chef froh sein, uns hier zu sehen, uns zu Kaffee und Frühstück einladen und dich loben für deine gute Arbeit in der Nacht."
Unser Wachmann dackelt ab.

Die Fähre

Am nächsten Morgen fahren wir in den Hafen. Auf der einzigen Zufahrtsstraße sind 50 USD Sicherheitsgebühr fällig, die sich auch nach 45 Minuten Verhandlung nicht um einen Dollar verringern. „Entweder du zahlst, oder du drehst um."
Im Hafengelände ist die Ausreise bei Emigration, Zoll und Polizei völlig korrekt. Das Ticket ist gekauft und am späten Nachmittag soll die Fähre ablegen, die uns über den Kongo nach Kinshasa, der Hauptstadt der Demokratischen Republik Kongo, dem ehemaligen Zaire, bringt. Hunderte von Rollstuhlfahrern und Blinder tummeln sich hier. Der Grund ist einfach: Rollstuhlfahrer und Blinde dürfen die Fähre kostenlos benutzen und so sind sie die Spediteure, die auf ihrem Rollstuhl Plastiktüten und

KONGO

Kartons transportieren. Dabei wird der Rollstuhl so voll bepackt, dass man den Behinderten irgendwo zwischen den Warenbergen suchen muss. Aber so haben wenigstens die Behinderten ihr Einkommen und sind zudem selbst Arbeitgeber für ein oder zwei Rollstuhlschieber. Die Fähre legt ab und erreicht nach einer Stunde das andere Ufer. Über einen kleinen Steg gelangen Fußgänger und Rollstuhlfahrer an Land, dann macht das Boot längsseits fest und der Kapitän verkündet, dass die Fahrzeuge erst morgen abgeladen werden. Wir sind das einzige Fahrzeug an Bord. Vielleicht ein Erpressungsversuch, ich weiß es nicht. Wir verhandeln auch gar nicht erst, uns kommt es recht, die Nacht sicher auf dem Schiff zu verbringen und morgen in aller Frühe die Einreise zu erledigen.

DEM. REP. KONGO

Zitronensaft gegen Cholera

Es wird gestreikt. Statt um sieben kommt unser Kapitän erst um neun. Vielleicht wurde gestern auch wegen des Streiks nicht abgeladen? Wollte man etwa gar nicht uns erpressen, sondern jemand anderen? Die Polizisten und Zöllner sind korrekt, bummeln aber aus Solidarität mit den Streikenden. Jemand in weißem Kittel vom Gesundheitsamt will uns sprechen. Unser Auto muss desinfiziert werden, das macht 100 US-Dollar. Wieder folgen nicht endende Diskussionen und Verhandlungen. Die Polizei meint, wir sollen auf keinen Fall zahlen und einfach fahren, die gleiche Meinung vertritt der Zoll und dies ist auch unsere Meinung. Inzwischen wimmelt es um unser Auto von weißen Kitteln. Unser „Fluchtversuch" scheitert an der Hafenausfahrt, dort stehen andere Polizisten in dunkelblauen statt hellblauen Uniformen und diese sind vom Gesundheitsamt über unsere Flucht informiert worden und verweigern die Ausfahrt. Also wieder zurück, weiter verhandeln. Wir sind noch nicht in die Demokratische Rep. Kongo eingereist und ich habe die Schnauze schon gestrichen voll.
Wir hangeln uns in der Hierarchie nach oben. Uns werden Schreiben des Ministers gezeigt, mit Stempel und Preislisten. Die Desinfektion der

KONGO

Fahrzeugreifen ist wegen der Cholera notwendig, die in Brazzaville umhergeht und die man nicht in der Hauptstadt haben will. Verständlich, aber die weißen Kittel beschränken sich nur auf Touristenfahrzeuge.
Wir haben schon lange keine Lust mehr und bestimmt könnte man auch ohne Geld zu zahlen davon kommen, aber das würde weitere Stunden dauern und seit vier Stunden verhandeln wir bereits. Als wir bei 10 USD angekommen sind, willigen wir ein. Dafür bekommen wir sogar eine Quittung und eine amtliche Desinfektionsbescheinigung.
Unsere Reifen werden mit einer Mischung aus Wasser, Seife und Zitronensaft eingesprüht. Die ganze Delegation der Weißkittel ist vertreten und ich entdecke, welche Freude es macht, andere zu schikanieren. Wir bestehen darauf, dass auch die Reifenrückseite desinfiziert wird, dazu muss der Weißkittel unter das dreckige Fahrzeug kriechen. Und natürlich auch die Kotflügel innen, nicht auszudenken, wenn dort der nicht desinfizierte Straßendreck runter fiele. Der Weißkittel macht alles, was ich ihm sage, sein Chef steht schließlich neben mir und nickt meine Befehle grimmig ab. Zum Schluss nimmt mich fast jeder der Weißkittel beiseite und will wissen, wie viel wir gezahlt haben, wahrscheinlich wird die Beute aufgeteilt. Ich sage 30 USD.

Matadi

Die Straße nach Matadi ist gut geteert. Zwar ist eine Maut zu zahlen, aber dafür kommen wir schnell voran. In Matadi übernachten wir auf dem Gelände einer Missionsstation und bekommen am nächsten Tag problemlos das Visum für Angola. Ein Grund zu feiern, aber womit und mit wem? Also doch ein ganz normaler Abend.

ANGOLA
41 JAHRE BÜRGERKRIEG

ÜBERALL SIEHT MAN NOCH DIE SPUREN DES KRIEGS

Das begehrte Visum ist in der Tasche. Das Ding hat nur einen kleinen Schönheitsfehler, es ist ein Transitvisum für fünf Tage, mehr war nicht drin. Die fast 1.900 Kilometer werden in dieser Zeit nicht zu schaffen sein, denn die Infrastruktur des Landes ist durch den Jahrzehnte dauernden Bürgerkrieg stark zerstört.

Stellvertreterkrieg in Afrika

Mal ein kleiner Rückblick in die jüngste Geschichte Angolas (vereinfacht dargestellt und grob skizziert), denn sie steht symbolisch für viele afrikanische Landesschicksale zu Zeiten des „kalten Krieges". Die afrikanischen Länder strebten ab 1960 nach Unabhängigkeit von den Kolo-

 ANGOLA

nialmächten. Also ging auch in Angola der Kampf um die Unabhängigkeit los. Aber Angola war portugiesische Kolonie und nicht britisch oder französisch. Dies hatte einen entscheidenden Nachteil, denn die Portugiesen hatten sich hier richtig fest niedergelassen. Die wenigsten hatten noch Kontakt zu ihrem Heimatland und viele betrachteten Angola als ihre Heimat, anders als etwa die Franzosen, die recht schnell die Koffer packten und zurück nach Frankreich gingen.

Ein Bürgerkrieg begann zwischen Schwarz und Weiß, der an Grausamkeit von Jahr zu Jahr zunahm. Schwarze wurden von Weißen wie Karnickel abgeschossen und weiße Farmer von Schwarzen auf ihren Farmen überfallen und mit Macheten regelrecht geschlachtet. 14 Jahre dauerte dieser Guerillakrieg, Schwarz gegen Weiß, bis Portugal 1975 genug hatte und Angola in die Unabhängigkeit entließ. Doch statt Friede, Freude, Wiederaufbau und Wohlstand ging das Schlachten weiter, jetzt Schwarz gegen Schwarz. Zwei große Gruppen, die im Süden des Landes operierende UNITA und die nördliche MPLA, stritten sich, wer denn nun die Weißen besiegt habe und damit die Führung des Landes übernähme. Die links-kommunistisch orientierte MPLA bat ihre Brüder um Hilfe und Kuba schickte 50.000 Soldaten. Die Sowjets lieferten die Waffen. Das konnte Amerika sich natürlich nicht gefallen lassen, denn immerhin hat Angola reiche Ölvorkommen und die Amerikaner haben Ölförderrechte, die in Gefahr gekommen wären, wenn Angola kommunistisch geworden wäre. Also wurde die UNITA von USA mit Waffen versorgt und die Südafrikaner stellten die Soldaten. Das der Führer der UNITA ebenso kommunistische Gedanken hegte, bei den Maoisten in China ausgebildet wurde und dort natürlich auch sein Hirn waschen ließ, war egal, Hauptsache Flagge zeigen.

Die Infrastruktur des Landes verfiel, 1/3 der Bewohner flüchteten, Landminen wurden verlegt, nicht nur an strategischen Punkten, sondern auch auf Äckern und Weiden. Damit die amerikanischen Ölplattformen weiter fördern konnten und die Ölinfrastruktur nicht angegriffen wurde, engagierten die Amerikaner kubanische Sicherheitsfirmen.

Der Ostblock löste sich auf und die Supermächte diktierten 1991 der UNITA und der MPLA einen Friedensvertrag. Freie Wahlen sollten abgehalten werden. Bei den Wahlen siegte die MPLA, was dazu führte, dass die UNITA die Wahl als gefälscht bezeichnete, den Friedensvertrag aufkündigte und wieder Krieg im Untergrund gegen die, jetzige Regie-

ANGOLA

rungspartei, MPLA führte. (Die internationalen Wahlbeobachter sagten, die Wahl sei fair verlaufen). Bill Clinton löste Ronald Reagan ab, der bis zuletzt die UNITA unterstützte. Seitdem unterstützte die USA die MPLA, kaufte alte Kampfflugzeuge und Panzer bei den Russen auf und lieferte sie als Entwicklungs- und Militärhilfe an die MPLA.

Von 1991 bis 2002 wurden ständig Friedensverträge geschlossen und teilweise schon nach Stunden wieder gebrochen. Als sich nach dem Tod des UNITA-Anführers die UNITA selbst auflöste, die Rebellen eine Amnestie versprochen bekamen, in die Armee und Polizeikräfte integriert wurden und somit 41 Jahre Krieg zu Ende gingen, gab es kaum noch einen Einwohner Angolas, der wusste, was Frieden ist. Seid 2004 ist es möglich, wenn auch schwierig, das Land zu bereisen. Touristische Infrastruktur kann man natürlich keine erwarten.

Minenräumfahrzeuge in Angola

Die Grenzer sind freundlich und korrekt, genau wie die Polizei im Land. Die Bevölkerung ist arm, aber freut sich, uns zu sehen. Endlich Ausländer, die nicht in Uniformen und mit Gewehren kommen. Die Straße von Matadi über Mepala und Tomboco nach N'zeto ist praktisch nicht vorhanden, zumindest sollte man es nicht Straße nennen. 150 Kilometer – mehr ist an einem Tag kaum zu schaffen, vielleicht mit einem Landcruiser, aber nicht mir unserer Pistenkuh. Schlammige Passagen mit Flussdurchfahrten wechseln sich mit Wellblech, Felsstufen und manchmal auch ganz gut zu fahrenden Abschnitten ab. Verkehr ist nicht vorhanden, wir begegnen einem Auto in drei Tagen.

Die großen Flüsse überqueren wir auf Behelfsbrücken, die ursprüngliche Brücke liegt immer gesprengt daneben. Gelegentlich sieht man in den Ortschaften ausgebrannte Panzer und Minenräumfahrzeuge der UN stehen. Versorgungsmöglichkeiten gibt es hier keine, auch Diesel oder

ANGOLA

Benzin ist nicht aufzufüllen. In N'zeto gibt es eventuell Diesel aus Kanistern, aber gesichert erst wieder in der Hauptstadt Luanda.

Bauboom in Luanda

Hier spürt und sieht man die Auswirkungen des Geldes, welches das Öl in die Staatskasse spült. Überall wird gebaut, große angelegte Straßenbauprojekte, und doch erstickt die Stadt im Verkehrschaos. Schlimmer als eine indische Großstadt. Wir stehen über sechs Stunden im Stau, bzw. schieben uns im Schritttempo an den Müllbergen, den Slumbaracken und all dem menschlichen Elend vorbei. Gleich daneben sind die edlen Restaurants mit den geparkten 500 ML's, Cayenne's, X5 und Q7 davor angesiedelt.
Es folgen 500 Kilometer gute Teerstraße, bevor wir wieder 700 Kilometern im Geländegang mit max. 40 km/h über eine endlose Baustellenpiste holpern. Zeit, mit den Menschen in Kontakt zu kommen, bleibt kaum, denn wir wollen unser Transitvisum nicht unnötig überziehen. Strafen von bis zu 1.000 US-Dollar pro Person und Tag könnten die Folge sein. Wir haben noch von niemandem gehört, dass diese Strafe auch wirklich verhängt wurde, obwohl es noch keinem gelungen ist, Angola in fünf Tagen zu durchqueren. Dennoch verzichten wir auf Besichtigungsprogramme.

Die Ausreise

In fünf Tagen war es nicht zu schaffen, sieben sind's geworden. Die Sonne wirft schon lange Schatten, als ich unsere Pässe unter der Glasscheibe hindurch dem Grenzbeamten hinschiebe. Zoll und Polizei hatten bisher keine Einwände, aber die haben auch nicht das Visum kontrolliert. Er blättert den Pass durch und guckt sich alle Visa in unserem Büchlein an, es dauert. Ein dickes Buch wird aus der Schublade geholt und fein säuberlich werden unsere Daten aufgenommen. Die Spalte „Visum" wird von mir mit Spannung erwartet. Er trägt eine 5 ein und macht dahinter eine 7 in Klammern. Er hat die Überziehung bemerkt, sagt dazu aber kein Wort, gibt mir die Pässe zurück und verabschiedet sich freundlich. Keine Rede von Strafe oder Geschenkforderungen.

NAMIBIA
WEITES LAND

ELEFANTEN AM WASSERLOCH

„Hey, wo wollt ihr hin?", fragt der Fahrer im Pick-Up neben mir. Inzwischen ist es dunkel. Die Einreise hat wegen einer zu zahlenden Straßenbenutzungsgebühr länger gedauert, denn diese muss in Landeswährung gezahlt werden, Euro und US-Dollar werden nicht akzeptiert und eine Bank gibt es an der Grenze nicht. So mussten wir erst mal zu Fuß in den nächsten Ort und bei einer Imbissbude Geld tauschen.
„Wir suchen einen Übernachtungsplatz", rufe ich ihm entgegen.
„Fahrt hinter mir her, ich habe eine Werkstatt, da könnt ihr campen, so lange ihr wollt." Namibia fängt ja gut an, denke ich.
Beim Abendessen macht Wynard den Vorschlag: "Kommt doch am Wochenende mit nach Ruacana, wir haben dort einen tollen Platz am Kunene-Fluss und machen einen leckeren Brei. Wir fahren jedes Wochenende raus nach Ruacana."

 NAMIBIA

Ich habe zwar keine Lust, Brei zu essen, hätte lieber ein Huhn gegrillt, aber egal. Wo Ruacana liegt, wissen wir auch nicht, aber es wird schon nicht so weit sein, wenn Wynard jedes Wochenende dort hin bügelt. „Okay, wir fahren mit."

Fleischwurst – mit oder ohne Knoblauch

Am Morgen werfen wir einen Blick auf die Karte: „Oh, 280 km, noch dazu in die für uns falsche Richtung." Egal, wir verfeuern ja billigen Diesel aus Angola, den wir dort für umgerechnet 24 Eurocent getankt haben. „Dann sehen wir uns heute Mittag am Fluss."
Im nächsten kleinen Städtchen gehen wir erst mal in den Supermarkt. Ein richtiger Supermarkt mit Einkaufswagen, geteertem Parkplatz und vor allem – mit einem Kühlregal. Dazu auch noch sauber, genau wie in Europa. Ist ja auch von der deutschen Kette "Spar". Spar hat Namibia mit Supermärkten überzogen, wie Aldi Deutschland. Es gibt alles zu kaufen, wirklich alles, und das zu billigeren Preisen als in Deutschland. Ein Kilo Rindfleisch wird mit drei Euro berechnet, das Brötchen mit acht Cent. Vorbei die Reisezeit, wo Supermärkte die Größe einer Doppelgarage hatten, der selten gefegte Laden von Kakerlaken wimmelte und der Schwarze an der Kasse völlig überzogene Preise verlangte. Wir kaufen ein. Zwischendurch muss ich noch mal raus, einen zweiten Einkaufswagen holen, denn ich glaube nicht, dass es morgen wieder so ein vielfältiges Angebot geben wird. An der Wursttheke fragt die schwarze Verkäuferin in perfektem Deutsch, ob ich die Fleischwurst mit oder ohne Knoblauch will. Grillwürstchen und Rindersteaks verschwinden in unserem Wagen. Da können die am Wochenende Brei essen so viel sie wollen, ich werde Fleisch grillen und notfalls heimlich im Auto essen.

Das Grundstück von Wynard und seiner Frau liegt direkt am Kunene, dem Grenzfluss zwischen Namibia und Angola. Wynard will hier einen Campingplatz bauen, er soll ein zweites Standbein neben seiner Autowerkstatt werden.
„Seitdem die Schwarzen regieren, werden wir Weißen diskriminiert. Arbeitsplätze müssen zuerst mit Schwarzen besetzt werden, und nur, wenn sich für die Arbeit keiner findet, darf ein Weißer eingestellt werden, so lauten jetzt die Gesetze. Uns bleibt nur die Selbstständigkeit. Ich

baue das für meine Kinder auf, die haben sonst keine Chance, und dann müssen wir hoffen, dass uns die Schwarzen nicht enteignen."

Feuer wird entfacht und es wird gegrillt. „Was ist mit dem Brei?", will ich wissen und werde verständnislos angeguckt. Es klärt sich wie folgt: Es heißt nicht Brei, sondern Braai, ist Afrikaans und heißt soviel wie Grillplatz. Wenn der Bure von „lecker Braai" spricht, dann meint er, dass er pro Person ein geviertelten Rind auf den Grill legt und dazu Unmengen an Bier säuft – hat also mit Zimt und Zucker nichts zu tun. Zum Glück habe ich ja im Supermarkt vorgesorgt, aber auch ohne meinen Einkauf wäre Fleisch im Überfluss vorhanden gewesen.

Auf dem „Bakkie", so nennen sie ihren Pick-Up Geländewagen, wie ihn hier fast jeder fährt, stehen riesige Kühlboxen mit Fleisch und Eiswürfel. Die Eiswürfel dienen nicht der Kühlung des Inhaltes der Kühlbox, sondern wandern in die Becher voll Whisky-Cola, dem Nationalgetränk der Weißen am Wochenende.

Whisky-Cola

„Kommt, wir sehen uns den Sonnenuntergang kann", schlägt Wynard vor. Der Hügel ist knapp 200 Meter entfernt, also mache ich mich auf den Weg. „Hey, wo willst du hin?", höre ich hinter mir.
„Wir nehmen den Bakkie." Auf die Ladefläche wird die Kühlbox mit den Eiswürfeln geladen, Whisky- und Colaflaschen und jede Menge Bierdosen werden auch nicht vergessen. Bevor es los geht werden noch mal alle Becher, inkl. der vom Fahrer, mit Whisky und Cola gefüllt, übrigens mehr Whisky als Cola. Wir sind die ersten Tage in Namibia, daher wundern wir uns noch. Inzwischen ist es für uns normal, dass zu einem Wochenende Eis, Whisky und Cola gehören. Es ist schon amüsant, zu sehen, wie jede Arbeit mit einem Isolierbecher in der Hand getätigt wird. Egal ob Auto fahren, Boot zu Wasser lassen oder Feuer machen. Für Arbeiten, bei denen man eine zweite Hand braucht, wird der Nachbar gerufen – in der einen Hand ebenfalls seinen Whisky-Cola-Becher, die andere Hand frei zum Arbeiten.

Sonntagabend fährt Wynard mit seiner Familie zurück nach Oshikango. Wir bleiben noch ein paar Tage und machen uns auf den Weg ins Kaokoland, dem Land der Himba-Nomaden.

 NAMIBIA

Naturvolk im Supermarkt

„Die Himba-Nomaden gehören zu den faszinierendsten Menschen im südlichen Afrika. Sie sind eines der letzten noch ursprünglich lebenden Naturvölker und wurden erst 1850 von weißen Forschern aufgespürt. Die Frauen tragen nur kurze Lederschürzen aus Kalbfell und schönen Schmuck aus Kupfer, Messing oder Eisen an den Füßen."
So steht es in unserem Reiseführer.

Wir sind unterwegs Richtung Opuwo. Eigentlich ein kleines Nest im Nichts, 10.000 Einwohner, Tankstelle, Supermarkt, Kneipe, Krankenstation und Bestatter. Eigentlich nicht weiter erwähnenswert, wenn es nicht die „Hauptstadt" der Himba-Nomaden wäre. Hier in diesem Ministädtchen treffen Kulturen aufeinander. Heroros, Ambos, Sans, Thwa, Ngambwe, Himbas und Touristen. Himba-Frauen gehen, nur mit Lendenschutz gekleidet, in den Spar-Supermarkt einkaufen, Kinder betteln, Männer lungern in den Gassen rum und Touristen gaffen und fotografieren. Diese Mischung macht es aus, sodass man sagen kann: „Wer die Welt gesehen haben will, muss in Opuwo gewesen sein."
Aber noch sind wir nicht in Opuwo, sondern draußen im Nichts, in der Wüste, im Kaokoland. Die Lager der Himba-Nomaden sind bescheiden. Ein Kraal, in dem Ziegen und Rinder die Nacht verbringen und ein paar Hütten gebaut aus Ästen, die mit Kuhdung verputzt wurden und so eine windgeschützte Behausung darstellen. Fast alles, was sie benötigen, stammt aus der Natur, vor allem Kalebassen und Leder. Daraus werden Wassertröge gefertigt, ebenso Kleidung, Schuhe und Schmuck. Alles ist überzogen mit einer angenehm, manchmal allerdings auch übel riechenden, rötlichen Schicht. Das liegt daran, dass die Himba-Frauen sich ihr Leben lang nicht waschen, sondern ihre Haut mit Butterfett und einem eisenhaltigen Steinpulver einreiben, das sie vor Sonnenbrand und trockener Haut schützt. Nebenbei vertreibt es auch Moskitos. Zivilisationsmüll gibt es nicht.
Erst wenn man genau hinsieht, sieht man die leeren Bier- und Schnapsflaschen. Die Himbas machen da keine Ausnahme. Egal ob Aborigines in Australien, Indianer in Amerika, Pygmäen in Kongo – alle Naturvölker scheinen dem Alkohol verfallen oder zumindest stark zugeneigt.

NAMIBIA

Mehl gegen Fotos

Wir wollen ein paar Fotos machen, wie jeder Tourist, sind uns aber bewusst, dass hier nur sehr wenig Touristen vorbei kommen und somit Geschick und vor allem Zeit erforderlich ist. Die Kamera bleibt erst mal in der Pistenkuh, die wir auf der Piste stehen lassen. Wir gehen zu Fuß zu der Hüttenansammlung. Kinder kommen uns entgegen und führen uns zum Familienoberhaupt.

Der Mann spricht ein paar Worte Englisch. Smalltalk. Ich frage, ob ich von seinem Dorf ein paar Fotos machen kann.
„Ja, du kannst, aber du musst natürlich bezahlen."
„Natürlich", bei einem Naturvolk ist logischerweise vieles natürlich, aber in Anbetracht der vielen Bierflaschen wollen wir kein Geld geben, sondern eher auf die Fotos verzichten. Inzwischen ist die ganze Großfamilie um uns versammelt.

Mein Gegenvorschlag zu Geld: „Wir holen Mehl und Zucker aus dem Auto, so viel, dass wir einen Maisbrei für alle Frauen und Kinder kochen können. Die Frauen machen Feuer und kochen und während dieser Zeit mache ich meine Bilder. Danach können wir zusammen den Brei löffeln und anschließend machen wir uns aus dem Staub."

Himba-Frauen

Der Familienchef will Geld für Bier statt Maisbrei, aber die Frauen haben wohl auch was zu sagen und so muss der Chef notgedrungen einwilligen.

 NAMIBIA

Schnaps gegen Ziege

Auf dem weiteren Weg nach Opuwo treffen wir auf Salomon vom Volksstamm der Ovambo, der hier mit seinem Auto liegen geblieben ist, Federbruch. Viel machen können wir da nicht, aber wir nehmen ihn mit in den nächsten, 80 km entfernten, Ort. Fünf mal im Jahr macht er sich mit seinem schrottreifen Pick-Up auf den 300 Kilometer langen Weg. Er ist Händler, bringt Bier und Schnaps zu den Himbas, tauscht den Alkohol gegen Ziegen und verkauft die Ziegen zu einem hohen Preis im Ovamboland.

Später erfahren wir, dass die Himba-Männer erst alkoholisiert werden und dann im Suff 1:1 tauschen. Für eine Flasche Schnaps (umgerechnet 4 Euro) geben sie eine Ziege.

Wir sind inzwischen in Opuwo. Hier haben sich einige Himbas niedergelassen und sind sesshaft geworden. Ein Hinweisschild weist den Weg zu einem „Himba-Schaudorf". Ich will ein paar Bilder von Kindertragen aus Rinderleder machen, die ich in dem Dorf draußen nirgends gesehen habe. Hier im Schaudorf kommen jede Menge Touristen vorbei und Fotos sind kein Problem. Gegen Geld natürlich. Ich verzichte auf die Fotos, denn es wirkt alles nicht echt. Die Frauen sitzen im Schatten und haben Decken mit Souvenirs vor sich ausgebreitet. Alles ist für das Touristenauge sauber und ordentlich aufgestellt, sogar der Boden gefegt, aber irgendwie fehlt das Leben. Keine Ziegen, keine Hühner, kein Dreck – nur Souvenirs.

Also drehen wir um und gehen wieder. Dennoch läuft man hinter uns her und zeigt uns das „Spendenbuch". Mir bleibt die Spucke weg, was für Beträge die Touristen hier „spenden".

20 Euro, völlig normal, dabei ist das fast ein Monatslohn.

Gepachtete Moral

„Glaubst du etwa, den Himbas macht es Spaß, sich fotografieren zu lassen?", werde ich vorwurfsvoll gefragt, als ich die beiden Geschichten einer Entwicklungshelferin aus Deutschland erzähle. Sie will die Familienstrukturen der Nomaden demokratisieren.

Dabei habe ich das eher als „Geschäft" gesehen – Fotos gegen Maismehl – und nicht als Spaß.

„In Deutschland wird auch keine Verkäuferin gefragt, ob es ihr Spaß macht, jeden Kunden freundlich anzulächeln, es ist einfach eine Notwendigkeit", erwidere ich.

„In Deutschland arbeitet die Verkäuferin freiwillig."

„Und die Himbas lassen sich freiwillig fotografieren. Die Himbas haben das Schild „Schaudorf" geschrieben und ich frage jedes Mal, ob ein Foto okay ist."

„Aber sie können die Tragweite dessen, wie ihr Touristen ihr Leben verändert, nicht abschätzen."

„Aha, da kommen also Entwicklungshelfer aus Europa, die alles wissen und die Himbas für so blöd halten, dass sie die Tragweite des Geschäfts Mehl gegen Fotos nicht überblicken, obwohl sie seit Jahrhunderten Tauschhandel betreiben."

Im Laufe des Gespräches stellt sich heraus, dass sie an einem Gleichberechtigungsprojekt zwischen Mann und Frau in der Himba-Gesellschaft arbeitet.

Da frage ich mich, wer den größeren Schaden anrichtet: die Touristen mit ihren verlockenden Foto-Angeboten, die fliegenden Händler, die Schnaps in die entlegenen Hütten bringen, die Missionare, die ihnen alles Mögliche für das Leben nach ihrem Tod versprechen, oder die Entwicklungshelfer, die mit Bildung, Gleichberechtigung und Demokratie die Welt verbessern wollen.

„Ich will hier weg"

Wir halten vor einer kleinen Bretterbude. Auf die Eingangstür hat jemand das Logo von Coca-Cola gemalt und „Shop" daneben geschrieben, dazu noch 24/24 und 7/7, also 24 Stunden am Tag und sieben Tage die Woche geöffnet. Es ist morgens 10 Uhr. In dem kleinen Dorf ist nichts los. Jugendliche stehen mit Bierflaschen vor dem Laden, einige lallen uns an und betteln nach Geld, Kleidung und Essen. In dem Laden sitzen Frauen auf dem Boden, ebenfalls besoffen. Die Lady hinter der Theke gibt mir meine Cola-Flasche und lächelt.

„Was muss ich zahlen?"

 NAMIBIA

„Willst du mich heiraten?" Mit der Antwort habe ich überhaupt nicht gerechnet. Um nicht unhöflich mit „Nein" zu antworten, stelle ich eine Gegenfrage: „Warum? Hast du dich in mich verliebt?"
„Nein, aber ich will hier weg."

Abenteuer im Kaokoland

Fahrtechnisch stellt das Kaokoland eine große Herausforderung für unsere Pistenkuh dar. Viele Flüsse führen Wasser und der aufgeweichte Sandschlamm ist bodenlos.
Selbst kleinste Bäche, die wir gar nicht ernst nehmen, lassen unseren Deutz einsinken. Die Seilwinde ist im Dauereinsatz. Zum Glück gibt es genügend Bäume in Ufernähe und so sind wir meist nach ein bis zwei Stunden auf der anderen Seite. Einheimische fahren hier schon lange nicht mehr.
Ein morastiges Wiesenstück liegt vor uns. Es wird spannend, aber zum Glück ist es leicht abschüssig und der Deutz ackert sich durch – soeben. Geschafft! Ab jetzt ist an Umkehren nicht mehr zu denken, denn durch diesen Schlamm bergauf wird nicht gehen. Nur langsam kommen wir voran. Es regnet viel und die Flussdurchquerungen kosten Zeit. Zum Glück habe ich im Supermarkt wie ein besoffener Matrose eingekauft und so haben wir Vorräte für einige Wochen an Bord.

Zwei Tage später stehen wir kurz vor Otjitanda, von Okauwe kommend, an einem stark ausgewaschenen, aber trockenen Flussbett. Der Weg führt ins Bachbett und fällt steil ab. Granitfelsen flankieren das Bachbett und unser Deutz passt soeben durch diese Schlucht. Auswaschungen

Starke Regenfälle liesen den Kunene-Fluß weit über die Ufer treten, so war die parallel führende Piste oft überflutet. Aber unserem Deutz hat es Spaß gemacht.

und riesige Felswaschungen fördern die Adrenalinproduktion meines Körpers. Selbst im ersten Gang mit Untersetzung ist der Karren zu schnell. An einigen Stellen hebt der Deutz eines der Hinterräder und macht die Differenzialsperre erforderlich. Unsere Pistenkuh wird schön durchgeknetet und es hört sich an, wie in einem U-Boot auf Tauchfahrt im kritischen Bereich. Ältere Semester erinnern sich vielleicht an den Film „Das Boot."

Plötzlich ein lautes, metallisches Schlagen und unser Deutz knickt hinten ein. Und „zack" – noch mal. Es hört sich beängstigend an, auf jeden Fall nach einem großen Schaden hier im Nirgendwo. Bei genauer Inspektion stelle ich fest, dass es sich nicht um einen Federbruch handelt, wie zuerst befürchtet, sondern unsere Kofferaufnahme vorne gebrochen ist. Genau unterhalb der dicken Schweißnaht. Was tun?

Zum Glück kann ich das Problem mit einem dicken Spanngurt lösen und den Koffer so befestigen, dass die Reise weitergehen kann. Keine 300 Meter später ertönt erneut ein metallisches, lautes Geräusch und mein Lenkrad nimmt eine äußerst ungewöhnliche Stellung ein. Diesmal sind zwei der drei Schrauben der vorderen, linken Federbefestigung am Rahmen gebrochen. Dadurch hat sich der Aufnahmebock nach hinten verschoben, was zu einer geänderten Fahrwerksymmetrie mit entsprechender Fehlstellung des Lenkrades führte.

„Achs- und Federbruch"

„Dieses Wegstück hat es aber in sich", denke ich. Aber da müssen wir nun durch. Die vordere Federaufnahme lässt sich nur provisorisch reparieren. Zum Glück haben wir zwei Wagenheber dabei und ich kann aus einem abgesägten Baumstamm einen Stockwindenersatz bauen, damit die Feder entlasten, das Rad runter nehmen und mit dem zweiten Wagenheber und einem zweiten, dicken Spanngurt die Achse in eine Position bringen, in der ich zwei Ersatzschrauben einführen kann.

 NAMIBIA

Leider sind die Schrauben 4 mm zu dünn, haben zudem keinen Schaft und entsprechen nicht der Festigkeit 12.9. Keine 300 Meter später sind meine beiden Schrauben mit einem lauten Knall weg gebrochen, die Arbeit eines halben Tages ist dahin und ich bin ziemlich ratlos. Die obere der drei Schrauben ist ja noch vorhanden und wir versuchen, ganz, ganz langsam weiterzufahren. Man mag es kaum glauben, aber wir schaffen es bis ins 400 km entfernte Kamanjab, wo wir hochfeste Schrauben in der gewünschten Länge, Dicke, Festigkeit und mit Schaft auftreiben. Zusätzlich können wir auch die Kofferaufnahme schweißen lassen.

Keine 150 Kilometer später verliert unser linker Hinterreifen Luft. Bisher dachte ich, dieser Reifen sei einer der Besseren von denen, die ich noch habe, hätte eher damit gerechnet, dass der rechte Hinterreifen mit den zahlreichen Rissen seinen Geist aufgibt. Shit. Also Reifen runter und flicken. Dabei sehe ich, dass aus dem Bremszylinder Flüssigkeit in nicht unerheblicher Menge ausläuft. Auch das Problem ist schnell behoben, ich klemme die Leitung einfach ab. Drei gebremste Räder reichen in Afrika auch.

Zwei Tage später die große Enttäuschung, meine Reifenreparatur war nicht erfolgreich. Im weichen Sand des Ugab-River müssen wir den Luftdruck reduzieren und in Folge dessen löst sich der Flicken und Luft entweicht. Zudem wird der Riss immer länger. Doch auch unser Reservereifen ist nur noch ein Notrad, welches die besten Zeiten schon lange hinter sich gelassen hat.

Wir planen eine Richtungsänderung: Statt im Nord-Westen nach Wüstenelefanten zu suchen, geht es jetzt nach Süden in die Hafenstadt Walvis Bay, in der Hoffnung, dort einen oder besser gleich zwei gute, gebrauchte Reifen zu bekommen.

In Walvis Bay gönnen wir uns einen Urlaubstag und gehen ins Restaurant: „Wir hätten gerne einen Tisch für Zwei."
„Suchen Sie sich einen aus, alle sind frei."
„Wir nehmen den am Fenster."
„Sorry, der ist leider reserviert."
„Dann der danebem?"
„Sorry, der ist auch reserviert."
„Welcher ist denn nicht reserviert?"
„Nur der dahinten."

NAMIBIA

Einen gebrauchten Reifen bekommen wir hier nicht, aber einen Neureifen könnte man innerhalb von zwei Tagen besorgen. Obwohl uns der Händler einen fairen Preis macht, sind uns Neureifen schlicht zu teuer. Wir lassen den Reifen nochmals flicken und werden an diesem Reifen den Luftdruck einfach nicht absenken. In Südafrika hoffen wir, gebrauchte Reifen günstig zu bekommen. Bis dahin werden die alten Dinger wohl noch halten (müssen). Also wieder in Richtung Nord.

Obwohl Namibia nur 35 Jahre deutsche Kolonie war (Deutsch Süd-West), findet man vor allem in Swakopmund und Windhuk noch zahlreiche Zeugnisse der vergangenen Epoche. Metzgereien und Bäckerläden mit typisch deutschem Warenangebot gehören ebenso dazu wie eine deutschsprachige Tageszeitung. Für uns angenehm aber doch irgendwie skurril.

Falsch abgebogen

Vor vier Tagen haben wir Walvis Bay verlassen und sind jetzt unterwegs im Ugab-River, wieder auf der Suche nach den seltenen Wüstenelefanten, aber ohne Glück. Wir umfahren den Brandberg (Namibias höchster Berg, 2.573 m) auf der Südseite und stoßen bei den Gobobosebbergen auf die kleine Schotterstraße D2342. Die ganze Gegend ist menschenleer, keine Farmer, keine Nomaden, einfach nur Natur, Springböcke, Oryx-Antilopen, Zebras.

 NAMIBIA

Plötzlich sehen wir am Straßenrand ein altes Auto und drei Männer, die wild winken. Scheinbar hat der Wagen eine Panne, also halten wir an. Im Wagen, ein uralter, zweisitziger Peugeot mit Ladefläche, sitzen zwei Frauen und freuen sich, uns zu sehen. Seit drei Tagen sitzen sie am Straßenrand und warten, haben weder Wasser noch zu Essen dabei. Sie waren auf dem Weg von Swakopmund nach Khorixas und haben sich kurz vor Uis verfahren. Sie sind auf die D2342 eingebogen und haben den Fehler erst bemerkt, als nach 90 Kilometern der Sprit ausging. Wir kochen erst mal Tee und einen Maisbrei, der hier billig zu haben und das eigentliche Hauptgericht der Schwarzen ist. Nebenbei erfahren wir, dass es sich nicht nur um fünf Personen handelt (wobei ich mich da schon gefragt habe, wie die alle in dem Wagen Platz haben wollen, denn die Ladefläche ist voll gepackt mit Sperrmüll), sondern zwei weitere Männer auf dem Weg sind, den Gipfel des Brandbergs zu besteigen. Ich halte es zunächst für einen Scherz, werde aber dann belehrt.
„Wir haben ja kein Wasser und unsere Freunde wollen vom Gipfel aus nach einer Farm Ausschau halten, wo wir Wasser und Essen bekommen."

Endlose Weite

Dass es sich hier nicht um die Cleversten handelt, wird noch deutlicher:
„Warum seid ihr bei Uis falsch abgebogen? Die D2342 führt doch nach Westen, während ihr genau nach Norden müsst."
„Es war niemand da, den wir hätten fragen können."
„Ihr hättet es doch am Sonnenstand merken müssen?"
„Wir wissen nicht, wann die Sonne über Khorixas steht."
Ich ziehe am Druckluftthorn und eine Stunde später kommen die Beiden angerannt. Also noch mal Tee und Maisbrei kochen. Dann schauen wir uns den Peugeot genauer an. Motorhaube auf.

NAMIBIA

„Scheiß die Wand an, die haben den Motor hingerichtet", sage ich zu Sabine. Der Vergaser ist auseinander gebaut und alle Schlauchleitungen durchgeschnitten.
„Was habt ihr gemacht?"
„Wir haben die Leitungen durchgeschnitten, weil wir dachten, da muss irgendwo noch Benzin drin sein. Das wollten wir mit der Colaflasche auffangen und in den Motor schütten und so zurück nach Uis fahren."
Ich gucke ungläubig: „Mit dem Sprit aus den Leitungen wolltet ihr 90 Kilometer fahren?" „Ja."
Auf unserer Landkarte ist in 15 Kilometer Entfernung eine Minenruine eingezeichnet und auch ein Campingplatz.
„Wir fahren zum Camping und gucken, ob dort jemand ist. Falls ja, ziehen wir euren Wagen dorthin, falls nicht, suchen wir eine andere Lösung. Wir kommen auf jeden Fall zurück."
Auf dem Camping leben zwei schwarze Familien und ein paar Hühner, also zurück und die Havarierten dorthin ziehen. Erst mal müssen wir die Reifen aufpumpen, denn die haben in den drei Standtagen jegliche Luft verloren. Das Abschleppseil sieht nicht Vertrauen erweckend aus, aber es hält. Es sind alte Plastiksäcke, die sie in Streifen geschnitten und aneinander geknotet haben. Auf halber Strecke platzt der Vorderreifen des Peugeots. Innerhalb von 10 Minuten ist der Reifen geflickt. Geflickt ist eigentlich der falsche Ausdruck, denn der Riss im Schlauch wird nicht geflickt, sondern einfach abgebunden. Dazu nimmt der Fahrer seine Schnürsenkel, die aus einer dünnen Plastikschnur bestehen.

Auf dem Camping angekommen, stellt sich das nächste Problem heraus. Die Sieben haben keinerlei Geld dabei. Ihr ganzes Geld haben sie zusammengelegt und in Swakopmund in den Tank gefüllt. Es hätte genau bis Khorixas gereicht. Auf dem Camp können sie zwar kostenlos bleiben, aber Essen gibt es für sie nicht und Benzin, das es nur in 90 Kilometer Entfernung gibt, auch nicht ohne Geld. Also lassen wir Maismehl, Zucker und etwas Geld zurück und machen uns auf den Weg.
„God bless you", rufen die Sieben hinter uns her. Die Segnung fand vor 43 Jahren statt, bei der Geburt in einem reichen Land.

Tagelang durchfahren wir die Trockentäler des Huarusib und des Hoanib. Elefantenmist liegt überall herum, aber die Elefanten lassen sich nicht blicken. Dafür entdecken wir jede Menge Zebras, Oryx-Antilopen,

 NAMIBIA

Springböcke und sogar eine Gruppe Giraffen. Die Landschaft ist traumhaft schön und so ärgern wir uns keinesfalls über die vielen Kilometer, auch wenn wir die Wüstenelefanten nicht sehen sollten.

Der Mordversuch

In der grandiosen Landschaft wollen wir unseren Deutz filmen, wie er durch das Flussbett fährt. Dazu müssen Stativ und Kamera auf einen kleinen Hügel getragen werden. Als der Film gedreht ist, laufe ich Sabine entgegen um das Stativ zu tragen. Plötzlich zischt es neben mir und ein Schlangenkopf schießt aus dem Gras in die Höhe. Ich schreie und mache reflexartig einen Sprung zur Seite. Im gleichen Moment beißt die Schlange zu und verfehlt mein Bein nur um einige Zentimeter. Ich war wahrscheinlich ein paar hundertstel Sekunden schneller.
Sabine kommt angerannt und ich kann ein paar Filmaufnahmen von der Schlange machen, leider keine Fotos. Es handelt sich um eine Puffotter, eine der gefährlichsten Schlangen Afrikas. 70 % der Schlangenbisse gehen auf ihr Konto, weil sie sich bei Gefahr nicht verkriecht, sondern liegend lauert und im letzten Moment zubeißt. Ihr Biss ist in den meisten Fällen tödlich. Echt Glück gehabt.

Zwei Tage später haben wir nochmals Glück: Unter einen Baum steht ein Elefantenbulle, gerade so, als hätte er auf uns gewartet. Nur fotografieren lassen will er sich nicht, trottet einfach weiter und mir gelingen nur Bilder von seinem Allerwertesten. Ich steige aus, schneide ihm den Weg ab und kann dann ein paar Bilder machen, wie er mir entgegen kommt. Dass er jedoch gleich so schnell auf mich zu rennt, damit habe ich nicht gerechnet. In einem Affenzahn zurück zum Auto, der Elefant hinter mir her. Zum Glück verliert er nach ein paar Metern das Interesse und lässt mich in Ruhe. Seitdem fotografiere ich Elefanten nur noch aus dem Auto.

„Elfriede, wo bin ich hier?"

Wir sind wieder in Opuwo, der Stadt der Himba-Nomaden. Hier treffen wir Marion und Lothar. Die Beiden sind ebenfalls mit einem Magirus

NAMIBIA

Deutz unterwegs und pendeln zwischen Deutschland und dem südlichen Afrika. Sechs Monate hier, dann wieder sechs Monate dort, ihr Deutz steht in der Zeit des Deutschlandaufenthalts in Windhuk. Wer mehr über ihre Reisen wissen will, kann bei www.naturetrail.de.vu gucken. Wir kennen uns schon länger, aber es ist das erste Mal, dass wir zusammen reisen. In den nächsten Wochen fahren wir gemeinsam in den Etosha-Nationalpark und weiter nach Botswana ins Okawangodelta.

Die Wochen vergehen, es gibt nicht viel zu schreiben. Ganz normaler Alltag. Gute Straßen, Supermärkte mit allem, was man braucht, blauer Himmel, Kaffee im Schatten von Palmen, nette Leute, traumhafte Sonnenuntergänge passend zum Amarula Sundowner und nachts das Gebrüll von Hippos und Löwen.
Eines der Highlights sind unsere Tage im Etosha-Nationalpark. Aber was soll ich euch mit Beschreibungen langweilen, wie wir am Wasserloch sitzen und Zebras, Giraffen und Elefanten beobachten.

Apropos am Wasserloch sitzen:
An einigen Wasserlöchern im Etosha, z.B. beim Hallali, sind Sitztribünen gebaut, von denen aus man in der Dämmerung gut die Tiere beobachten kann, wenn sie in großen Herden zum Saufen kommen. Die Tiere sind die Menschen auf der Tribüne und die Geräusche gewohnt, dennoch geht es zu, wie in der Oper kurz vor der Aufführung. Das leiseste Geräusch wird mit einem „Pssst" geahndet.
Plötzlich der laute Klingelton eines Mobiltelefons. Etwa 50 gnadenlose Augenpaare suchen den Schuldigen. Der holt in aller Ruhe sein Handy aus der Hosentasche und spricht in voller Lautstärke:
„Ja, Ferdi hier."
„Nee du, ich bin nicht im Büro, ich bin in Afrika."
„Ja, in Afrika. Hier bei dem ganzen Viehzeug. Warte mal."
Und dann zu seiner Frau gewandt: „Elfriede! Wo bin ich hier?"
„Namibia", flüstert die Angetraute peinlich berührt zurück.
Und jetzt mit voller Lautstärke, als wolle er die große Entfernung dadurch verringern: „Ich bin bei den Negern in Namibia."
„Ja, ab Mittwoch nächster Woche bin ich wieder im Büro. Tschüss."

 *NAMIBIA*

Plünderung

„Sabine, schnell, den Fotoapparat, da wird ein Laden geplündert." Wir sind in Rundu, Samstagmorgen vor dem Spar wird gedrängelt, Menschenmassen, Polizisten, Plastiktüten, alles fliegt und wuselt durcheinander.
Totales Chaos. Im Laden jede Menge Schwarze. Alle Regale leer, hier noch ein paar Konservendosen im Regal, da eine zerrissene Mehltüte auf dem Boden. „Warum plündern die den Laden? Und warum unternimmt keiner was?", frage ich einen Wachmann, „oder gibt es hier heute alles zum halben Preis?".
Der Wachmann lacht. „Nein, gestern war Zahltag."

Wilde Schießerei

Wie in Windhuk Verbrecher gejagt werden kann man in der Allgemeinen Zeitung lesen:
Sechs Männer überfielen gegen zehn Uhr morgens eine Spielhalle in der Innenstadt von Windhuk. Sie forderten die Herausgabe von Geld und eröffneten das Feuer auf die Stadtpolizei, die inkognito vertreten war. „Wir haben schon auf sie gewartet", sagte der Polizeichef. Drei Verdächtige konnten vor der Spielhalle gefasst werden, einem der Täter wurde durch die Achillessehne geschossen, ein anderer ins Hinterteil getroffen, an der Verletzung er später starb. Drei Tätern gelang die Flucht in die Innenstadt. Wenige Meter später wurde einer der Männer in den Oberschenkel getroffen und er wurde schwer verletzt in ein Krankenhaus eingeliefert. Einen weiteren Verdächtigen erwischte die Polizei auf der Ecke Independence-Av./Venningstraße. Die Beamten schossen ihm in die Brust, er starb sofort am Tatort. Ein weiterer Täter wurde ebenfalls in der Venningstraße durch einen Kopfschuss niedergestreckt.
Ein Angestellter der Spielhalle hatte sich während des Überfalls in einer Toilette eingeschlossen und sich geweigert, das Klosett zu verlassen. Erst nach Warnschüssen durch die Tür hatte er geöffnet. Laut Polizeichef waren die Verdächtigen mit einem Taxi eingetroffen. Der Taxifahrer habe jedoch die Flucht ergriffen. „Gegen ihn lag eigentlich nichts vor, deshalb durften wir nicht auf ihn schießen", so der Polizeichef.

NAMIBIA

Schlechter Arzt

Für die Fahrt entlang der Ostseite, durch Tansania und Kenia, möchten wir ein Malariamedikament dabei haben. Prophylaxe betreiben wir keine, sondern behandeln den Krankheitsfall, sollte er denn eintreten. Da wir das Medikament kennen und genau wissen, was wir wollen, denken wir, wir könnten es in irgendeiner Apotheke kaufen.
„Sie brauchen ein Rezept. Ohne Rezept ist in Namibia nichts zu machen", so der Apotheker.
„Ich dachte, die Sache mit der deutschen Kolonie sei vorbei?", scherze ich.
„Wir sind stolz auf unsere deutschen Wurzeln und auf das Apothekengesetz. Ordnung und Regulierung muss schließlich sein."
Mein Scherz kam nicht sonderlich gut an bei dem in der vierten Generation aus Remscheid stammenden Brillenträger. Also zum Arzt.
Die Sprechstundenhelferin klärt uns auf: „Wir stellen Rezepte nur aus, wenn Sie den Arzt konsultieren. Das macht 300 NAM-Dollar und Sie brauchen einen Termin. Lassen Sie mich nachsehen, wie passt es Ihnen nächste Woche Mittwoch?"
„Kann ich nicht gerade mal zum Arzt rein? Nur ein kleines Schwätzchen, das Rezept abgreifen und ich ballere 50 NAMs in die Kaffeekasse?"
„Nein, frühestens nächste Woche. Aber wenn Sie nicht krank sind, dann können Sie auch zu einem schlechten Arzt gehen, bei dem brauchen Sie auch nicht zu warten."
„Können sie uns einen schlechten Arzt empfehlen?" „Gleich bei der Kreuzung links, Dr. Sambeni, der hat nie Patienten und sein Honorar können Sie leicht runter handeln."
Unser Weg zum schlechten Arzt führt an einer weiteren Apotheke vorbei und hier bekommen wir das Malariamittel, wie auch alles andere was an Medikamenten auf unserer Liste steht, völlig problemlos auch ohne Rezept.

 NAMIBIA

17.10.2008
Okahandja

Lieber Antonius,

Entschuldige, dass ich so lange nicht geschrieben habe. Ausreden dafür gibt es keine, denn hier in Namibia ist das Reisen schon recht relaxt und fast wie Urlaub.

Vor ein paar Wochen haben wir einen Farmer kennengelernt, der eine riesige Rinderfarm in der vierten Generation betreibt. Über 1.000 Rindviehcher auf einem 160 qkm großen Areal. Wolfgang hat uns im Internet angesprochen, er ist selbst vor einigen Jahren für zwei Jahre mit einem Motorrad in Afrika und Asien umhergereist. Wir waren uns von Beginn an sehr sympathisch und so wurde aus dem geplanten Besuch zum Kaffee eine zwei wöchige Reiseunterbrechung. Die Zeit auf der Farm war einfach klasse, richtiges Cowboy leben: Mit dem Geländemotorrad Rinder zusammentreiben, Windmotoren an den Wasserstellen reparieren, Kälber einfangen und brandmarken, Abends am Lagerfeuer Steaks grillen und Gin-Tonic trinken.

Aber das Farmerleben in Namibia ist nicht immer so romantisch wie ich es dir gerade beschrieben habe. Wolfgangs größte Sorge ist die Trockenheit, bleibt der Regen in der Regenzeit aus, muss der Viehbestand reduziert, müssen Rinder verkauft werden und das zu einer Zeit in der auch andere Viehzüchter ihre Bestände verringern, also die Preise im Keller sind.

Und die andere große Sorge sind die Viehdiebe, die nachts auf das nicht zu bewachende Gelände kommen und Rinder grausam abschlachten, das Fleisch abtransportieren und in den Slums verkaufen. Oft sind wir nachts ohne Licht mit dem Landcruiser über das Farmgelände gefahren, um Spuren und Fallen von Wilderern zu suchen. Schlingen haben wir gefunden und auch einige neue Abschlachtplätze, aber die Wilderer auf frischer Tat zu fassen, ist so gut wie unmöglich. Die Polizei ist keine Hilfe, nicht richtig ausgebildet, nicht richtig ausgerüstet und nicht richtig motiviert. Das Gerücht, dass die Polizei mit den Viehdieben unter einer Decke steckt, hält sich hartnäckig.

Aber vor ein paar Tagen habe ich einen Brief von Wolfgang bekommen, den ich mit Wolfgangs Einverständnis dem Brief hier beilege, vielleicht gibt er dir einen kleinen Einblick. Vielleicht kommt es in dem Brief von Wolfgang nicht raus, aber Wolfgang sieht das alles immer noch mit Humor.

Liebe Grüße aus Namibia Burkhard

NAMIBIA

E-Mail von Wolfgang, 05.August 2008
...Auch die Wilderer haben zwischenzeitlich Einzug gehalten, sich die Bäuche voll geschlagen und sind stiften gegangen. Wir konnten ein Areal finden, wo eine Menge Drahtschlingen zum Wildfang aufgestellt waren, sowie auch drei geschlachtete und schon zu Biltong verarbeitete Oryx. Mit der Polizei haben wir dann gewartet, zwei Tage und Nächte aber es kam keiner in die Falle getapst. So hat wahrscheinlich auch das so hoch gepriesene Mobiltelefon seine Nachteile, wenn die Polizei Wilderer warnen kann. Dumm gelaufen...

E-Mail von Wolfgang, 18. September 2008
Wenn ich deine E-Mails so lese, kommt es uns vor, dass bei euch alles paletti ist. Bei uns ist derzeit nicht alles im Lot. Waren wir doch gerade in Kapstadt im Urlaub (Freunde besuchen). Knapp drei Wochen wollten wir weg sein aber wegen wiederholtem Rinderdiebstahl mussten wir frühzeitig abbrechen. Am Tag der Abreise wurden schon vier Rinder geschlachtet. Dann wiederholte sich das, obwohl wir mittlerweile zwei Sicherheitsbeamte angeheuert hatten, die bewaffnet auf der Farm patrouillierten. Der Clou aber war, als sie vorn am Eingangstor die Kette durchsägten und auf einen Laster eine Fracht Rinder luden und abtransportierten. Da war bei mir der Eimer voll, jetzt suche ich diejenigen, die ich mit Benzin übergießen will. Wahrscheinlich schlagen diese wieder in vier Wochen beim nächsten Vollmond zu, wenn der Mond günstiges Licht wirft...

E-Mail von Wolfgang, 15.Oktober 2008
...Gestern haben wir doch zwei Wilderer schnappen können. Die waren schon so dreist, am helllichten Tage mit Säcken voll Fleisch knapp vor meinem Einfahrtstor auf ein Taxi zu warten, das sie mitnehmen sollte. Also nachdem wir, zwei weitere Farmer und ich, durch ein bisschen Budenzauber mit Schreckschüssen etc. schon mal auf die Burschen eingearbeitet hatten, kam auch bald die Polizei. Als alles nichts half, musste ich meinen Vorarbeiter den "Protta" holen lassen, eben solch ein gelbes langes Ding, das den Rindern mit einigen zigtausend Volt auf die Beine hilft. Anfangs verlief die „Sache" auch noch zäh, aber nach wiederholter und schlussendlicher Dauerbelastung kamen sie mit der Sprache heraus. Nicht umsonst hatten wir Säcke voll getrocknetem Fleisch (Biltong) sowie auch blutverschmierte Kleidung, Messer, Drahtzange etc. bei ihnen sichergestellt. Einer der schwarzen Polizisten hatte es auch gut draufgehabt, denen wiederholt ins Magendreieck zu boxen. Es geht ja letztendlich nur darum, die zum Sprechen zu bringen, ohne

 *NAMIBIA*

ihnen dauerhafte Verletzungen zuzufügen, die sie dann als Gegenaussage im Gericht gebrauchen könnten. Dann mussten sie uns ihr Camp mitten im Busch zeigen und uns zu ihren Schlachtplätzen führen, aber auch das nur, weil ich immer wieder mit dem Elektroschocker spielte. Nun ja, nachmittags um zwei Uhr ging es los, abends um sieben war ich dann endlich wieder zuhause. Heute haben wir den Tag damit verbracht, den Busch durchzukämmen und sind noch auf etliche Schlachtplätze gestoßen, die sie uns natürlich verschwiegen hatten. Das Beste aber kommt vielleicht noch: Das Mobiltelefon haben wir auch sicherstellen können, mit einer Nummer von einem "Lorry" (Lastwagenvermieter), was unter schlechten Umständen für diese zwei Brüder 20 Jahre "Chuki" (Knast) sein dürfte. Also der Spaß hat noch kein Ende, dafür aber ist so etwas wie eine Erleichterung eingetreten, fast so wie nach einem Gin-Tonic. Jetzt heißt es, nicht auf den Lorbeeren ausruhen. Habe ich doch auch schon ein paar Nächte draußen im Busch verbracht und eine Hundemeute ausgemacht. Wilderer arbeiten oft mit abgerichteten Hunden, die die Rinder zu den Fallen treiben.

Aber jetzt sind wir noch nicht ganz fertig mit den Räubern: Bei meinem "Herumgetreibe", wie meine Tochter Maya es nennt, bin ich auch auf ein gerissenes Kalb gekommen. Daraufhin haben wir die Kastenfalle aufgestellt und siehe da, am nächsten Morgen saß da doch wirklich eine Katze drin. Das Unternehmen "Africat" hat den Leopard dann hier bei uns abgeholt, nachdem er betäubt wurde.

Hoffentlich tritt jetzt ein bisschen mehr Ruhe ein. Die Sicherheitsbeamten laufen immer noch herum und patrouillieren, am meisten aber bewachen sie den Caravan, den ich ihnen in den Busch versteckt habe, damit sie sich dort ausruhen können. Aber dies ist eine Geschichte die gesondert geschrieben sein müsste. Hinter der Wachfirma steckt ein Japie (Bure), dem ich nachher auch die Rechnung zahlen muss, mehr brauch ich nicht zu schreiben oder? Bei der AK musste ich erstmal den Rost aus der Patronenkammer heraus schmirgeln, damit diese zum schießen zu gebrauchen war. Das eine(!) Mobiltelefon für die zwei Wachen hat kein Ladegerät, es gibt auch keine PIN Nummer um dieses zu aktivieren. Der eine Sicherheitsmann wurde ohne Futter hier abgeladen, derweil der andere nur kaputte Schuhe(!) als Ausrüstung mit brachte. Dazu eine Pistole mit drei Schuss... etc. Habe ich doch erst mal meine Schrotflinte um einen halben Meter gekürzt und mit Schrotpatronen der Sorte AAA (also 5mm Durchmesser Bleikügelchen) geladen. Ich habe mittlerweile aufgegeben die Firma anzurufen, denn immer heißt es, wir kommen, wobei die Wichser wahrscheinlich grad auf der Toilette sitzen und was anderes meinen...

BOTSWANA
WILDLIFE HAUTNAH

AUFBRUCH ZUR JAGD

Da muss noch mehr sein

Durch den Caprivistreifen geht es nach Botswana. Die Einreise bei Kazungula beginnt mit einer Lachnummer. Unsere Pistenkuh muss desinfiziert werden oder besser gesagt, die Reifen. Sabine und ich müssen aussteigen und auf einem durchweichten Putzlumpen unsere Schuhe abtreten, damit wir keine Seuchen einschleppen. Wir machen den Spaß mit ernster Miene mit – jetzt nur nicht loslachen. Dass ein Europäer mehr als ein paar Schuhe hat, liegt außerhalb der Vorstellungskraft der Beamten, daher bleiben die Schuhe im Schuhschrank auch unberücksichtigt. Zum Glück ist dieser nutzlose Service kostenlos.

 BOTSWANA

Ein großes Schild verbietet die Einfuhr von Fleischprodukten, doch wir sind gut gerüstet. Alle Leckereien diesbezüglich sind so gut versteckt wie an der iranischen Grenze der Alkohol. Die Kontrollbeamtin watschelt auf uns zu. „Wie kann die sich mit ihrem Gehalt nur so fett fressen?", geht es mir durch den Kopf.
„Habt ihr Fleisch und Wurst dabei?" Ich antworte mit einem sofortigen und ganz entschiedenen „No, Madam."
Mit einem Griff ziehe ich den Korb aus der Kühlbox und will ihr demonstrativ den Inhalt präsentieren, doch ich traue meinen Augen nicht: Schinken und Fleischwurst. Scheiße, Sabine hatte doch alles versteckt. Ich versuche, wenigstens den Schinken zu retten und schiebe das Päckchen unter das Sitzkissen.
Jetzt herrscht Aufregung und großes Geschrei. „Das ist meine Wurst", ruft die Dicke mit funkelnden Augen.
„Und da war auch noch Schinken." So ein Mist. Die Fettleibige kommt nicht in unser Auto – das Auto zu hoch, sie zu schwer und die Tür zu eng. Ein junger Mann wird spontan zum Hilfssheriff ernannt und muss unser Auto durchsuchen.
„Da muss noch mehr sein, such die Wurst", feuert sie ihn wie einen Spürhund an. Ich kürze die Suche ab, greife unter das Polster und gebe ihr den Schinken. Das Auto von Lothar und Marion wird jetzt ebenfalls noch mal gründlich durchsucht. Sorry, da werde ich wohl heute Abend das Bier spendieren müssen. Die Beamtin verschwindet mit ihrer Beute in einer Blechbaracke und wir können weiterfahren.
Lothar schaltet schnell und hat eine geniale Idee. Zu viert gehen wir zur Blechbude und fordern die Wurst zurück. „Wir essen die Wurst jetzt hier auf der Stelle auf." Wenn Blicke töten könnten.

Landrover ist besser als Landcruiser

Die Sonne nähert sich dem Horizont. Wir haben einen Nachtplatz direkt neben der Piste, die zum Chobe-Nationalpark führt, gefunden. Eigentlich ist nicht mehr mit Verkehr zu rechnen, doch zu unserer Verwunderung nähern sich Motorengeräusche. Der Landrover stoppt und der schwarze Botswaner, ein Mitarbeiter des Parks, lächelt uns an. Lothar und ich gehen zu ihm, er steigt aus und wir stehen zu dritt hinter dem

Landy. „Vielleicht können wir von ihm erfahren, wo sich im Moment welche Tierherden aufhalten", hofft Lothar
„Oder noch besser, wo es ein Wegelchen in den Park gibt, das nicht am Zahlhäuschen vorbeiführt", kontere ich. Also erst mal Smalltalk. Wir zeigen uns von unserer freundlichsten Seite und bieten Kekse an. Er greift nach der vollen Schüssel und futtert sie schmatzend komplett leer. So war das nicht gedacht. Dann dreht er sich mit den Worten: „Sorry, I must pie", um und pullert neben uns in den Sand. Danach erfahren wir zwar nichts zu Tieren und Wegen, da kenne er sich nicht aus, aber von Autos verstünde er was und so referiert er, immer noch Kekse futternd, warum Landrover für Botswana besser ist als Landcruiser.
„Landcruiser fährt schneller als Landrover und ist besser für Teerstraße. Landrover ist langsamer und daher besser auf schlechten Straßen. Landcruiser ist auf schlechten Straßen schnell kaputt, weil, er ist einfach zu schnell."
„Hängt das nicht vom Fahrer ab?", frage ich vorsichtig. Er guckt mich mit großen Augen an.
„Der Fahrer kann doch nun wirklich nichts dafür, wenn das Auto kaputt geht, das liegt an den schlechten Straßen und am Fahrzeug."
In seinem Hirn kann ich regelrecht den Gedanken lesen: „Mein Gott, was sind die Weißen blöd, die haben nichts begriffen. Was hat der Fahrer mit dem Auto zu tun?"

Wer jagt wen?

Seit ein paar Tagen bewegen wir unseren Deutz überwiegend im Kriechgang über kleine Pfade in einem Gebiet, das nicht zu den Nationalparks Moremi oder Chobe gehört, aber von diesen umschlossen wird. In den letzten Tagen beobachteten wir große Elefantenherden, Springböcke, Oryx-Antilopen, Flusspferde im Kwai-River und sogar eine Rudel Wildhunde.
Heute morgen entdeckten wir erstmals frische Löwenspuren. Langsam fahren wir weiter, biegen um die nächste Kurve, als bei Lothar die Bremslichter aufleuchten. Löwen, keine 20 Meter entfernt. Unsere Position für Film- und Fotoaufnahmen ist ideal, die sieben Tiere machen Siesta im Schatten und stören sich nicht weiter an uns.

BOTSWANA

Am Nachmittag brechen sie auf in Richtung Osten, wir folgen ihnen mit etwas Abstand. Zielsicher führen sie uns zu einer riesigen Büffelherde, bestimmt 500 Tiere sind auf dem Weg zum Fluss. Die Löwen belauern ihre Beute, greifen aber nicht an, die Büffel sind nicht einmal unruhig, sie scheinen die Gefahr noch nicht wahrgenommen zu haben. Die Schatten werden länger, die Farben verschwinden und ohne Nachtsichtglas können wir irgendwann auch unsere Löwen und die Büffel nicht mehr erkennen. Wir fahren ein paar hundert Meter zurück auf eine Lichtung im Wald, wo wir die Nacht verbringen wollen.

Aus Sicherheitsgründen essen wir unser Abendbrot gemeinsam bei uns auf dem Autodach. Es ist ruhig. Gelegentlich das Lachen einer Hyäne und das Trompeten eines Elefanten in der Ferne. Heute passiert nicht mehr viel, also ab ins Bett, um am nächsten Morgen bei Sonnenaufgang wieder fit zu sein. Mitten in der Nacht werden wir von Huftrittgeräuschen geweckt. Schnell die Fenster zu, wir stehen in einer gewaltigen Staubwolke. Ich springe nach vorne und schalte die Schweinwerfer an. Wir sind von Büffeln umringt. Plötzlich wird die Büffelherde unruhig.

Ausgewachsene Löwenmännchen können bis zu 50 Prozent schwerer sein als Weibchen. Rivalen gegenüber wirken die Männchen durch ihre Mähne noch eindrucksvoller. Diese bietet die Möglichkeit, größer zu wirken, ohne noch mehr zu wiegen.

Löwen werden eng mit Afrika assoziiert. Früher lebten Löwen in ganz Afrika und vor 2.000 Jahren wurden sie noch auf dem Balkan und Griechenland gejagt. Vor 100 Jahren lebten noch Löwen in Syrien.

Löwen sind die einzige Katzenart, die in Rudeln lebt. Gejagt wird meist in den Abendstunden. Die Löwen schleichen sich vorsichtig an ihre Beute an, bis sie nahe genug sind, um mit Geschwindigkeiten von 50 bis 60 km/h anzugreifen.

Das Brüllen eines Löwen kann man bis zu neun km weit hören.

„Da sind unsere Löwen", ruft Lothar zu uns herüber. Tatsächlich, die Löwen haben es scheinbar auf eines der Kälber abgesehen. Wir versuchen Bilder zu machen, aber das Scheinwerferlicht reicht nicht aus, alle Bilder werden verwackelt.
Einer der erfahrenen Büffelbullen geht zum Gegenangriff über, er jagt den Löwen vor sich her, der ohne sich umzudrehen um sein Leben rennt. Das Spektakel dauert vielleicht eine halbe Stunde, die Löwen ziehen sich zurück, die Büffel weiter.
Es war wie im Film, eine Szene, auf die ein Tierfilmer monatelang warten muss, spielte sich wenige Meter vor unseren Autos ab.

Lothar auf Beobachtungsposten

Klingt echt

Von dem Löwengebrüll in der Nacht machte Lothar ein paar Tonaufnahmen. Auf dem Campingplatz in Maun hören wir uns abends die Tonaufnahmen über die Autostereoanlage an. Es klingt völlig authentisch, so echt, dass die Nachtwächter verängstigt und mit riesigen Gewehren bewaffnet den Zaun absuchen. Wir regeln die Anlage runter und spielen wieder Musik.
Hier in Maun trennen wir uns nach fünf Wochen von Lothar und Marion. Wir setzen unsere Reise nach Simbabwe fort, während die Beiden zurück nach Namibia reisen.

 SIMBABWE

SIMBABWE
NO, NO, NO

VICTORIA-FÄLLE

Die gute Teerstraße endet genau an der Grenze zwischen Botswana und Simbabwe. Man hatte uns gewarnt: „Nehmt genug zu Essen mit und tankt randvoll, in Simbabwe gibt es nichts."
Andere formulierten drastischer: „Seid ihr wahnsinnig, jetzt nach Simbabwe zu fahren? Wollt ihr euch die korrupten Polizisten antun? Die Leute plündern doch euer Auto aus und bringen euch wegen einer Tüte Mehls um."
Wir wollen uns unser eigenes Bild machen und wählen den kleinen Grenzort Pandamatenga.

SIMBABWE

Grenzabfertigung

Das Gebäude der Grenzabfertigung ist in gutem Zustand. Die Schreibpulte sind aus edlem Holz, sogar mit Marmoreinlagen, das hatten wir so nicht erwartet. Die Beamten sind höflich, freuen sich geradezu, Touristen begrüßen zu können. Unser Auto wird gründlich durchsucht und natürlich entdeckt der Zöllner unseren großen Lebensmittelvorrat mit all den Köstlichkeiten, von denen er seit Jahren nur träumen kann, aber keine Beanstandung, nicht ein einziges Wort des Bettelns. Später erfahren wir, dass dies wohl an unserer europäischen Herkunft liegen muss, denn Autos mit südafrikanischem Kennzeichen haben erheblich mehr Probleme, da viele Südafrikaner die Lage im Land für Schmuggelgeschäfte nutzen.

Gebühren werden fällig, 30 US-Dollar Carbon-Tax fürs Auto, 10 USD Road-Tax, alles gegen Quittung und amtlichen Sticker, der an der Windschutzscheibe befestigt werden muss. Lediglich beim Visum gibt es ein kleines Problem. Die Visumaufkleber für Single-Entree sind ausgegangen, schon vor Monaten, daher kann er uns nur ein Visum für die zweifache Einreise ausstellen, dies kostet jedoch statt 30 USD pro Person 45 USD. Im Zollgebäude hängt ein neuer Aushang, dass staatliche Behörden und Einrichtungen ab sofort ihre eigene Währung nicht mehr akzeptieren, gezahlt werden muss in US-Dollar.
Ich frage den Zöllner: „Wirst du jetzt auch in US-Dollar bezahlt?"
„Nein, ich bekomme nur viertrillionenzweibillionenachthundertfünfzigmilliardenundfünfhundertmillionen Simbabwe-Dollar und muss davon meine Familie durchbringen. Wie soll ich das machen? Das Geld reicht gerade für 12 kg Mehl."

Liebenswerte Menschen

Die Schwarzmarktkurse explodieren, die offizielle Inflationsrate liegt bei 18.000 Prozent, aber die Zahl ist geschönt, in Wirklichkeit kann kein Afrikaner die Prozente ausrechnen. Morgens gibt es auf dem Schwarzmarkt 83 Billionen für einen USD und nachmittags sind es schon 88 Millionen mehr.

SIMBABWE

Plötzlich überqueren die Elefanten die Piste

Nachts schlafen wir im Busch und hören Löwengebrüll in nächster Nähe. Tagsüber fahren wir auf brauchbarer Erdstraße und sehen Giraffen und Antilopen. Dass die Einheimischen alle Wildtiere abgeschossen und gegessen haben, wie oft behauptet wird, ist wohl falsch. Langsam tuckern wir an kleinen Siedlungen vorbei und sind überrascht, wie gepflegt die Anwesen um die Rundhütten sind. Alles ist sauber, gefegt und aufgeräumt. Die Tiere haben kleine Ställe mit Schattendach. Die Menschen winken uns freundlich aber zurückhaltend zu.

Trotz der herrschenden Not werden wir nur selten angebettelt. Eine Ausnahme ist die Gegend bei den Victoria-Falls, aber hier schmeißen die Touristen mit Geld nur so um sich. Wir haben einige Kilo Mehl und Kartoffeln dabei und geben diese den Notleidenden. Zu spüren ist ein Gefühl echter Dankbarkeit, anders als in anderen afrikanischen Ländern, wo sofort die Forderung nach mehr gestellt und die Gabe als das Mindeste angesehen wird, was man als Weißer zu geben hat. Die Simbabwer sind von ihrer Art einfach liebenswert.

Diesel „No"

Unser Ziel ist Victoria-Falls, die Touristenstadt an den gleichnamigen Wasserfällen. Allerdings sind kaum Touristen anzutreffen, alles spielt sich auf der gegenüberliegenden Seite in Sambia ab. Restaurants sind geschlossen, genau wie viele Souvenirläden, Boutiquen und Supermärkte. Zu kaufen gibt es dennoch alles, einzige Voraussetzung: US-Dollar. Auf Dollarbasis sind die Lebensmittel etwas teurer als in den Nachbarländern, denn alles wird von dort (vor allem aus Sambia und Botswana) herbei geschafft bzw. herbei geschmuggelt.

SIMBABWE

Insgesamt macht die Infrastruktur einen guten Eindruck, Wasser- und Stromversorgung funktionieren, die Straßen und öffentlichen Gebäude sind in gutem Zustand, deutlich besser als in der DDR vor ihrem Zusammenbruch. Moderne Einkaufszentren aus Stahl und Glas, es könnte die City-Galerie deiner Stadt sein, aber die Geschäfte sind leer.

Es fehlt an allem, besonders an Diesel. Aus diesem Grund werden keine Verbrechen verfolgt, die Polizeiwagen sind trocken gefahren. In den staatlichen Krankenhäusern gibt es nichts mehr, es fehlen selbst einfache Verbandsmaterialien. Die Schulen sind geschlossen, weil die Lehrer nicht mehr kommen.

Wir können auf der Wiese eines Hotels campen und stehen mit unserem Deutz direkt am Pool. Am Abend findet eine große Fete statt. Die Unterzeichnung der Regierungsverträge zwischen Mugabe und Tsvangirai wird mit viel Bier gefeiert. Wir lernen den Vertreter der MDC kennen, es ist der Konsul von Victoria-Falls, und haben ein interessantes Gespräch. Der Konsul und ich sind die einzigen Nichtbetrunkenen. Er macht auf mich einen guten Eindruck. Sehr gebildet, wissbegierig und zudem kennt er die Probleme der afrikanischen Mentalität ganz genau. Ich bin überrascht, wie durchdacht die Lösungen der Probleme sind, die in naher Zukunft auf sein Land zukommen werden, z.B. ausländische Investoren, große Geldvolumen internationaler Hilfsorganisationen und damit auch die Verführung zu Korruption und Vetternwirtschaft.

Aber wirklich überrascht hat mich sein Abschiedssatz auf meine Frage, wie man mit den jetzigen Machthabern (Mugabe-Clan) und deren Chargen umgehen wird, ob es eine Versöhnung geben oder zu einem Bürgerkrieg kommen könnte.

„Es wird keine Versöhnung und Entschuldigung geben. Wir werden jetzt noch eine gute Miene machen, aber in einem halben Jahr werden wir alle Macht haben und dann werden die Straftaten abgerechnet. Das wissen

 SIMBABWE

auch die Mugabetreuen und wenn sie clever sind, nutzen sie die Zeit um das Land zu verlassen. Wir werden niemanden töten, aber alle, die Unrecht getan haben, werden vor Gericht kommen und inhaftiert werden. Wir lesen sehr viel über die deutschen Prozesse nach der Nazizeit."

Noch eine kleine Frage zum Schluss: „Wie kann man in Anbetracht der Bilder, die um die Welt gingen, auf denen weiße Farmer von ihren Angestellten mit Macheten verstümmelt und ermordet wurden, davon ausgehen, dass wieder Weiße in Simbabwe investieren?"

„Das Bild, das die Welt von den Simbabwern hat, ist falsch. Es waren in den wenigsten Fällen die eigenen Angestellten. Vielmehr war es eine Mördertruppe, von Mugabe ins Leben gerufen, die durchs Land zog und Unheil brachte. In Wirklichkeit sind viel, viel mehr Schwarze auf den Farmen umgebracht worden als Weiße."

Der Farmer

In den nächsten Tagen lernen wir einen Mann in den Vierzigern kennen, der eine Farm in Sambia betreibt. Im Gespräch stellt sich heraus, dass er eine Farm in Simbabwe in der vierten Generation bewirtschaftete und diese innerhalb von drei Stunden verlassen musste. Ich gebe ein Bier aus und lasse ihn erzählen:

„Wir hatten alles, Maisfelder, Weizen, Gemüse, 5.000 Rinder. Wir hatten 200 Angestellte, die, wie in Afrika üblich, natürlich mit ihren Familien auf der Farm lebten. So hatte ich Verantwortung für etwa 1.200 Menschen. Jede Familie hatte ein Haus aus Stein mit eigener Toilette, Wasseranschluss, Stromanschluss und einen eigenen kleinen Garten für Gemüse und ein paar Hühner. Mein Haus lag etwas abseits davon auf einer Anhöhe mit großen, Schatten spendenden Bäumen, gepflegtem Rasen, Pool, Garagen und zwei kleinen Häuschen, in denen unser Gärtner und das Hauspersonal wohnten.

Wir hatten eine eigene Werkstatt für die Traktoren und Fahrzeuge, einen eigenen Schlachthof und auch Ziegelsteine haben wir selbst hergestellt. Ich habe die Kommune unterstützt. Wenn der Schulleiter kam und sagte, er brauche einen weiteren Klassenraum - kein Problem. Ich habe meine Maurer geschickt, habe Steine und Holzbalken geliefert und die Bauleitung übernommen. Das Einzige, was die Schule zahlen musste, war der Zement und auch den habe ich noch von meinem Fahrer mit Traktor und

SIMBABWE

Anhänger abholen lassen. Die Brücke über den Fluss habe ich der Gemeinde ebenfalls gebaut, übrigens das Einzige, was heute noch steht."
"Und dann haben die Arbeiter plötzlich die Farm besetzt?", will ich wissen.
„Nein, es ging schleichend. Erst wurden neue Gesetze erlassen. Es wurde untersagt, den Weizen frei zu verkaufen, wir mussten zu festgeschriebenen Preisen an eine zentrale Stelle liefern. Der Preis fiel rapide, obwohl die Weltmarktpreise konstant blieben. Irgendwann war es nicht mehr wirtschaftlich, Weizen anzubauen. Mit Mais verlief es ganz genauso. Dann durften wir unsere Milch nicht mehr frei an die Molkereien verkaufen. Die wirtschaftliche Lage wurde schwierig. Irgendwann kamen Beamte, die unsere Farm geschätzt haben. Jedoch nicht den Ertragswert, sondern den Vermögenswert und natürlich war die Farm einiges wert, denn alle Investitionen konnten vorher als Betriebsausgaben gebucht werden und reduzierten so die Bemessungsgrundlage der Ertragssteuer, also hatte jeder Farmer viel investiert. Wir hatten neue Traktoren, eine moderne Siloanlage und ein Mahlwerk für Mais und alles war sehr gut Instand gehalten. Darauf waren jetzt Steuern zu zahlen. Gleichzeitig wurde vorgeschrieben, was wir anzubauen hatten. Profitabel war es längst nicht mehr. Mugabe wurde in dieser Zeit einer der reichsten Männer, denn die Differenz zwischen Weltmarktpreis und der Bauernvergütung wanderte in den Staatshaushalt und damit in seine eigene Tasche.
Meinen Mitarbeitern ging es nun schlechter. Früher habe ich die Arbeiter bei Krankheit zu meinem Arzt gebracht, Behandlung und Medikamente gezahlt, denn ich wollte nicht, dass sie zu irgendeinem schwarzen Quacksalber gehen, der da rum pfuscht. Aber dafür fehlte jetzt das Geld. Ich konnte auch die Gemeinde nicht mehr unterstützen und auch keine neuen Maschinen mehr kaufen.
Dann kamen plötzlich Beamte und verlangten, dass wir alle Vorräte ablieferten. Wir hatten natürlich einige hundert Tonnen Maismehl und Bohnen in der Lagerhalle, aber schließlich war ich verantwortlich für 1.500 Menschen und das waren die Vorräte für ein ganzes Jahr. Doch ich musste liefern. Jetzt konnte ich meine Arbeiter nicht mehr ernähren und die Regierung forderte, dass diese ihr Maismehl teuer auf dem Markt kauften. Die Gewerkschaften forderten nun deutlich höhere Löhne und das auch zu recht, aber wie sollte ich diese zahlen? Früher war es auf den Farmen üblich, dass jeder Maismehl, Öl, Wohnung und medizi-

 SIMBABWE

nische Versorgung von seinem Arbeitgeber gestellt bekam, jetzt durfte ich meinen Arbeitern nicht mal mehr etwas Maismehl schenken, folglich begannen die Arbeiter das Maismehl zu klauen.
In den Medien wurde den Menschen eingeredet, die weißen Farmer seien Schuld, dass nun die Preise stiegen. Die Weißen beuteten ihr Land aus, das Land der Schwarzen. Der Diebstahl nahm immer mehr zu, es fehlte jedes Unrechtbewusstsein und von der Regierung wurden sie noch bestätigt. ‚Es gehört alles euch. Nehmt!'
An einem Freitag kamen dann plötzlich ca. 50 Schwarze auf die Farm, bewaffnet mit Axt und Macheten, die meisten waren mir unbekannt, aber auch ein paar ehemalige Angestellte waren unter ihnen, die ich wegen Sauferei, Schlägerei oder Diebstahl entlassen musste. Sie saßen in meinen Garten, fällten zwei Bäume und machten ein Lagerfeuer auf dem Rasen. Dann wurden zwei Bullen geschlachtet und gegrillt. Wir hatten 40 Zuchtbullen, jeder Bulle im Wert von 15 bis 20.000 US-Dollar. Die wussten gar nicht, was sie da anrichten, dass sie soeben 40.000 Dollar verspeisten. Die Reste wurden einfach in den Pool geworfen. Am nächsten Tag verschwanden sie wieder. Bei der Polizei nahm man meine Anzeige gar nicht erst auf, stattdessen wurde ich ausgelacht und rausgeworfen.
Am nächsten Wochenende starben zwei weitere Bullen. Später kamen sie sogar mit Bussen und Mannschaftslastwagen der Regierung und der Polizei, bis zu 500 Schwarze. Etwa 50 Schwarze siedelten auf meinem Rasen im Vorgarten, schlachteten nach Belieben Rinder und nahmen sich, was sie wollten. Jetzt machten auch viele meiner Arbeiter mit. Statt aufs Feld zu gehen, setzten sie sich ans Feuer und aßen die Rinder auf. Sie glaubten, das könne ewig so weiter gehen. Die Rinder vermehrten sich von alleine und man brauche nur zu schlachten, wenn man Hunger hat.
Eines Tages standen vier Männer in Uniform mit Maschinengewehren vor der Tür, dahinter die Menge mit Äxten und Macheten. Bisher waren sie nie bis in unser Haus gekommen, doch nun hieß es, wir hätten noch drei Stunden Zeit, die Farm zu verlassen. Alles sei beschlagnahmt und gehöre nun dem Staat. Sollten wir irgendetwas einpacken, was nicht ganz persönlicher Natur sei, wäre das Diebstahl von Staatseigentum und würde hart bestraft, wir hätten uns an die Gesetze zu halten. Wir haben dann das Land nach Sambia verlassen und dort ganz neu angefangen."

SIMBABWE

„Wie ging es mit der Farm weiter? Hast du noch Kontakt zu deinen ehemaligen Arbeitern?"

„Nein, meine Arbeiter wurden auch von der Farm vertrieben. Das Land haben fremde Schwarze bekommen. Meine Arbeiter wären vielleicht in der Lage gewesen, die Farm zu betreiben, nicht auf dem hohen Ertragsniveau, aber so, dass sie hätten überleben können. Die neuen Besitzer haben von moderner Landwirtschaft jedoch überhaupt keine Ahnung. Sie haben auch keinen Ackerbau mehr betrieben, sondern weideten ihre Ziegen. Im ersten Jahr lief es noch ganz gut, es war ja alles da. Im zweiten Jahr war der Dieselvorrat im Tanklager aufgebraucht und kein Geld für Diesel da, um die Traktoren zu betanken. Zwei Traktoren hatten sie ohnehin verkauft um sich einen neuen Mercedes zu kaufen, die anderen Traktoren sind wegen Spritmangels oder kleinster technischer Defekte einfach auf dem Feld stehen gelassen worden und stehen dort immer noch als Wracks. Die Förderanlage der Silos funktionierte bald nicht mehr, die Rinder waren geschlachtet. Im dritten oder vierten Jahr haben sie begonnen, das Saatgut zu essen."

„Aber man könnte die Farm doch schnell wieder in Betrieb nehmen, wenn man nach der Zeit Mugabes ausländisches Kapital und Know-how ins Land holen würde. Würdest du zurückgehen?"

„Nein, man kann die Farmen nicht mehr in Betrieb nehmen. Sicher, die Technik wäre in kürzester Zeit wieder repariert, aber jetzt leben auf dem Gelände etwa 30.000 Menschen, die man auf der neuen Farm nicht beschäftigen könnte. Die Regierung gab jedem fünf Hektar Land, d.h., sie haben sich überall auf dem Farmland mit ein paar Ziegen und Hühnern niedergelassen und Hütten gebaut. Die kann man doch jetzt nicht vertreiben. Die Farm ist Geschichte."

„In einem Buch habe ich gelesen, dass in Simbabwe etwa zwölf Millionen Menschen leben und den 4.000 weißen Farmern vor der Enteignung durch Mugabe über 75% des fruchtbaren Bodens gehörte. Ist das nicht ungerecht und musste zu einer Landreform führen?"

„Ja, das hört sich ungerecht an, aber die Weißen haben den Boden erst fruchtbar gemacht und im Übrigen haben wir damals das Land gekauft. Heute wird es so dargestellt, als hätten wir das Land geraubt. Aber als meine Urgroßeltern nach Simbabwe kamen, war das kein rechtsfreier Raum. Sie haben sich ein Stück Land gesucht, in dem es außer Strauchwerk und Busch nichts gab. Mein Urgroßvater hat dann ein Stück Land abgesteckt und dem Stamm dafür Geld gezahlt. Die Regierung musste

SIMBABWE

dem Landverkauf zustimmen. Wir haben einen Vertrag über den Landkauf und die offizielle Bestätigung der damaligen Regierung. Das Land wurde gerodet. Mein Urgroßvater hat einen Damm gebaut um den Fluss aufzustauen, dann wurden mit Hacke und Schaufel Bewässerungsgräben angelegt und Ochsenkarren voller aufgelesener Steine vom Acker geschafft. Jetzt erst war das Land fruchtbar und ertragreich und gehörte natürlich den Weißen, aber ohne die Weißen wäre es heute noch Steppe und Busch."

Victoriafälle

Die Victoriafälle gehören zu den sieben Weltwundern der Erde. Die bessere Sicht hat man von der simbabwischen Seite, nur traut sich hier aufgrund der politischen Lage kaum jemand hin. Dabei ist die Angst völlig unbegründet. Die Lage ist ruhig, der Ort ist eine Hochburg der Opposition und lebt vom Tourismus. Hier hat man wirklich nichts zu befürchten. Zudem ist der Eingang zum Nationalpark gleich hinter dem Grenzhäuschen und der Besuch der Kleinstadt damit nicht zwingend erforderlich, wenn dies zu unsicher erscheint. Wer sich die Fälle nicht von der simbabwischen Seite aus anschaut, hat wirklich etwas verpasst.

Victoriafälle

- Mosi oa Tunya - , was soviel wie - Rauch mit Donner - bedeutet, war die ursprüngliche Bezeichnung der einheimischen Mokololo für die Victoriafälle.
Der Sambesi stürzt mit lautem Getöse im Norden Zimbabwes, an der Grenze zu Sambia, über eine Breite von 1.700 Meter rund 110 Meter tief in eine quer zum Flusslauf liegende Felsenschlucht und bildet damit den breitesten Wasservorhang der Erde.
David Livingstone entdeckte 1855 die Wasserfälle für die westliche Welt und benannte sie zu Ehren der englischen Königin Victoria.

SIMBABWE

Gleichzeitig ist hier das Mekka der Adrenalin-Fun-Sportarten: Bungee-jumping von der über 100 Meter hohen Brücke oder Rafting auf dem tobenden, durch die Schlucht rauschenden Sambesi – blaue Flecken garantiert, oder ein Angel-Fly.
Ich bin aber auch so schon dem Herzinfarkt nahe, als ich die Preise höre. 100 USD um einmal von der Brücke zu springen, die spinnen. Das gleiche Dollarscheinchen wird fällig für 15 Minuten Helikopterflug oder Gummiboot fahren – und da muss man auch noch mitrudern!

Hwange Nationalpark

Da ist der Hwange Nationalpark schon eher unser Ding. Wir haben den ganzen Park für uns allein und der ist größer als Rheinland-Pfalz.

Der Eintrittspreis gilt für fünf Tage, also bleiben wir fünf Tage. In den Morgen- und Abendstunden beobachten wir von kleinen Aussichtshüttchen Tiere an den Wasserlöchern.
Vor den Hütten können wir auch campen.

Es sind keine anderen Touristen unterwegs. Klasse. Bei jeder Campsite lebt ein Wildhüter, der für Sauberkeit und Feuerholz sorgt. Obwohl ihre derzeitige Lage mehr als schlecht ist, wurden wir nie angebettelt. Nicht vorstellbar, wenn solche Zustände in Kamerun herrschten.
Josef, der Wildhüter erzählt: „Früher kamen hier viele Touristen her, aber seit den Problemen mit unserer Regierung kommt niemand mehr. Früher habe ich 200 Zim-Dollar im Monat verdient, das war soviel, dass ich sogar Bier kaufen konnte. Heute bekomme ich 500 mit ganz vielen

SIMBABWE

Nullen hinten dran, aber die Busfahrt zu meiner Familie kostet schon 700 und das sind nur 60 Kilometer. Ich fahre alle zwei Monate nach Hause und kaufe dann von dem Restgeld Maismehl, aber ich habe neun Kinder, das Mehl ist viel zu wenig und das letzte Bier habe ich vor vier Jahren getrunken.

Wir können direkt an den Wasserlöchern übernachten. Morgens früh beobachten wir Zebras und Impalas, mittags kriechen vier Krokodile aus dem Tümpel an Land und sonnen sich. Nach dem Nachmittagskaffee sehen wir riesige Elefantenherden aus der Ferne auf uns zukommen. Gigantisch. Nach dem Schlammbad der Elefanten ist es auch schon Zeit für einen kleinen Amarula-Sundowner und dann wird Feuer gemacht um Kartoffeln zu braten und Steaks zu grillen. So vergehen die Tage und schwups, schon läuft das 30-Tage-Visum ab und wir machen uns auf den Weg nach Südafrika.

Hungernde Kinder

„Wenn ihr runter nach Bulawayo fahrt, guckt euch mal das Hospital St. Luke an und bestellt Dr. Schales schöne Grüße", hatte uns Alessandro bei den Victoria-Falls empfohlen.

Die weiß getünchten Häuser des Hospitals stehen unter grünen, Schatten spendenden Bäumen. Eine Schwester bringt uns zu Dr. Schales: „Schade, ich muss gerade weg und komme leider erst heute Abend wieder."

„Kein Problem, wir haben Zeit und können warten."

„Das wäre schön. Gleich kommt Gerhard, ein deutscher Bauer, der sich um unsere Versorgung kümmert. Wir dreschen gerade unseren eigenen Weizen. Gerhard kann euch bestimmt viel erzählen, tschüss, bis heute Abend."

SIMBABWE

Gerhard hatte ich mir anders vorgestellt. Einen Bauern, der zwei Kilo Bratkartoffeln mit 'nem halben Dutzend Spiegeleiern zum Frühstück verspeist und einem Händedruck, der mich eine halbe Stunde lang die Computertastatur nicht bedienen lässt. Stattdessen betritt ein weißhaariger, alter, schlanker Mann den Raum, bei dem ich aufpassen muss, meinen eigenen Händedruck nicht zu kräftig auszuüben.

Mit leiser, ruhiger Stimme erzählt er seine Geschichte. Vor 54 Jahren kam er nach Südafrika und zog zwei Jahre später nach Simbabwe. Inzwischen ist er 79 Jahre alt, 48 Jahre mit einer Einheimischen verheiratet und hat mit ihr sieben Kinder großgezogen. Er erzählt von seiner Tätigkeit als Berater auf den großen Farmen, erzählt von seinem Engagement für den Befreiungskampf, seine Zeit im Gefängnis, weil ihn die Weißen für einen Kollaborateur der Schwarzen hielten, von den Machenschaften Mugabes, wie sich der Diktator die Zweidrittel-Mehrheit im Parlament erschlich, dann die Verfassung änderte und nur noch Ja-Sager um sich gruppierte.

Von seiner staatlichen Rente kann Gerhard heute keine zwei Tomaten mehr kaufen, sie ist nichts mehr wert, deshalb muss er noch arbeiten. Für den DED (Deutscher Entwicklungsdienst) hat er bis letztes Jahr gearbeitet, einen Bewässerungskanal gebaut und die jungen Farmer in natürlicher Düngung unterrichtet.

Der DED hat letztes Jahr seinen Vertrag nicht mehr verlängert, in Deutschland glaubt man nicht, dass ein 79jähriger noch richtig arbeiten kann. Hier im Hospital kümmert er sich um den Garten und hofft, bis zu seinem Lebensende sein Essen verdienen zu können. Inzwischen hat er unsere Namen wieder vergessen, aber die Erinnerungen an die Zeit von 1960 bis 2000 sind erwacht.

„Wie war das mit der Landenteignung 2000?", frage ich.

„Es kann doch nicht sein, dass die weißen Farmer in überheblicher Manier die Schwarzen auf ihren Farmen behandelten wie Sklaven. Die mussten schuften und bekamen einen Sack Mehl dafür. Die Weißen besaßen das gesamte fruchtbare Land, erzielten natürlich durch ihr Können Hektarerträge, die weltweit zu den Höchsten zählten und die Schwarzen, die auf den Farmen keine Arbeit gefunden hatten, lebten im Busch, ohne Strom und Wasser, ohne die geringste medizinische Versorgung, auf Böden, die mit viel Arbeit vielleicht einen spärlichen Ertrag lieferten, sofern der Regen in ausreichender Menge kam. Eine Landreform musste sein, doch nicht so, wie sie durchgeführt wurde. Es

SIMBABWE

gab viele politische Diskussionen, viele Roundtablegespräche, doch es scheiterte immer an den weißen Farmern, mit ihnen war keine Einigung möglich. Sie wollten keinerlei ihrer Privilegien abgeben. Sie wollten weiterhin dumme, ungebildete Schwarze, die auf ihren Farmen für einen Sack Mehl arbeiteten. Es musste in Kampf und Gewalt enden. Diese Tatsache nicht zu erkennen, nicht zu erkennen, dass die Zeit der Unterdrückung und Bevormundung zu Ende geht, das war die größte intellektuelle Fehlleistung der Weißen, nicht nur in Simbabwe, sondern im ganzen südlichen Afrika. Die Landreform begann zunächst mit dem Prinzip: ‚Williger Verkäufer - williger Käufer', das heißt, Weiße konnten kein Land mehr kaufen und wenn ein Weißer verkaufen wollte, musste er an einen Schwarzen verkaufen.

Den zweiten großen Fehler machten die weißen Farmer, als sie sich im Jahr 2000 offen hinter die neu gegründete Opposition stellten. Mugabe schäumte vor Wut: ‚Ich habe die 20 Jahre lang machen lassen, als Dank hetzen sie das Volk gegen mich auf. Jetzt werde ich denen zeigen, wer hier der Boss ist!' Die darauf einsetzenden Farmenteignungen ohne Entschädigung waren ein reiner Racheakt. Veteranen aus dem Befreiungskampf wurde eigenes Land versprochen, sie bräuchten es sich nur von den weißen Farmern zu nehmen. Die Folgen sieht man jetzt. Es waren keine Bauern, die das Land bekamen, sondern Soldaten, die von Landwirtschaft nicht die geringste Ahnung hatten und die Minister und der Mugabe-Clan nahmen sich die schönsten und besten Stücke."

Am nächsten Morgen zeigt man uns das Hospital. „Ohne die Hilfe aus Deutschland könnten wir hier gar nichts machen", erzählt Dr. Schales. „Der Verein ‚Afrikaprojekt e.V.' spendet jährlich fast eine halbe Millionen Euro, so sind wir das einzige Krankenhaus im Land, das noch notdürftig funktioniert.

Aber die meisten Menschen können nicht mehr zu uns kommen, es fehlt an Transportmittel und Diesel. Oft kommt unsere Hilfe zu spät. Sehen Sie hier die jungen Frauen, alle in diesem Zimmer haben das gleiche Schicksal. Das Kind steckte im Geburtskanal fest und starb. Vier, fünf Tage litten die Frauen Höllenqualen, bevor man sie zu uns brachte. Wir können nur noch das tote Kind entfernen und aufgrund der langen Dauer sind irreparable Schäden die Folge. Wahrscheinlich werden die Frauen nie mehr Urin und Stuhl halten können, wenn sie das Ganze überhaupt überleben." Wir gehen ins nächste Zimmer.

„Hier sehen Sie unsere mangelernährten Kinder. Der kleine Junge hier ist 18 Monate alt und wiegt 5.800 Gramm. Draußen im Busch ist die Situation noch viel schlimmer. Was dort an Leid geschieht, wie die Menschen hungern und qualvoll sterben, ist unvorstellbar."

Wir gehen ins nächste Zimmer. „Hier sind unsere AIDS-Kranken, da werden wir nicht mehr viel tun können. Ich weiß nicht, wie die offiziellen Zahlen zustande kommen, aber wir haben hier eine Quote von 90 % HIV-positiv von denen, die sich freiwillig testen lassen."

Wir haben noch weitere Zimmer betreten, jedes voll mit unvorstellbarem Leid. Aber Dr. Schales und das „Afrika-Projekt" kümmern sich nicht nur um die Kranken. Es wird z.B. auch 600 Kindern trotz der schwierigen Umstände ein Schulunterricht ermöglicht.

Wir haben bisher viele Hilfsprojekte in Afrika gesehen, vom DED und GTZ, von UN und Weltbank und von vielen privaten Initiativen. Bei allen haben wir uns gewundert, wie leichtfertig mit Spendengeld oder Sachleistungen umgegangen wird oder wie ganz selbstverständlich in die Kasse gegriffen wird. Das „Afrikaprojekt" ist der erste „Verein", bei dem wir davon ausgehen, dass sehr effektiv geholfen wird. Ich habe Dr. Schales leider nicht nach betriebswirtschaftlichen Kennzahlen gefragt, denke aber, dass die Verwaltungs- und Overheadkosten sehr günstig sein müssen, da alle Mitarbeiter beim „Afrikaprojekt" ehrenamtlich tätig sind. Bevor ihr nun zur Weihnachtszeit mit Bettelbriefen bombardiert werdet und falls ihr wirklich den Gedanken tragt, jemandem ein klitzekleines Stück von eurem Glück, in Deutschland geboren worden zu sein, abzugeben und mit diesem klitzekleinen Stück ein Menschenleben lebenswert machen wollt, dann guckt doch mal auf die Homepage von Dr. Schales unter www.afrikaprojekt-schales.de

Ich habe meinen Fotoapparat im Auto gelassen, als wir uns das Krankenhaus angeschaut haben. Ich wollte das Leiden nicht gaffend fotografieren. So fehlen mir jetzt die Bilder verhungernder Kinder, die man üblicherweise zur Spendenaufforderung braucht.

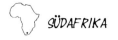 SÜDAFRIKA

SÜDAFRIKA
LAND DER GEGENSÄTZE

BLICK AUF DEN BLYDE-RIVER CANYON

„Hier ist der Schlüssel"

Während ich diese Zeilen schreibe, sitze ich auf der Terrasse einer Luxussuite, die wir für ein paar Tage zur Verfügung haben, inmitten eines Golfparks. Ich genieße ein Glas Campari-Orange und mein Blick reicht über den gepflegten Rasen hin zu einem kleinen See, in dem Reiher und Kraniche fischen. Hinter unserem Haus mit Kaminzimmer, drei Schlafzimmern und zwei Bädern ist der eigene Swimmingpool. Für Golfspieler hat der Platz etwas Besonderes zu bieten: Warnschilder weisen auf die Gefahren von Hippos und Krokodilen in den Wasserlöchern hin. Aber wie kommen wir überhaupt hier in diese Luxusvilla?
Ganz einfach: Wir parken auf dem Parkplatz eines Supermarkts und ich schließe gerade unsere Türen ab. Neben mir stoppt ein silberner BMW

SÜDAFRIKA

und die Frau auf dem Beifahrersitz fragt nach dem woher, wohin, wie lange und warum. Nichts Ungewöhnliches, kurzer Smalltalk, keine zwei Minuten. Im Spar, wir stehen gerade vor den gebratenen Hähnchen, werde ich von eben jener Frau angesprochen: „Kommen Sie bitte mit nach draußen, mein Mann möchte Sie nochmals sprechen."
„Wahrscheinlich will er mir nur seine Visitenkarte in die Hand drücken", denke ich. Draußen auf dem Parkplatz ging dann alles ganz schnell: „Wir haben ein kleines Häuschen auf dem Golfplatz, keine drei Kilometer von hier, gemietet, aber wir müssen geschäftlich früher zurück nach Pretoria. Wenn ihr wollt, könnt ihr die letzten Tage dort wohnen. Es ist alles bezahlt. Wollt ihr?"
„Ja, aber..."
„Hier ist der Schlüssel, ich sage der Zimmerlady, dass sie sofort das Bett neu beziehen und neue Handtücher in die Bäder legen soll. Genießt eure Tage."

Unsere Terrasse

Inzwischen sind wir mit einigen (Ab-)Wassern gewaschen und fragen beim Golf-Ressort erst mal kurz an der Rezeption nach, ob das alles kein Trick ist: „Nein, es ist wirklich alles bezahlt und Sie können bis Montagmorgen, 10.00 Uhr, bleiben. Geben Sie dann einfach den Schlüssel hier ab. Herzlich Willkommen."

Kein Wasser für Bettler

Dabei fing Südafrika hinter der Grenze in Messina ganz anders an: Wir kommen aus Simbabwe, unser Wassertank ist leer und das ist ein größeres Problem, als man meint. Wasser gibt es zwar genug, auch Wasserhähne bei Tankstellen, Geschäften, Restaurants, usw., aber das schwarze Personal hat Anweisung, kein Wasser an „Bettler" abzugeben. Egal, wir werden im noblen Wohnviertel Wasser bekommen, dort wird den ganzen Tag der kurz geschnittene Rasen besprenkelt und jeder hat ein oder

 SÜDAFRIKA

zwei „Boys" für die Gartenarbeit. Doch die weiße Burenfrau im Garten einer Villa klärt uns auf: „Wenn wir erlauben, dass jemand Wasser bekommt, dann kommen die ganzen Schwarzen und füllen ihre Kanister. Seitdem die Schwarzen regieren, haben wir nicht mehr soviel Geld, dass wir denen etwas abgeben könnten."

Der schwarze Boy, der gerade die neue E-Klasse poliert, guckt kurz auf und grinst mich an. Ich weiß nicht, ist es das freundliche Grinsen, wie es fast jedem Schwarzen in die Wiege gelegt wird oder ist es Schadenfreude, weil wir auch kein Wasser kriegen?

„Wenn es nur um Geld geht, bin ich natürlich bereit für das Wasser zu zahlen." Ein kurzes Zeichen und der Wagenwäscher reicht mir den Wasserschlauch über den Elektrozaun, der auf der hohen Grundstücksmauer montiert ist. Das Einfahrtstor bleibt verschlossen. Wenige Minuten später, unser Tank ist mit 150 Litern etwa halb voll, wird der Wasserhahn zugedreht.

„Das reicht bestimmt, der Boy muss jetzt das Auto weiter waschen."

Ich bin verdutzt und frage nach dem Preis. „Gebt mir 20 Dollar."

„Sie meinen 20 Rand (2 Euro)." „Nein, 20 Dollar US. Seitdem die Schwarzen regieren, ist hier alles teurer."

Wieder ein breites Grinsen des Schwarzen hinter dem Mercedes. Ich denke an die Worte von Lars, einem Namibier, der in Kamanjab unsere Kofferaufnahme geschweißt hat und ein kleines Abschleppunternehmen betreibt: „Passt auf, die Buren sind sehr auf ihren Vorteil bedacht und die kennen kein schlechtes Gewissen, gegenüber Deutschen schon gar nicht. Wenn ich mit meinem Abschleppwagen raus muss und da liegt dann ein Bure mit seinem Landcruiser auf dem Dach, dann freut man sich auch mal."

Im Internetcafé der gleichen Stadt, noch am gleichen Tag, schicke ich eine E-Mail an Lars, er möge beim nächsten Buren, der mit seinem Auto auf dem Dach liegt, die 20 Dollar auf die Rechung oben drauf packen. Nach fast sechs Stunden haben wir im Internet alles erledigt.

„Was kostet es?" „Gehört euch der violette Laster vor der Tür?"

„Ja." „Dann braucht ihr das Geld bestimmt noch auf eurer Reise, ihr zahlt heute mal nichts."

Eigentlich müsste ich Lars schreiben, er möge den Buren auch mal für Lau aus dem Graben ziehen, aber so sind die Südafrikaner. Von Messina nehmen wir eine Schotterpiste am Limpopo, dem Grenzfluss zu Simbabwe, entlang in östliche Richtung. Am Abend stehen wir am Rand

SÜDAFRIKA

eines nicht eingezäunten, aber abgeernteten Tomatenfeldes. Es dauert keine zwei Stunden bis man uns entdeckt hat. Eine KTM-Crossmaschine fliegt auf uns zu.
„Das gibt Ärger", ahne ich und äffe schon mal den burischen Bauern nach. „Hey, you have to go - this is my land. Everything here is mine." Die Diskussionen kennen wir schon.
Vollbremsung. „Hey, ich bin Jan, mir gehört das Feld auf dem ihr steht." Hab ich's mir doch gedacht. „Aber warum kommt ihr nicht mit zu mir? Da könnt ihr das Gästezimmer und die Dusche nutzen!"
„Wir haben alles, was wir brauchen, wir suchen nur einen Platz für die Nacht, aber vielen Dank"
„Ich bin gleich zurück." Jan gibt Gas und verschwindet in einer Staubwolke. 15 Minuten später: „Hier, ich hab euch ein paar Tomaten mitgebracht und ein Sixpack Bier, „Windhuk Lager", hatte ich auch noch im Eisfach. Ihr könnt so lange bleiben, wie ihr wollt, und wenn ihr was braucht, frisches Gemüse oder Wasser, kommt einfach vorbei, mein Haus ist gleich hinter dem Hügel."

Nach fast einem halben Jahr in Südafrika wissen wir: Das sind die Ausnahmen. Oberflächlich ist der Bure nett, aber auf ihn verlassen kann man sich nicht. Und je länger man sich im Land aufhält, desto mehr gehen einem seine Borniertheit, seine geistigen Kurzschlüsse und seine intellektuellen Fehlleistungen auf den Nerv. Von seiner Arroganz und seinem Rassismus ganz zu schweigen.

Mit Bügelbrett zum campen

Fleisch und Lebensmittel sind billig in Südafrika und der Bure (fr)isst viel, vor allem Steaks und Boerewors, eine Bratwurst, wo ich nicht weiß, ob mehr Fett oder Fleisch verarbeitet wird. Das Resultat kann sich sehen lassen und an einigen Stühlen im Café entdecke ich Hinweisschilder: „max. 125 kg". Aber nicht nur das viele, fette Essen macht den Buren dick, hinzu kommt literweise Bier, teils schon ab morgens und keinerlei Bewegung. Das geht so weit, dass selbst auf dem Campingplatz, wo es maximal 40 Meter bis zum nächsten Lokus sind, diese mit dem Auto gefahren werden, auch wenn man dafür 70 Meter fahren muss.

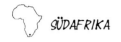 SÜDAFRIKA

Folgende Beobachtung trifft auf 90% der Buren zu und ist von mir maximal 25% übertrieben dargestellt:
Krüger Nationalpark, Campingplatz: Der gemeine Bure macht gerne Campingurlaub, liebt die Natur, fettes Fleisch, Bier und Brandwein. Als Fahrzeug bevorzugt er einen Pick-Up Geländewagen – japanischer Herkunft – aber auf gar keinen Fall einen Landrover, denn der kommt von den Briten und da werden Erinnerungen an den Burenkrieg gegen die Engländer von 1899 wach. Hinten am Geländewagen hängt entweder ein Wohnanhänger oder ein Transportanhänger mit Klappdeckel.
* *(Was ist darunter vorzustellen? Ne Fresskiste?)*
Ganz genau, ne Fresskiste auf zwei Rädern!

Zunächst wird der Campingplatz erkundet, welcher Stellplatz könnte der Beste sein? Dazu werden drei Runden mit Anhänger über den Platz gefahren. Niemand regt sich auf, macht jeder so, wir mittlerweile auch. Ist der Platz gefunden und die Kasperbude abgekuppelt und ausgerichtet, wird die Stromversorgung sichergestellt und dabei schon mal die erste Büchse Bier geöffnet. Camping ohne Strom ist für einen richtigen Buren unmöglich, denn auf der Ladefläche des Pick-Up befinden sich in der Regel drei große Kühlboxen voll mit Fleisch, Bier und Eis. Und der Bure liebt zwar die Natur, aber nicht ohne Klimaanlage!
Dann wird aufgebaut: Vorzelt, zweites Vorzelt, zweite Dose Bier, Tisch, Stuhl, Schränkchen, Teppich, Bügelbrett – ja, richtig gelesen – Lampe, die dritte Dose Bier wird geöffnet, Wäscheleine, Schuhschrank, etc. Man könnte meinen, die ziehen um oder bleiben für ein halbes Jahr, aber falsch, am nächsten Tag wird alles wieder abgebaut und natürlich wird auch beim Abbauen reichlich Dosenbier gesoffen. Dann geht es auf zum nächsten Camp. Ist nach zwei Stunden alles aufgebaut, fährt man zur Rezeption und erledigt den Papierkram. Anschließend die vierte Dose Bier, schimpfen über das schwarze Personal, das den Platz nicht sauber hält, die Reservierung nicht gemanagt bekommt und überhaupt: zu Zeiten der Apartheid war alles besser!
Beim fünften Bier werden der Grill angeworfen und die Fleischberge vorbereitet. Vorher wird der Bakkie, wie sie ihren Pick-Up nennen, unter dem Baum im Schatten geparkt. Dieser muss alle zwei Stunden dem Sonnenstand entsprechend umgeparkt werden. Eigentlich eine unsinnige

*) *Frage der Lektorin*

Maßnahme, denn bevor man losfährt, wird der Karren ohnehin ein paar Minuten laufen gelassen, damit die Klimaanlage den Innenraum runterkühlt. Wahrscheinlich ist das Schattenparken noch ein Relikt aus der Zeit, als es noch Autos ohne Klimaanlage gab. Die älteren Semester erinnern sich vielleicht noch an diese harten Zeiten. Nach dem Grillen geht's mit Chips und Cola-Brandy ins Vorzelt vor den Fernseher. Für den Grill und den Abwasch gibt es schwarzes Personal auf jedem Campingplatz, das sich für ein Taschengeld um die unangenehmen Dinge kümmert. Man lässt den Abwasch für umgerechnet 10 bis 20 Eurocent, dem Gegenwert von ein paar Lutschern, erledigen. Ein Taschengeld nach deutschen Maßstäben entspricht hier der Höhe eines Monatslohns. Und dennoch: Ja, früher war alles besser, da brauchte man die Schwarzen gar nicht bezahlen.

Um diesem ganzen Treiben etwas zu entgehen, buchen wir zwei Nächte auf einer Campsite ohne Stromversorgung, wovon es ein paar Wenige im Park gibt. Hier, so dachten wir, können wir die Luxuscamper hinter uns lassen und die Natur mehr genießen. Doch wir hätten es besser wissen müssen: Natürlich hat jeder burische Naturliebhaber in seinem Anhänger einen Notstromgenerator dabei.

Alles sicher

Und wo wir „unfortunately" schon einmal auf Campingplätzen sind, noch eine Geschichte aus dem Krügerpark: Unsere Campsite hat, wie die benachbarte Campsite auch, keinen Strom. Uns stört es nicht, denn unsere Solarzellen liefern genug, aber unserem Nachbarn tauen die Boerewürste auf. Langsam kommt ein Elektriker angeschlendert, öffnet den Sicherungskasten und steht minutenlang davor. Nichts passiert. Nach einer halben Stunde bin ich zu neugierig und gehe mal gucken. Als einziges Werkzeug hat er einen großen Schraubenzieher dabei. Sonst nichts. Er ist sichtlich überfordert und weiß nicht, was er machen soll. Ich hole mein Multimeter.

Ein Messinstrument hat der Elektriker noch nie gesehen. Kurz die Anschlüsse gemessen und die Sache ist klar – die Sicherung ist durch. Der Elektriker strahlt, schließt den Verteilerkasten und zieht von dannen. Feierabend. Der Bure flucht, faselt etwas von „Affen auf dem Platz" und zieht seine Kasperbude zu einer anderen Campsite.

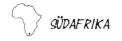 SÜDAFRIKA

Am nächsten Morgen kommt ein anderer Elektriker, der als einziges Werkzeug einen Seitenschneider mitbringt. Mit dem Seitenschneider würgt er die Verschlussschrauben auf und starrt minutenlang in den Verteilerkasten. Ich erkläre den Sachverhalt, dass nur die Sicherung durch ist, und leihe ihm mein Multimeter. Nehme es ihm aber sofort wieder ab, als er es auf Ampere einstellt und damit an die 240-Volt-Leitung will. Er schließt den Verteilerkasten und verschwindet auf nimmer Wiedersehen. Am nächsten Tag reisen wir ab. Ich weiß also nicht, ob die Sicherung jemals ausgewechselt worden ist.

Alarmstufe rot

Es gibt ein Reiseunternehmen aus Passau, das Campingreisen rund um den Globus anbietet. Man behauptet zwar, es sei ein rollendes Hotel, und daher leitet sich auch der Name „Roteltours" ab, aber die Käfighaltung der Reisenden in dem Schlafanhänger hat mit Hotel soviel gemeinsam, wie ein Spatz mit einem Hähnchen.

Begegnung mit Roteltours

Die Mitreisenden sind meist älteren Semesters, wissen viel, sind aber nicht in der Lage, die Briefmarken für die Postkarten ohne Hilfe des Reiseleiters zu organisieren, von den „berühmten Ausnahmen" mal abgesehen. Normalerweise haben wir keinen Kontakt, da wir draußen im Busch schlafen, während der rote Bus Campingplätze ansteuert, aber gelegentlich ist es unvermeidbar, so wie hier im Nationalpark, wo jeder gezwungen ist, auf einem Campingplatz zu übernachten.

SÜDAFRIKA

Der Ablauf ist immer der Gleiche: Nach der Ankunft rennen 30 Leute auf die üblichen zwei Toiletten, die es auf afrikanischen Durchschnittscampingplätzen gibt. Die Toiletten sind danach nicht mehr zu benutzen. Eine Hälfte verbreitet dann Krach und Hektik, während die andere Hälfte die Duschen blockiert. Spätestens, wenn auch die zweite Hälfte die Dusche genutzt hat, bricht die Wasserversorgung zusammen. Das warme Wasser reicht sowieso nur für die ersten Vier. Am Abend schallen dann deutsche Volkslieder über den Campingplatz.

In Djanet (Süd-Algerien) erzählte mir vor Jahren ein Deutscher, mit dem ich im Teehaus am gleichen Tisch saß, von seinen Abenteuern mit dem Mercedes quer durch die Wüste, Sand schaufeln, Bleche tragen, etc. Auf meine Frage, wo er denn seinen „Mercedes G" stehen habe – denn weder auf dem Campingplatz, noch vor dem Café habe ich ein Mercedes G mit deutschem Kennzeichen gesehen – zeigte er auf den roten Bus von Roteltours.

Wir biegen ein auf das Skukuza-Camp und Sabine ruft: „Alarmstufe rot!" Da steht er, das 22 Meter lange, rote Geschoss. Willi, der Fahrer, winkt als er uns sieht. Die Fahrer sind Afrika-erprobt. Sie zerlegen ihren Laster in alle Einzelteile und bauen ihn innerhalb einer Nacht wieder zusammen, sie organisieren Dinge, die wir nur einfliegen lassen könnten (z.B. Kasseler Rippchen), und haben Ortskenntnisse, da könnte mancher lokale Führer was lernen.

Ein kurzer Smalltalk und Willi meint: „Meine Truppe ist noch unterwegs, aber um sechs gibt's Essen. Kommt doch rüber, ich lade euch ein, ob ich für 36 oder 38 Personen koche, ist das Gleiche und ein kaltes Bier habe ich auch noch übrig.

Was es zu essen gibt, können wir uns denken, im Mülleimer haben wir eine Dose Sauerkraut entdeckt, mit der Aufschrift „72 Portionen". Und so ist es auch, Kartoffelbrei, Sauerkraut und Kasseler Rippchen. Die Reste werden normalerweise weg geworfen, aber die Mannschaft besteht darauf, dass wir sie mitnehmen und verwerten, wäre ja schade darum. Also trage ich etwa 20 Portionen Sauerkraut und Kartoffelbrei nach Hause. „Es ist wie Weihnachten", freue ich mich. Fünf Tage Sauerkraut, meine Freude schwindet von Tag zu Tag und kommt erst so richtig zurück, als das Kraut endlich alle ist.

Drei Wochen waren wir im Krügerpark unterwegs und ehrlich gesagt, drei Tage hätten gereicht. Landschaftlich ist der Park schön, aber Tier-

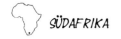 SÜDAFRIKA

beobachtungen gelingen in Botswana z.B., im Moremi oder Chobe Nationalpark und vor allem im Etosha in Namibia, viel besser.

Wir verlassen den Krügerpark und fahren die Panoramastraße entlang des Blyde-River. Eine traumhafte Landschaft, doch nach wenigen Kilometern ist die Sicht auf ein paar Meter reduziert. Dichte Nebelschwaden verwehren jede Aussicht und dann setzt auch noch Regen ein.

Das Warten im Regen hat sich gelohnt. Die Wolken geben den Blick frei auf die Felsformation der drei Rondavels, einer markanten Berggruppe in den Drakensbergen.
Nur wenige Meter weiter eröffnet sich der nächste traumhafte Blick. Diesmal auf den Stausee des Blyde-River.

Zum Glück ist die Gegend extrem waldreich und ein kleiner Forstweg führt uns zu einem schönen Platz auf einer Waldlichtung. Ungestört können wir dort auf besseres Wetter warten. In der Nähe entdecken wir sogar eine glasklare Quelle und so hoffen wir bei Kaffee und selbstgebackenem Apfelstrudel auf Sonnenstrahlen. Dass daraus fast drei Wochen werden sollten, konnten wir da noch nicht ahnen.

SÜDAFRIKA

Wie die Buren nach Südafrika kamen

Die Zeit im Nebel frage ich mich: „Wie kommt eigentlich ein bodenständiger, niederländischer Bauer nach Südafrika?" Zur Antwort hole ich jetzt mal richtig aus:
Es begann damit, dass unser Ur-Ur-Ur-Ur...Großvater lieber Reis mit Curry vom Porzellanteller essen wollte, statt Kohl mit Senf vom Holzbrettchen. Karawanen transportierten Gewürze, Seide, Porzellan und andere Köstlichkeiten von Indien über Land nach Europa. An diesem Handel und Transport verdienten Araber, Türken und andere Völker entlang der Seidenstraße prächtig und natürlich auch die Straßenräuber – es war eben schon immer die „Achse des Bösen". Das passte unserem Ur-Ur...Großvater gar nicht und es sollte ein neuer Weg nach Indien gefunden werden. Das war die Zeit der großen Seefahrernationen. Portugal, Spanien, England und Niederlande. Die Portugiesen entdeckten den Seeweg ums Kap als Erste (1498). Der gefundene Weg war über 150 Jahre das best gehütete Staatsgeheimnis der Portugiesen. An der Kapregion hatten sie kein Interesse, gründeten lediglich einen Stützpunkt in Angola und Mosambik. Das Transportmonopol der Araber war gebrochen und die Portugiesen schöpften den Rahm ab. Lissabon und Goa, die portugiesische Hafenstadt in Indien, entwickelten sich zu den reichsten Städten der Welt.
Die Spanier segelten zur gleichen Zeit nach Westen um ebenfalls nach Indien zugelangen, landeten aber bei den Indianern. 150 Jahre später (1650) segelten die Holländer ebenfalls erstmals ums Kap. Im Gegensatz zu den Portugiesen gingen sie in Kapstadt an Land, hier gab es frisches Wasser und die Khoikhoi, die Hottentotten, verkauften ohne zu murren ihr Vieh und Gemüse. Eigentlich war alles in bester Ordnung, nur der Schiffsverkehr nahm zu, die Khoikhoi erhöhten ständig die Preise für ihr Vieh und waren mit ihren Ackermethoden bald nicht mehr in der Lage, die vielen Schiffe mit Lebensmitteln zu versorgen. Also stachen in Amsterdam 90 Bauern mit Hacke, Schaufel und Saatgut in See, darunter auch wenige Frauen und Kinder. Aus Westafrika holte man zur Unterstützung noch 400 Sklaven.
Die Khoikhoi bekamen einen Tritt, meist jedoch eine Ladung Schrot, in den Allerwertesten und wurden von ihren Äckern vertrieben. Zur Versklavung waren sie nicht geeignet, den niederländischen Bauern (Buren) waren sie zu faul.

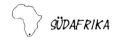 SÜDAFRIKA

Die Geschäfte liefen gut, Bauern, Viehzüchter und Händler verdienten besser als die Araber zuvor. Immer mehr holländische Bauern siedelten am Kap. Zudem kamen 14.000 Deutsche, die in Frankreich verfolgten Hugenotten nicht zu vergessen. Weitere 26.000 Sklaven wurden aus Westafrika angeschifft.

Es waren überwiegend europäische Männer, die an Land gingen, der Anteil weißer Frauen lag lediglich bei 10%. Folglich hatten die Männer wenig Freude. Ein Freudenhaus musste her und in Kapstadt war eines der ersten Gebäude ein Puff. Die Bauern und Viehzüchter freuten sich der Sklavinnen und so hatten Dreiviertel der von schwarzen Frauen geborenen Kinder weiße Väter.

Die Jahre gingen dahin mit Säen, Ernten und Kinderzeugen. Die Buren lebten bescheiden, sie waren strenggläubige Calvinisten. Fleiß, Sparsamkeit und harte Arbeit galten als Tugend und die Bibel war oft das einzige Buch im Haus. Dass in Europa die Zeit der Aufklärung begann, dass sich die Wissenschaft zum Gegensatz der religiösen Doktrin entwickelte, dass die Industrialisierung einsetzte, davon bekamen die frommen Bauern am Kap nichts mit. Im Gegenteil, sie steigerten sich in ihrem religiösen Wahn, glaubten schließlich, das auserwählte Volk Gottes zu sein. Schon in der zweiten Generation waren die Buren davon überzeugt, schon immer am Kap gewesen zu sein und das Ausbeuten von Sklaven sei ihre von Gott gegebene Bestimmung. (Und das Glauben einige noch heute.)

Das Leben änderte sich 150 Jahre später (um1800), als die Engländer in ihrem imperialistischen Wahn eine Kolonie von Kapstadt bis Kairo schaffen wollten. Sie waren aufgeklärt und modern, den Buren intellektuell und militärisch weit überlegen. 1815 kauften die Engländer die Kapregion von den Niederländern ab. Englisches Recht wurde eingeführt und die Sklaverei abgeschafft. Die Abschaffung der Sklaverei und der Unterdrückung der Khoikhoi führte bei den Buren zu einem grenzenlosen Hass gegen die Engländer.

Die Buren widersetzten sich den neuen Herren, packten ihre Sachen und zogen mit Planwagen, Sklaven, Vieh und Hausrat ins Landesinnere. Schwarze Stämme, die sich ihnen in den Weg stellten, wurden niedergeschossen. Die nächsten Jahre kämpfte jeder gegen jeden. Briten gegen Schwarze, Buren gegen Briten, Buren gegen Schwarze. Sobald sich die Buren im Landesinneren niederließen und dort irgendetwas zu holen

SÜDAFRIKA

war, Gold, Diamanten oder andere Bodenschätze, waren die Briten zur Stelle und erklärten das Gebiet zum englischen Kolonialbesitz. Die Kämpfe zwischen Buren und Briten wurden heftiger und gipfelten um 1900 in dem Befehl der Briten, den Buren die Lebensgrundlage zu entziehen. Die Briten brannten 30.000 Farmen nieder und zerstörten die Ernte. Konzentrationslager (Concentration Camps) wurden errichtet, in denen innerhalb zweier Jahre 28.000 Buren und 14.000 Schwarze an Hunger und Krankheit starben.

1902 wurde ein Friedensvertrag zwischen den Buren und den Briten geschlossen. Obwohl die Buren besiegt waren, konnten sie einige Bedingungen aushandeln. Zum einen die Verwendung ihrer Sprache und die Verweigerung des Wahlrechts für die schwarze Bevölkerung. 1910 wurde Barry Herzog, ein ehemaliger General der Buren und Rassist, Minister für Angelegenheiten der Eingeborenen. Er brachte die Landreform durch, die 92,7 % des Landes an 1,3 Mio. Weiße und 7,3 % des Landes an 4 Mio. Schwarze verteilte.

Barry Herzog war clever, stachelte hier ein paar Leute auf, goss dort Öl ins Feuer und wurde 1924 zum Premierminister gewählt. Jetzt konnte er seine rassistischen Ideen unter dem Jubel der meisten Buren durchbringen. Firmen wurden Steuererleichterungen gewährt, wenn sie nur weiße Arbeiter beschäftigten, Afrikaans, das alte Holländisch der Buren, wurde zweite Amtssprache. Qualifizierte Arbeitsplätze durften nur noch an Weiße vergeben werden.

Im Laufe der Jahre wurden die Gesetze der Rassentrennung ständig verschärft, Mischehen verboten und selbst sexuelle Beziehungen unterschiedlicher Rassen zueinander wurden unter Strafe gestellt. Die Townships entstanden, denn jede Rasse hatte ein eigenes Wohngebiet zugewiesen bekommen. Alles wurde getrennt. Bushaltestellen, Restaurants, Parkbänke, Strandabschnitte, u.v.m. waren entweder für Weiß oder für Schwarz zugänglich. Bestimmte Institutionen, z.B. Universitäten, waren den Schwarzen jedoch komplett verwehrt. In den Schulen der Schwarzen wurde weder Physik, noch Mathematik oder Chemie angeboten, und der Unterricht fand in ihrer Stammessprache statt. Das Ziel war klar: Den Schwarzen jede Möglichkeit von Entwicklung zu rauben, um die Vorherrschaft der weißen Minderheit auf wirtschaftlichem und politischem Gebiet zu schützen und zu festigen. Offiziell hieß es, man wolle die Jugendlichen vor „liberalem Einfluss" schützen.

Aber zurück in die Gegenwart, Apartheid ist zum Glück Geschichte.

 SÜDAFRIKA

Zuviel Taschengeld

Auf einem Camp beim Blyde-River beobachte ich drei Schwarze dabei, wie sie eine Grillstelle mauern – sogar mit Wasserwaage, normalerweise wird in Afrika nach Augenmaß gebaut, aber hier im zivilisierten Südafrika ist es anders. Ein richtiges Vorankommen ist nicht erkennbar, obwohl ich nur alle zwei, drei Stunden einen Blick auf die Baustelle werfe. Am Abend, nach neun Stunden Arbeit, rücken die drei Arbeiter ab. Schubkarre, Schaufel, Kelle und Wasserwaage bleiben kreuz und quer und speisverkrustet liegen.
Am nächsten Tag geht's weiter. Aber die Baustelle wird immer noch nicht fertig. Am dritten Tag suche ich das Gespräch und erfahre, wie hart ihr Leben ist. Neun Stunden täglich arbeiten, harte Arbeit auf dem Bau, so wie hier, und dafür gibt es nur umgerechnet 10 Euro am Tag, plus Frühstück, plus Mittagessen, plus Taxigeld für die Fahrt zur Arbeitsstelle. 10 Euro am Tag, ein Taschengeld, wie sollen sie damit ihre Familien ernähren? Ich weiß es nicht. Aber wenn ich die Leistung sehe, ein kleines gemauertes „U" in knapp drei Tagen mit drei Mann, macht 80 Euro Arbeitslohn – nicht gerade billig. Zudem ist das „Bauwerk" trotz Wasserwaage schief geworden, weil man „unfortunately" die Speisverkrustungen an der Wasserwaage mit gemessen hat.

Hilfe auf burisch

Wir sind nachmittags auf dem Weg Richtung Pretoria und suchen einen Platz für die Nacht – möglichst kostenlos, also keinen Caravan- oder Campingplatz, sondern wild draußen auf dem Acker. Nach den Regenfällen der letzten Tage stehen die Felder teils unter Wasser, also ist Vorsicht geboten. Und dann, keine 50 Meter von der Hauptstraße entfernt, steht ein Mercedes Rundschnauzer bis zu den Achsen im Morast. Vier Schwarze schaufeln und ein Weißer gibt Anweisungen.
„Komm, den ziehen wir gerade mal raus."
Der Bure ist erfreut, schüttelt mir die Hand und schimpft auf den schwachsinnigen Fahrer, der mit dem Lkw in die nasse Wiese gefahren ist. Selbst den Schwarzen ist die Fröhlichkeit vergangen. Jetzt stehen sie da mit gesengtem Kopf und lassen die Hasstiraden ihres Chefs über sich ergehen. Unser Deutz steht sicher und Sabine fährt das Windenseil aus.

„Was muss ich zahlen, wenn ihr mich raus zieht?", will der Bure von mir wissen. Ich wundere mich über die Frage und wollte schon „Natürlich nichts" antworten, (die 20 US-Dollar fürs Wasserauffüllen hatte ich schon vergessen) erwidere dann aber: „Wir suchen einen Platz für die Nacht, wir brauchen nichts, kein Strom, kein Wasser, nur einen Platz."
„Kein Problem, ihr könnt auf meinem Hof stehen."
Eine halbe Stunde später ist der Lkw wieder auf Teer. Die Schwarzen strahlen, meine Hose und Schuhe haben die Farbe des Schlammlochs, zwei Liter Diesel sind aus dem Tank verfeuert und die Seilkausche etwas demoliert, weil es keinen ordentlichen Punkt zur Befestigung an dem Mercedes gab.
„Macht nichts", sage ich zu Sabine, „dass können wir bestimmt gleich auf dem Hof reparieren."
Wir folgen dem Pick-Up des Buren, der nach 500 Metern in ein Grundstück einbiegt. „Hier wohnt ein guter Freund von mir, hier könnt ihr stehen." Doch der Freund ist nur ein weitläufiger Bekannter und natürlich können wir nicht auf seinem Grundstück stehen.
„Hatte er nicht vorhin von SEINEM Grundstück gesprochen?", vergewissere ich mich noch mal bei Sabine.
„Egal, ihr fahrt etwa 800 Meter zurück, gleich hinter der Brücke ist ein Café, da könnt ihr stehen. Bestellt schöne Grüße von Karl van Boek, der Besitzer ist ein guter Freund."
Der Bure setzt sich in seinen Pick-Up und rast in die entgegen gesetzte Richtung davon. „Der doofe Arsch", denke ich mir und starte den Deutz. Fünf Minuten später öffne ich die Tür des Cafés und meine Augen müssen sich erst an das Schummerlicht gewöhnen, bevor ich die leicht bekleideten Mädels in den Rauchschwaden erkennen kann. Ich stehe mitten im Puff.
„Na mein Süßer, setz dich doch zu uns, möchtest du was trinken?"
„Karl van Boek schickt mich, er ist ein guter Freund vom Chef."
„Ich bin hier die Chefin", sagt eine der, nennen wir sie mal „Damen".
„Einen Karl van Boek kenne ich nicht, aber Namen sind bei uns auch nicht so wichtig, worum geht es denn?"
„Ich suche einen Platz für die Nacht und habe bei Karl noch etwas gut, er meint, ich könne hier übernachten."
„Übernachten? Die ganze Nacht?"

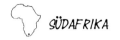 SÜDAFRIKA

Die Dame guckt mich an, als hätte ich irgendeinen perversen Wunsch geäußert. Die Situation ist jedoch schnell aufgeklärt und wir können hinter dem „Café" auf dem Parkplatz für die Nacht bleiben.
„Ich geh noch mal zu den Nutten, 'n Kaffee trinken."
„Bleib nicht zu lange, in einer halben Stunde gibt's Essen", ist Sabines Antwort.

Im Puff

Kaffee gibt es keinen, also sitze ich am Tresen, nehme eine Cola und werde gleich von den fünf männlichen Gästen im Lokal angegafft. Die Lady fragt zweimal nach, ob wirklich kein „Brandeweyn" in die Cola kommt. Ich verstehe die Sprache nicht, aber einer der Bier saufenden Männer muss wohl einen Scherz über meine Alkoholabstinenz gemacht haben. Alle lachen und jeder setzt noch einen drauf. Ich muss eher über das Animationsprogramm schmunzeln, das auf dem Flachbildschirm über der Bar flimmert. Statt situationsgerechter Filme, die für eine gewisse Anregung sorgen, flimmern dort Tierfilme, die zeigen, wie man seinem Hund Zecken fachgerecht entfernt oder wie ein Ranger im Nationalpark auf Pirsch begleitet wird.
„Das ist doch kein Puff", geht es mir durch den Kopf. Auch die Damen lassen Zweifel aufkommen. Ihre Figur – man könnte sie wohlwollend als Rubensdamen umschreiben – passt einfach nicht in das Beuteschema der meisten Männer, aber vielleicht ticken die Buren auch hier anders? Eine Schwarze, gut aussehend, aber für Geld nicht zu haben, kommt zur Tür herein und bringt einen Teller Bratwurst mit Pommes zu einem der Herren. Sie hat eine kleine Küche im Nebenhaus und scheint so eine Art Cateringservice zu betreiben. Irgendwelche doofen Witze und Anspielungen bezüglich der Bratwurst folgen und alle grölen. Sie reagiert nicht.
Das Trinkgeld lässt der Bure absichtlich auf den Boden fallen. Als sie sich nach dem Geld bückt, ist das eine weitere Gelegenheit, wieder ein paar Witze auf ihre Kosten zu machen und alle machen mit. Ich habe genug von Zecken gesehen, zahle 35 Eurocent für meine Cola und bin pünktlich zum Abendessen zurück.

SÜDAFRIKA

Werkstatt 1- 6

Ein paar Reparaturen müssen an unserer Pistenkuh durchgeführt werden. Das Kardangelenk der vorderen Antriebswelle, der Bremszylinder des rechten Hinterrads, das Bremsseil hinten links, und drei Schrauben am vorderen Radantrieb sind abgerissen. Außerdem rußt der Motor und wird deutlich wärmer als in den letzten zwölf Jahren. Ach ja, und ein paar neue Reifen brauchen wir auch.

„In Südafrika bekommt ihr alles, da kriegt ihr Reifen, die können alles reparieren, denen könnt ihr euren Deutz anvertrauen, die haben fast deutschen Standart", so haben wir es unterwegs oft von Reisenden gehört.

Also probieren wir unser Glück in Pretoria, der Hauptstadt und eines der Wirtschaftszentren. Wenn nicht hier, wo dann?

Werkstatt, die 1.

Wir kommen über die N4 aus östlicher Richtung und sehen eine der größten Lkw-Werkstätten von Südafrika gleich rechts neben der Autobahn. Vollbremsung, soweit es mit unserer Bremse noch möglich ist, und rauf auf den Hof. Riesig, hier werden Lastwagen komplett überholt, Motoren und Einspritzpumpen zerlegt, Getriebe auseinander gebaut und überholt, Karosserieteile nachgebaut – hier sind wir genau richtig. Die Mechaniker und Vorarbeiter stürzen sich sofort auf uns und begutachten unseren Deutz, der Betriebsleiter kriecht sofort unter die Pistenkuh.
„Ich habe ein paar Kleinigkeiten zu überholen, wie Bremse, Kardanwelle, Motor,..."
„Die Ausgangswelle des Verteilergetriebes hat Spiel", schallt es unter meinem Deutz. „Wir können das alles reparieren. Überhaupt kein Problem." „Was kostet das?", frage ich vorsichtig.
„Wir rechnen 21 Euro für die Werkstattstunde, plus Material. Für das Getriebe machen wir einen Pauschalpreis von 500 Euro inklusiv aller Dichtungen und Lager, Aus- und Einbau."
Der Preis ist günstig, die haben sich bestimmt verkalkuliert, also nageln wir das gleich mal fest: „Okay, machen wir. Wie lange dauert das?"
„Alles zusammen zwei Tage. Ihr könnt hier auf dem Hof in eurem Auto übernachten." Der Betriebsleiter verschwindet in seinem Büro.
Einer der Buren gibt Anweisungen, was der Schwarze zu tun hat. Zunächst sollen die abgerissenen Schrauben des vorderen Radantriebs

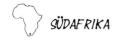 *SÜDAFRIKA*

ausgebohrt werden. In Zeitlupe werden Kabeltrommel und Bohrer geholt. Zack, „unfortunately" ist der Bohrer abgebrochen. Mit einer Stunde, wie ich zuerst vermutet habe, kommen wir hier nicht hin. „Das dauert bestimmt bis Mittag", denke ich mir.
Die Zeit vergeht. Der Betriebsleiter dreht seine zweite Runde. „Unfortunately können wir das Verteilergetriebe jetzt nicht überholen, wir haben zu viel zu tun. Wir machen einen Plan und du kommst in sechs Wochen vorbei, dann ist das in zwei Tagen gemacht."
„Wir denken mal darüber nach."
Die Zeit vergeht, der Schwarze bricht den zweiten Bohrer ab und der Bure erzählt mir, was sie alles können und was sie schon alles gemacht haben. Mir kommen Zweifel, denn der, der sagt, dass er alles kann, macht es ja nicht, sondern der Schwarze, der es ja augenscheinlich nicht kann. Und so ist es überall: Der Ausgebildete gibt Anweisungen und „managt", während der am schlechtesten Ausgebildete oder Ungelernte am Ende der Kette die Arbeit machen muss.
Während wir zusammenstehen, beobachte ich Folgendes:
Die weißen Mechaniker bücken sich nicht nach runter gefallenen Schrauben, sondern nehmen aus dem Kästchen einfach Neue. Der Schwarze kommt mit dem Besen, fegt in Zeitlupe die Schrauben zusammen und wirft die Schrauben mit dem Kehricht in den Müll. Eine angefangene Rolle Tecalanrohr lässt der Bure einfach im Gang liegen, ein Schwarzer wird kommen und sie dem Weißen hinterher räumen. Doch diesmal war der aufräumende Schwarze wieder mal zu langsam, der schwarze Staplerfahrer sieht das Tecalanrohr und fährt es platt. Der Betriebsleiter scheint das alles nicht zu sehen. Jetzt ist der Punkt erreicht, wo ich an seiner Stelle geplatzt wäre.
Er sieht auch nicht, dass Getriebeteile in Regale geräumt werden, die zuvor nicht eingeölt wurden und bereits Flugrost angesetzt haben. Nach zwei Stunden steht für uns fest: Hier lassen wir unsere Reparaturen nicht vornehmen. Der Betriebsleiter macht schon Pläne, wie er unseren Motor überholt. Sabine bringt den Nachmittagskaffee, der Schwarze wird langsam müde und kämpft mit der letzten Schraube.
Sauberkeit? – Fehlanzeige. Der Schwarze ist verwundert und guckt mit offenem Mund zu, wie ich peinlichst genau jeden Bohrspan aus dem Radlagergehäuse entferne. Dass Bohrspäne oder auch sonst jeglicher Dreck in der Nähe von Lager oder Simmerringen nichts verloren haben, ist ihm scheinbar neu – und wir sind in einer Fachwerkstatt!

194

SÜDAFRIKA

Der Stundenzeiger meiner Uhr nähert sich der Sieben, es wird dunkel. Die letzte Schraube ist erneuert, wir dürfen, wie versprochen, auf dem Werksgelände übernachten. Sabine äfft meinen Spruch nach: „Bei dem Tempo dauert das bestimmt bis mittags."

Die Nacht ist laut, die Nachtwächter scheinen eine Party zu feiern. Am nächsten Morgen gibt mir der Betriebsleiter ein paar Adressen. Darunter ein Gelenkwellenbauer, ein Reifenhändler, ein Bremsenspezialist, ein Motoreninstandsetzer.

„Wir können das auch alles selber machen, aber im Moment haben wir einfach zuviel zu tun." Dann flüstert er mir zu: „Die Werkstätten sind unsere Subunternehmer, die können es dir billiger machen als wir, da sie für eine Stunde weniger berechnen können."

Also zahlen wir den Preis eines kompletten Werkstatttags für die drei ausgebohrten Schrauben. Verteilergetriebe überholen in zwei Tagen? – Die hätten es in zwei Wochen nicht hin gekriegt.

Werkstatt, die 2.
Am nächsten Tag geht's zum Gelenkwellenbauer. Der hat jedoch keine Zeit und gibt mir die Adresse eines Mitbewerbers, der es auch noch günstiger für mich macht, als er.

Werkstatt, die 3.
Unter der Hand erklärt der Chef mir das System: Er muss natürlich für die Kundenvermittlung eine kleine Provision an die vermittelnde Werkstatt zahlen, genau wie der Bremsenladen, der Reifenhändler und der Karosseriebauer. Provisionen, damit verdient man in Südafrika das große Geld. Er schreibt mir die Adresse eines anderen Reifenhändlers auf, der günstiger sei, als der Reifenhändler, dessen Adresse ich habe. Unsere vordere Kardanwelle wird innerhalb zweier Stunden für 100 Euro neu gelagert, ausgewuchtet, gesandstrahlt und lackiert. Okay, das hat geklappt.

Werkstatt, die 4.
In der Bremsenwerkstatt hat man keine Lust, gibt uns aber die Adresse einer anderen Werkstatt. So muss Werkstatt 4 keine Provision an Werkstatt 1 zahlen, bekommt aber Provision von Werkstatt 5, sollte diese reparieren und uns nicht an Werkstatt 6 verweisen.

 SÜDAFRIKA

Werkstatt, die 5.
Eine große Werkstatt, spezialisiert auf Bremsen und Kupplungen. Der Betriebsleiter ist nett: „Natürlich können wir das machen, überhaupt kein Problem. Fahr auf Stand 3, der müsste frei sein. Die sollen sofort die Bremse aufmachen und alle Teile aufschreiben, die sie brauchen. Wir bestellen die Teile und übermorgen kommst du morgens ganz früh und am Abend ist alles erledigt."
„Kann ich notfalls hier übernachten?", frage ich schon mal vorsichtshalber. „Das wird nicht nötig sein."
„Peng", Luft zischt aus meinem Reifen und der Schwarze guckt mich mit sorgenfaltiger Stirn an. Ich weiß nicht, wie er es gemacht hat, und ich weiß auch nicht, wie man es überhaupt machen kann, ich habe einen kurzen Moment nicht hingesehen, aber er muss beim Lösen der Radmuttern das Ventil abgerissen haben. Es sind Spezialventile, 12 Euro das Stück, dafür muss er zwei Tage arbeiten, aber ich lächele und lüge: „Das ist mir auch schon passiert." Der Schwarze entspannt sich und lächelt. Der Chef raunt mir was von „Kaffer" zu.

> **Kaffer:**
> Das Wort Kaffer kommt wahrscheinlich aus dem arabischen „Kafir" und bedeutet „Ungläubige". Im südlichen Afrika wurde Kaffer als Schimpfwort und Hasswort gegenüber den schwarzen Bevölkerungsgruppen gebraucht. Heute ist der Gebrauch des Wortes bei Strafe verboten.

In der Zeit, in der der Bremszylinder ausgebaut wird – ich habe jetzt immer ein Auge darauf, was er macht – ziehe ich die Reifendecke von der Felge, ersetze das Ventil und pumpe den Reifen wieder auf. Das Rad wird montiert und „Peng", Luft zischt aus meinem Reifen und der Schwarze guckt mich mit sorgenfaltiger Stirn an. Ich weiß nicht, wie er es gemacht hat, und ich weiß auch nicht, wie man es überhaupt machen kann, ich habe wieder einen Moment nicht hingesehen, aber er muss beim Festziehen der Radmuttern das Ventil abgerissen haben. Es sind Spezialventile, 12 Euro das Stück, dafür muss er zwei Tage arbeiten. Ich lächele nicht mehr, sondern gucke ihn jetzt ebenfalls mit Sorgenfalten auf der Stirn an.
„Vielleicht kann man es mit Pattex kleben", ist sein Vorschlag.
Der Betriebsleiter ist verärgert.
Ich wiegele ab: „Es ist ja auch meine Schuld, dass ich ihm zugetraut habe, ein Rad zu lösen."

SÜDAFRIKA

„Nein, nein, wir werden deine Bremse in einen Topzustand versetzen und du zahlst nur das Material. Einverstanden?" „Okay."
„Übermorgen habe ich alle Teile, komm um 7.00 Uhr, dann sind wir am Abend durch."
Wir fahren für zwei Tage nach Brits, etwa 50 Kilometer außerhalb der Stadt und besuchen Ralf und Judith, die hier mit ihrem IFA-W50 gestrandet sind. Wir haben die Beiden vor vier Jahren in Ghana kennen gelernt. Zwei Tage später, um 7.00 Uhr in der Frühe, stehen wir vor der Bremsenwerkstatt. „Unfortunately sind eure Teile noch nicht da, die kommen morgen. Sorry, man."
„Unfortunately habe ich mal gerade 25 Liter Diesel verblasen! Hätte man nicht kurz vorher den Termin telefonisch absagen können?"
„Sorry, man."
Also zurück zu Judith und Ralf. Am nächsten Tag sind die Teile nicht da, auch am Übernächsten nicht und auch nicht in der nächsten Woche. Fast jeden Tag rufe ich in der Werkstatt an und die Antwort beginnt stets mit „unfortunately" und endet mit „Morgen auf jeden Fall".
Nach zwei Wochen fragt Judith schon mal vorsichtig nach unserer weiteren Reiseplanung und lässt sich von meinem „Morgen auf jeden Fall" nicht beruhigen, dass in vier Wochen unser Visum ausläuft, ist für sie schon planbarer.
Doch dann, welch eine Überraschung, klingelt mein Handy: „Ich habe eure Teile. Kommt übermorgen zum Einbau."
Sieben Uhr vor der Werkstatt: „Unfortunately sind die Teile zu klein, sorry, man. Ich schicke morgen einen los, der soll die richtigen Teile holen, kommt übermorgen wieder."
Inzwischen habe ich Betriebstemperatur erreicht. „Wir brechen die Sache hier und jetzt ab. Gib mir meinen ausgebauten Zylinder zurück und die Sache ist erledigt."
„Der Zylinder ist nicht da, der ist unfortunately in Joburg."
„Okay, dann lass ihn holen, notfalls mit dem Taxi. Ich bleibe hier in deinem Büro sitzen bis er hier ist!"
Sieben Stunden später habe ich meinen Zylinder zurück. Unterm Strich hat diese Aktion mich knapp 100 Euro an Ventilen und Diesel gekostet – für nichts!
In meinem Postfach finde ich in den darauf folgenden Tagen diese E-Mail von Freunden, die mit einem Unimog reisen:

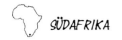 SÜDAFRIKA

Wie Ihr Euch ja vielleicht noch erinnern könnt, waren wir diesen Sommer zwei Monate auf Island, wieder mal wirklich einfach nur toll. Und wie Ihr ja auch wisst, haben wir nach unserer letzten Begegnung in Marokko auf der Heimreise ein neues Getriebe von unserem „Stern auf allen Straßen" einbauen lassen und anschließend Haus und Hof verpfänden müssen. Bis zu unserer Abreise im Sommer war ich dann auch noch dreimal zu Nachbesserungsarbeiten in der Werkstatt. Nach ca. 8.000 km auf Island war dann ein größerer Aufenthalt in der Werkstatt angesagt – ich hatte soooooooo einen Hals.
Defekte Lager, Gang 4 und 8, eine eingelaufene Schaltgabel und ein völlig undichter, hinterer Simmerring, der innerhalb von 24 Stunden im Stehen ca.100 ccm Öl durchließ. Aber es muss ja alles seine Ordnung in unserem Land haben und ich musste vier Wochen warten, bis die Freigabe zum Garantieaustausch da war. „Na endlich", dachte ich, „sie haben ein Einsehen!"
Bei Abgabe des Fahrzeugs wies ich explizit darauf hin, dass das Fahrerhaus nicht gekippt werden darf, weil die Schleuse mit dem Koffer verklebt und verschraubt ist – daher Seitentank abbauen, etc.
Zufällig musste ich nach einer Woche aus dem Auto was holen, wobei ich beinahe blind und zum Mörder geworden bin. Führerhaus gekippt, Schleuse vom Koffer gelöst, Teppich im Fahrerhaus vom Boden gelöst und mit verölten Schuhabdrücken verziert...
15 Minuten dauerte mein Anfall in der Werkstatt, dann bin ich mal ums Auto gelaufen und da man ja die Achsen etwas versetzen muss, um das Getriebe auszubauen, nimmt man Kettenzüge und befestigt die irgendwo, z.B. an der hinteren Maulkupplung und natürlich am Stabirohr, weil ja der Haken besonders einfach drum geht. Ich will jetzt nicht soviel reden, aber vorne haben sie das auch gemacht...
Zusammenfassung: Stabi hinten verbogen, Stoßstange vorne völlig verbogen, Unterfahrschutz verbogen, Querlenker verbogen, Bremsleitung beschädigt. Keiner hat's wohl beim Arbeiten gemerkt. Kann ja mal passieren, wo man doch den Spezialisten mit Speziallehrgang drangesetzt hat. Erst, als ich dann mit "schriftlich" drohe, gibt es Wallung, da ist dann die Geschäftsleitung sofort präsent. Ich will einen Gutachter für die Abnahme, eine große Wartung, mit Wechsel aller Flüssigkeiten, Filter, Abschmieren und großem Wartungsplan – als Trostpflaster. Nicht mal ein Wimpernzucken und alles läuft...
„Vielen Dank für den sehr fairen Kompromiss", attestiert man mir. Immerhin, wenn alles gut geht, darf ich mein Auto nächste Woche nach fünf Wochen wieder einmal nach Hause holen – ist das nicht richtig großzügig, zu Weihnachten?"

SÜDAFRIKA

Jetzt wird mir klar, was Freunde meinten mit: „In Südafrika, die können alles, die haben fast deutschen Standart."
Nach all unseren Erfahrungen kann ich folgenden Spruch des Geschäftsführers eines deutschen Unternehmens voll bestätigen: „Verlass dich in Südafrika nicht auf Zusagen von Jemandem, der nicht akzentfrei Englisch oder Deutsch spricht."
Aber jetzt mal ganz im Ernst. Unser Vertrauen in die handwerkliche Leistung der Südafrikaner ist deutlich gesunken. Ich habe den Eindruck, dass man in Namibia besser ausgebildete und motiviertere Mechaniker und Inhaber trifft. Ich würde meinen Deutz eher in Windhuk reparieren und überholen lassen, als in Pretoria.

Burisches Wörterbuch:

Unfortunately = unglücklicherweise; damit meint der Bure, dass er es zwar versemmelt hat, man ihm aber nicht die Schuld geben möge. Beispiel: Du schreibst eine Klassenarbeit und verlässt dich auf dein Glück, beim Nachbarn abschreiben zu können. Dein Nachbar ist krank und unfortunately ist es eine Fünf.

Sorry, man = (Achtung, nicht: Sorry, men) damit meint der Bure, dass es ihm Leid tut, das er es verbockt hat. Beispiel: Du lädst deinen Kumpel auf ein Bier zu dir nach Hause ein, kannst es aber nicht abwarten und trinkst das letzte Six-Pack leer. Sorry, man, für den trockenen Abend.

We make a plan = eine Auflistung der Schritte, die zu einem bestimmten Zeitpunkt zu tun sind, um durch taktisches Vorgehen sein Ziel zu erreichen. Missverständnisse entstehen durch unterschiedliche Zielsetzungen. Der Kunde möchte sein Problem los werden und für den Buren ist der Kunde das Problem. Am Anfang dachte ich, der Bure macht Pläne und es mangelt lediglich an der Umsetzung, inzwischen muss ich feststellen, dass es keine ausgearbeiteten Pläne gibt.
Beispiel: Du gehst zu deinem Chef und fragst nach mehr Geld. Dein Chef antwortet: „Ich mache da mal einen Plan, komm in 18 Monaten noch mal vorbei."

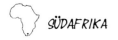 SÜDAFRIKA

Wo ist der Einbrecher?

Wir sitzen bei Judith und Ralf auf der Terrasse, warten auf unsere Bremsenteile und trinken Kaffee. Die Beiden haben ein kleines Häuschen auf dem Land gemietet, wo alle Häuser ein paar hundert Meter auseinander stehen. In Schleichfahrt rollt ein Polizeiwagen auf den Hof. Ich denke reflexartig an meinen abgelaufenen TÜV. Die beiden Polizisten steigen langsam aus, grüßen freundlich und fragen: „Wo ist der Einbrecher?" „Wie bitte?"
„Sie haben doch angerufen, dass hier gerade eingebrochen worden ist."
„Hm, nein, hier ist alles okay. Wie ist denn der Name oder die Adresse, wo Sie hin müssen?"
„Ähhh. Ja, das habe ich vergessen. Ich rufe noch mal in der Zentrale an." Der Polizist nimmt sein Handy und telefoniert. Besetzt. Fünf Minuten später versucht er es nochmals, diesmal mit Erfolg. „Boekwater ist die Farm, die gerade überfallen wird." „Das ist die Farm zwei Straßen weiter, rechts rein." Die Polizisten steigen in ihren Wagen und verschwinden so langsam wie sie gekommen sind.

Der Beste, den wir haben

Unsere Werkstatt-Odyssee nimmt kein Ende, irgendwo muss Murphy dazu gestiegen sein und jetzt werden wir ihn nicht mehr los. Wieder wird unser Motor heiß, extrem heiß. In Petermaritzburg haben wir eine Deutzwerkstatt gefunden, geleitet von Hans Schröder, einem Deutschen, der vor über 40 Jahren nach Sambia ausgewandert ist, dort der größte VW- und Toyotaimporteur wurde, sein Geschäft auf Südafrika ausdehnte und zudem noch Deutz importierte.
Wir waren zwei Tage bei ihm zu Gast und lauschten seinen Geschichten. Er könnte ein Buch schreiben, Geschichten – irre! Damals dauerte eine Reise von Hannover nach Lusaka 17 Tage. Die einzige Flugverbindung nach Afrika führte von Rom nach Tripolis und von dort weiter mit kleinen Maschinen, die alle drei Stunden auftanken mussten. Ab Kenia ging es dann weiter mit dem Zug. Für die Reise seiner Frau, die ein halbes Jahr später nachkam, musste er zwei Monatslöhne zahlen. Nicht nur, dass er Generalimporteur verschiedener Automarken war, nein, nebenbei hatte er eine Möbelfabrik aufgebaut und belieferte Necker-

SÜDAFRIKA

mann mit einem Möbelstecksystem, wie man es heute von Ikea kennt. Na ja, die Zeit verging wie im Flug bei Geschichten und kaltem Bier am Pool. Unserem Deutz wurde der Ölkühler ausgebaut und komplett gereinigt, jetzt kriecht er wieder die Berge hoch wie am ersten Tag, Temperatur immer im optimalen Bereich.

70 Kilometer später macht es „knack" und unsere Kofferaufnahme ist gerissen. Diesmal nicht nur die linke Seite, die ja schon in Namibia gerissen war und die wir dort hatten schweißen lassen, sondern auch die rechte Seite. Der Koffer hängt schief auf dem Fahrgestell und nur mit Mühe ist eine Weiterfahrt in Schritttempo bis in den nächsten Ort möglich. Von dem Dorfschmied, ein Bauer, der nebenbei eine Werkstatt mit Schlosserei betreibt, sagt man, er sei nicht der Beste, aber der Beste den sie hier haben, also legen die Schlosser los. Beide Tanks ausbauen, Koffer ausrichten, Verstärkungsbleche brennen, schweißen und alles wieder zusammenbauen. Zwei Leute, ein ganzer Tag Arbeit, Material – macht alles zusammen 45 Euro. Im Preis inbegriffen waren auch noch drei Nächte auf seiner Farm, wo wir an einem kleinen See am Waldrand übernachteten. Die Farm erstreckt sich über 20 km bis zur Gebirgskette am Horizont, dazu gehören ein eigener großer Wald, Felder, Seen und Hügel.

Lesotho - Ursprüngliches Afrika

Und dann geht es endlich über den Sanipass nach Lesotho. Der Sanipass ist abenteuerlich. Extrem steil, grob geschottert, enge Serpentinen, kurz, es macht richtig Spaß!
Und, ich kann es kaum glauben, der Motor wird nicht heiß.

Enge Kehren auf dem Sanipass

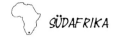 SÜDAFRIKA

Lesotho ist ein Geheimtipp. Atemberaubende Bergwelt, kleine Schotterstäßchen, freundliche Menschen, die recht ursprünglich leben. Die Strecke über den Sanipass und weiter über Thaba Tseka, den Mokhoa-

Viele Dörfer in Lesotho bestehen aus nur wenigen Großfamilien, die jeweils in zusammenstehenden, runden oder rechteckigen Unterkünften leben. Diese Bauten werden aus behauenem Stein, Gras und Lehm gebaut.

bongpass und den Blue-Mountainpass ist ein absolutes Muss. Man sollte sich jedoch vorher reichlich mit Diesel und Lebensmitteln eindecken, denn zukaufen gibt es unterwegs nicht viel und der Treibstoffverbrauch auf der Passstrecke ist enorm.

Die meisten besitzen zwar ein strohgedecktes Dach, doch gewinnt Wellblech zunehmend an Bedeutung. Blech- oder Ziegeldach sind in Lesotho ein Zeichen für den Wohlstand ihrer Eigentümer. Jedes Haus besteht in der Regel aus zwei Räumen: Einer umschließt den Wohn- und Essbereich sowie das elterliche Schlafzimmer, ein weiterer dient als Küche, Vorratsraum und als Schlafbereich für die Kinder.

Obwohl das Land in Lesotho der Gemeinschaft gehört, kann man den wirtschaftlichen Status einer Familie an der Größe ihrer Viehherde ablesen.

SÜDAFRIKA

Über den Wolken

Weihnachten verbringen wir wandernd in den Drakensbergen. Genauer gesagt im Royal Natal Nationalpark. Wir schnallen Zelt und Schlafsäcke an die Rucksäcke und auf geht es für vier Tage in die Bergwelt. Wir haben eine gute Detailkarte gekauft und wandern durch eine kleine Schlucht, die sich immer mehr zu einem Kamin verengt. Wir schlafen in Höhlen, was ähnlich archaische Gefühle weckt, wie das Rauschen von Wasser oder das Sitzen am Lagerfeuer.

Und der Gipfel ist dann wirklich der Gipfel. Unser kleines Zelt bauen wir auf einem Bergüberhang auf etwas mehr als 3.000 Meter Höhe auf. Leider ist es kalt, nebelig und regnerisch. Also verbringen wir einen Tag im Zelt und warten auf den nächsten Morgen.

Als wir aufwachen entfaltet sich vor uns ein traumhaftes Szenario: Unter uns dichte Wolken, wir sind darüber und beobachten, wie die Wolken mit der aufsteigenden Sonne ihre Farbe von rot über gelb bis weiß verändern.

Zelten auf 3.000 m Höhe

Ein weiteres Highlight unseres Ausflugs ist das Rutschen in einer natürlichen Wasserrutsche, die wir auf unserem Weg entdecken. Die Wasserkraft unterschätzen wir völlig, steuern oder gar aussteigen ist nicht mehr

Natürliche Wasserrutschbahn

möglich, sobald man von den Wassermassen gepackt wird – Adrenalin pur! Und so wandern wir mit ein paar blauen Flecken, aber zufrieden weiter.

Gebrauchte Reifen sind keine Neureifen

Das Wandern in den Bergen war klasse. Fast schon wie ein Urlaub vom Urlaub. Nach drei Wochen freuen wir uns aber, wieder mit der Pistenkuh unterwegs zu sein. Es soll an die Küste gehen, genauer gesagt, nach Kapstadt.
Die Landstraßen sind gut, keine Schlaglöcher und kaum Verkehr. Unser Deutz läuft wie ein Schiffsdiesel, die Tachonadel zeigt auf die 70 und für die nächsten Stunden zieht die Landschaft an uns vorbei. Felder, Wiesen, Farmhäuser, gelegentlich eine Baumgruppe oder einzelne alte Bäume am Straßenrand. Ab und an kleine Ortschaften mit Tankstelle, Spar, einem Agrarhandel und einer Ansammlung von Blechbaracken, dem Wohngebiet der schwarzen Arbeiter.

Wir suchen immer noch Reifen in der Größe 14.00 R 20. In Pretoria hatten wir ein Lager mit 250 gebrauchten Reifen in unserer Größe gefunden, der Preis lag aber trotz langem Verhandeln oberhalb meiner Schmerzgrenze. Wo diese liegt werde ich nicht verraten, weil ihr mich für verrückt hieltet, soviel für etwas schwarzen Gummi auf den Tisch legen zu wollen. Doch an unserem abgefahrenen Reifen kommt langsam die erste Stahllage durch, das Problem wird akuter und meine Schmerzgrenze wandert von Kilometer zu Kilometer nach oben. Und dann kommen wir durch einen kleinen Ort, Namen schon vergessen, wo ich das orange kleine „Conti"-Schild an einer Lagerhalle entdecke.
„Ich frage mal nach Preisen", sage ich zu Sabine, „nur um einen Vergleich zu haben", und parke auf dem Hof.

SÜDAFRIKA

Der Chef wittert ein großes Geschäft, sind ja auch große Reifen. Er telefoniert und telefoniert. Dann nennt er einen Preis und der Preis liegt genau an meiner Schmerzgrenze.
„Was sind das für Reifen?"
„Militärprofil, 80-90% Profil."
„Sind genug vorrätig?"
„Ja, jede Menge, über 200 Stück."
„Können wir am Preis noch was machen? Für schwarze Reifen gebe ich normalerweise nur Schwarzgeld." „Okay, ohne Steuer."
Am nächsten Morgen sollen die Reifen montiert werden.
Ich befürchte, dass er seinen Hansel mit dem Pick-Up los schickt und dieser einfach die ersten vier herumliegenden Reifen auflädt. Mitfahren kann ich nicht, er will seinen Lieferanten nicht verraten.
„Mach dir keine Sorgen, ich fahre persönlich hin und suche dir die besten Reifen aus", beruhigt mich der Chef. „Kannst ja dafür was in die Kaffeekasse tun."
Am nächsten Morgen der Schock. Auf dem Hof stehen fünf Reifen, einer schlechter als der andere. 80-90% Profil haben sie zwar, aber ausgerissene Stollen, mehrfach geflickt, Risse in den Flanken, uralt.
„Das ist ein Scherz? Sie haben doch gesagt, Sie suchen persönlich die Besten raus und jetzt steht hier nur Schrott."
„Ja, gebrauchte Reifen sind doch keine Neureifen! Du musst sie ja nicht nehmen, zahl mir den Transport und die Sache ist vergessen."
Ich sehe mir die Reifen noch mal genauer an. Einen kann man ganz vergessen – abgefahren und einen Riss in der Flanke, die anderen vier könnten es mit Glück bis Nordafrika schaffen.
Es gibt natürlich nichts in die Kaffeekasse und er geht beim Preis noch mal 10 Euro pro Stück runter. „Okay, montieren."
Die Mitarbeiter in der Werkstatt sind alle schwarz, alle aus Simbabwe, aber schnell und gut. Vorne links ist fertig montiert, vorne rechts macht Schwierigkeiten. Der Reifen hat ein Loch und muss erst mal geflickt werden. Nicht nur das, ein zweites Loch muss vorhanden sein, denn es zischt immer noch. Okay, noch mal runter und flicken. Inzwischen ist auch vorne links die Luft wieder raus. Also auch diesen Reifen noch mal runter und flicken. Der linke Hinterreifen muss dreimal geflickt werden und der Chef schnauzt den Schwarzen an, warum er so viele Flicken verbraucht.

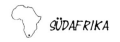 SÜDAFRIKA

Der Simbabwer ist mir sympathisch und erzählt viel aus seiner Heimat. Hier arbeitet er für den normalen Lohn von 140 Euro im Monat, sechs Tage die Woche. Er wohnt in einer Blechbaracke im Slum vor dem Ort und zahlt dafür 10 Euro Miete im Monat.
„Warum nimmst du eine Reisetasche mit zur Arbeit?", frage ich ihn, als ich sehe, dass er sein Handy aus der riesigen Tasche holt. Er öffnet die Tasche und zeigt mir den Inhalt. „Hier, guck, das ist alles, was ich habe. Ich kann nichts in meinem Haus lassen, das wird sonst geklaut während ich arbeiten gehe."
In der Reisetasche befinden sich ein paar Klamotten, ein paar geputzte Schuhe, ein kaputter CD-Player, ein Kissen und eine Decke sowie eine Plastiktüte mit seinen Papieren und das besagte Handy.
Hinten rechts hat zwar nur ein Loch, aber nach viermaligem Flicken ist es immer noch nicht dicht. Jetzt kommt der Chef persönlich. Nein, nicht zum Arbeiten, zum Kommandieren.
Der Chef erklärt den Reifen für dicht. Dass unter dem Wasserstrahl deutliche Luftblasen zu sehen sind, erklärt er für normal und trotzt:
„Dann musst du den Reifen halt einmal im Monat nachfüllen."
„Und das Loch wird nicht größer? Und der Flicken hält?", frage ich ungläubig. „Der hält die Luft mindestens einen Monat, damit kannst du noch mal ganz um Afrika fahren, garantiert."
Ich mache folgenden Vorschlag: Wir brechen die Aktion jetzt ab, ich komme morgen wieder und er tauscht diesen einen Reifen gegen einen Besseren aus. Und dann kommt die Antwort: „Es gibt keine Reifen mehr, es waren nur diese Fünf zu haben. Du musst den Reifen nicht nehmen, kannst auch nur Drei kaufen. Vertraue mir, das Loch wird nicht größer! Ich hab's doch schon gesagt, pump ihn halt einmal im Monat auf und du fährst mit dem Reifen noch mal rund um Afrika."
160 Kilometer später stehe ich am Straßenrand und flicke genau dieses Loch, weil die Luft nur noch vier Stunden hält.

Kapstadt: Ich weiß nicht, warum wir uns das antun. Vielleicht ist es das schlechte Gewissen, hier zu sein und es nicht zu tun, also machen wir das, was alle machen: Tafelberg, Waterfront, Altstadt – die Highlights des Touristenprogramms.
„Die Shoppingcenter an der Waterfront müsst ihr euch unbedingt ansehen, genau wie Sun-City bei Pretoria", empfahl uns ein Farmer bei Hazyview. Aber Shoppingcenter sind für uns nichts Besonderes, jede

SÜDAFRIKA

Kleinstadt in Deutschland hat so ein Ding und auch Sun-City, eine Mischung aus Phantasialand und Spielcasino, ist für uns kein Weltwunder.

Wir wundern uns über die riesigen Slumgebiete, wie Cross-Road oder Site C, in denen ein Großteil der Bevölkerung immer noch in unvorstellbarer Armut lebt. Aber das steht nicht auf dem Touristenprogramm und ist für die Südafrikaner normal. Hier wird einem klar: Südafrika, ein Erstweltland mit einer Drittweltmentalität.

Riesige Slumgebiete in Kapstadt

Über eine kleine Sandpiste folgen wir der Küstenlinie des Atlantiks nach Norden. 400 km sehen wir niemanden, nur Meer, Fels und Zweisamkeit. Wir bummeln, machen nicht viel, genießen einfach das Leben am Meer und vergessen fast die Zeit. Dabei haben wir einen wichtigen Termin. Wir haben zwei Flüge von Windhuk nach Deutschland gebucht, wollen für sieben Wochen Freunde, Familie und vor allem unsere Tochter besuchen.
In Wilhelmsthal (Namibia) haben wir vergangenes Jahr Wolfgang, einen Rinderzüchter, kennen gelernt, der selbst zwei Jahre mit dem Motorrad in Afrika unterwegs war. Eine Freundschaft entstand und auf seiner Weide können wir die Pistenkuh in der Zwischenzeit grasen lassen. Seine Frau Monika bringt uns zum Flughafen und über Nacht geht es nach Frankfurt.

 DEUTSCHLAND

DEUTSCHLAND
UNSER SOMMERURLAUB

Sieben Wochen verbringen wir im Wechsel zwischen Wilnsdorf und Köln. Letztes Jahr hat unsere Tochter Nicole die Uni gewechselt und studiert jetzt in Köln, um mit ihrem Freund Jörg, der ebenfalls in Köln studiert, nicht nur die Wochenenden zusammen zu sein.

Fußball-EM – weiß gegen rot

Ihr wundert euch, was ich mit Fußball zu tun habe, ich, der nur die Namen Beckenbauer und Sepp Meier kennt und beide im Fernsehen nicht unterscheiden könnte.
Die Erklärung ist ganz einfach: Jörg spielt Fußball. Und so haben wir erstmals ein Fußballspiel über die komplette Spielzeit live auf dem Sportplatz gesehen. Zuvor hat Jörg freiwillig 90 Minuten Afrikabilder ohne Murren über sich ergehen lassen. Ich kenne zwar immer noch keine Regel, aber Jörg kann auch Ouagadougou und Bolgatanga nicht auseinander halten, hält beides für afrikanische Tänze. Also 1:1.
Jörg erklärt mir die Zusammenhänge zwischen DFB-Pokal, UEFA Europa League, und Champions League und ich ihm die Unterschiede zwischen Vishnu, Shiwa und Brahma. Für mich sind die Pokale alle gleich und Jörg meint, Shiwa und vielleicht auch Vishnu schon mal im chinesischen Restaurant gegessen zu haben. Da ich jetzt drei Pokale kenne, ist Jörg der Ansicht, ich sei Fußballtechnisch so fit, dass ich mit ins Stadion könne, nicht aufs Spielfeld, als Fan, versteht sich.
Donnerstag ist es soweit, es spielt Deutschland gegen Portugal und wir machen uns zusammen auf den Weg in die Kölnarena zum Public-Viewing. Zuvor werden wir als Deutschlandfans verkleidet und das ist auch gut so, wie sich später noch zeigen wird. Also Fußballtrikot an, Deutschlandfahne umgehängt und das Gesicht mit schwarz- rot- goldenen Streifen getarnt. Raus aus der Wohnung und erst mal in den REWE -Laden nebenan, Bier kaufen.

DEUTSCHLAND

Das muss so sein, lerne ich, ein Fan ohne Bier geht gar nicht. Wir machen die Flaschen noch im Laden auf und weiter geht's zur U-Bahn. Hoffentlich erkennt mich keiner – am Nachmittag wie ein Penner mit der Bierflasche durch die Stadt laufend, aber die Verkleidung als Fan ist gut, hat so ein bisschen was von Karneval. An der U-Bahnstation erst mal zum Kiosk, oder Büdchen, wie es in Köln genannt wird, das nächste Six-Pack Kölsch.

„Mit Bier in die U-Bahn, dazu noch ohne Fahrschein?" Aber ich werde belehrt, als Fan reist man immer mit Bier und als „hardcore"-Fan fährt man schwarz. Tatsächlich, jeder in der Bahn mit einer Deutschlandfahne hat auch eine Flasche Kölsch dabei und einen Fahrschein hat wahrscheinlich nur die Dame da drüben, die aussieht, als sei sie auf dem Weg von der Bank nach Hause. Die Bahn hält vor der Arena. Raus und rein ins nächste Büdchen. Six-Pack Kölsch – das Spiel wird bestimmt lustig.

Nicole und Jörg im Fan-Outfit

In die Arena dürfen keine Flaschen mitgenommen werden, also entkorken und Ex. Oberste Reihe, bester Überblick. Bier gibt's dennoch, zwar nicht in Flaschen, aber in Pappbecher – dann reich mal fünf Becher rüber! Der 16-Jährige neben uns schwankt bedenklich. Immer wieder kommt mir sein Bierbecher gefährlich nahe.
„Wenn du mich mit Bier beschüttest, macht mein Anwalt deinem Papi richtig Ärger", sage ich mit ernstem Ton, aber mehr im Scherz. Er hat Respekt und setzt sich zwei Plätze weiter. Wäre gar nicht nötig gewesen, nach wenigen Minuten kippt er einfach um und liegt leblos da. Sanitäter tragen ihn von dannen. Das Spiel geht los. Die Regel als Fan ist total einfach: Immer wenn die Weißen den Ball haben, sofort aufspringen, klatschen und grölen, haben die Roten den Ball, hinsetzen und Buh rufen. Wenn zwischendrin Zeit ist, Bier trinken und für Nachschub sor-

 *DEUTSCHLAND*

gen. Ich lerne neue Namen wie Schweinsteiger und Podolski. Sepp Meier ist in Form, hält (fast) jeden Ball und so kommt's wie's kommen sollte, die Weißen gewinnen.

Jetzt raus aus dem Stadion und sehen, dass man am Büdchen noch 'n Bier kriegt für den Nachhauseweg. Und vor der Arena passiert, was passieren musste. „Hey, Burkhard, was machst du denn hier? Wie siehst du denn aus?", fragt Eva, die Tochter von Freunden aus Ferndorf. Dabei hätte ich gewettet, mich erkennt keiner. Zum Glück kann ich noch gerade laufen und halbwegs verständlich sprechen, hoffe ich zumindest. Peinlich. Doch Jörg beruhigt: „Als Fan muss einem gar nichts peinlich sein, solange die Mannschaft gewinnt."

Ich muss was verkaufen

Ein paar Dinge sind zu besorgen. Karkassenflicken und vier Schrauben M10x30, Festigkeit 12.9. Bevor ich in Afrika rum renne, um den richtigen Laden zu finden, der dann doch nicht das hat, was ich brauche, kaufe ich die Dinger doch viel schneller in Deutschland. Denn es gilt: Deutschland = schnell, günstig, Topqualität, guter Service – denke ich.

Fangen wir mit den Reifenflicken an.
„Hallo, ich hätte gerne vier Karkassenflicken in der größten Größe und je vier Pilze in 6 und 10 mm."
Der Mann an der Servicetheke schaut sich um, kein Kollege in der Nähe, dem er den Auftrag übertragen könnte.
„Da muss ich erst mal gucken, ob wir so was haben", und schon ist er im Lager verschwunden. Die Zeit vergeht.
Mit einem glücklichen Lächeln im Gesicht, aber leeren Händen, kehrt er zurück: „Die verkaufen wir nicht, die brauchen wir nur in der Werkstatt. Bringen Sie den Reifen vorbei und wir reparieren ihn."
Ich erkläre mit langer Rede, dass der Reifen in Namibia liegt.
„Da muss ich mal telefonieren."
Kein Problem, ich habe Zeit.
„Hallo Bettina, ich muss hier was verkaufen. Ich hab hier einen Kunden, der will unbedingt Flickzeug kaufen. – Ja, hab ich ihm schon gesagt. – Nein. – Wie mach ich das? – Alles klar, tschüss."

Er verschwindet wieder im Lager und kommt nach kurzer Zeit mit einem Karton zurück, den er intensiv absucht.
„Aha", denke ich mir, „er sucht die Artikelnummer."
„Ich muss noch mal telefonieren."
„Ja, ich hab Zeit, Hauptsache, ich krieg die Dinger."
„Hallo Bettina, noch mal ich, die gibt's nur im Karton zu 24 Stück. – Nein, haben sie nicht. – Soll ich den Artikel anlegen? – Wie mach ich das? – Nee, der ist krank, ich bin hier allein. Alles klar, tschüss."
Zu mir gewandt: „Das geht so nicht, die gibt's nur im Karton zu 24 Stück."
Mein Vorschlag: „Können Sie mir nicht einfach vier Stück geben und ich haue was in die Kaffeekasse?"
„Nee, das geht nicht, will der Chef nicht, das muss alles auf Rechnung gehen."
Nächster Vorschlag: „Kann man nicht einfach eine Rechnung über vier Ventile ausdrucken, die ich dann bezahle, und mir stattdessen vier Flicken geben?"
„Um Gotteswillen, da haben wir ja das größte Chaos, dann stimmt ja gar nichts mehr!"
„War ja nur so ne Idee, in Afrika wäre das so gegangen."
„Wir sind hier nicht in Afrika."
„Vielleicht sagen Sie einfach, was die Dinger kosten, ich bezahle und Sie machen die Rechnung in aller Ruhe, wenn ich weg bin. Meine Rechung können Sie ja dann in den Müll werfen."
„Müsste gehen."
Er tippt an seinem Computer.
„Ich muss noch mal telefonieren."
„Kein Problem, ich hab Zeit."
„Hallo Bettina, ja, wieder ich. – Nee, das klappt nicht. – Bei mir ist kein VK angegeben, da steht nur der EK. – Okay, wie viel tu ich drauf? – Soviel? – Alles klar, tschüss."
Er gibt mir die vier Flicken: „So, das macht dann genau 60 Euro plus Steuer, macht 71,40."
Ich zahle und bedanke mich für die Mühe. Erst im Auto wird mir klar, dass es echte Euro waren und keine Namibische Dollar.

NAMIBIA - BOTSWANA - SÜDAFRIKA

NAMIBIA TEIL II
„DON'T STRESS ME"

Rückflug

Dienstag Abend, mein Bruder hat uns zum Frankfurter Flughafen gebracht und wir stehen am Schalter der South African Airways.
„Wir können Sie so nicht mitnehmen, Sie brauchen ein Rückflugticket."
„Das ist unser Rückflug."
„Nein, die Bestimmungen sagen, Sie brauchen ein Rückflugticket."
„Wir möchten Namibia auf dem Landweg verlassen – hier, unser Carnet, unser Auto steht dort."
„Ich telefoniere mal mit unserem Leiter."
Kurzes Gespräch, nichts zu machen. Wir brauchen ein Rückflugticket. Schließlich einigen wir uns auf ein Ticket von Windhuk nach Johannesburg und die Dame, sowie deren Vorgesetzter, versichern uns, dass wir das Geld für das so genannte „Refound-Ticket" an jedem Schalter der SAA zurückbekommen. Zwar nicht in Euro, sondern in Landeswährung, aber überhaupt kein Problem. 504 Euro gehen über den Tresen.

Ankunft in Joburg

Der Flug war okay, das Bordpersonal freundlich und nett und die Landung gelang auch ganz gut. Ich freue mich, wieder in Afrika zu sein, wo man auch mal 4,3 als gerade durchgehen lassen kann. Plötzlich eine Lautsprecherdurchsage – der Captain bittet um Geduld, denn die Gangway steht nicht bereit und es findet sich auch niemand, der sie bedienen kann, aber der Captain hat bereits den Tower informiert. Die ersten Fluggäste regen sich auf, doch uns stört es wenig.
Der Weiterflug nach Namibia geht gut, aber hier angekommen fehlt das Fluggepäck von 40 Passagieren. Und wieder regen sich Fluggäste auf – Leute, ihr seid in Afrika! Ihr müsst auch mal Fünfe gerade sein lassen. Seht mich an, ich bin ganz entspannt (allerdings ist mein Fluggepäck auch angekommen).

Deutsche unerwünscht?

Langsam bewegen wir uns in der Schlange vor dem Immigrationsschalter nach vorne. Dort angekommen lege ich meinen Pass und das bereits ausgefüllte Einreiseformular auf den Schreibtisch der Dame. Sabine steht neben mir.
„Warten Sie hinter der roten Markierung, Sie haben sich an die Gesetze in Namibia zu halten", wird Sabine barsch angefahren.
„Oh", denke ich, „die ist aber böse."
„Ich gebe Ihnen ein Visum für 12 Tage."
„Nur 12 Tage, können Sie uns nicht 90 Tage geben?"
„Nein, 12 Tage!"
Bisher gingen wir davon aus, dass wir bei jeder Einreise 90 Tage Aufenthaltserlaubnis bekommen, dies ist jedoch nicht so und wir dürfen pro Kalenderjahr nur 90 Tage in Namibia bleiben. 78 Tage waren wir für dieses Jahr bereits im Land.
„Aber auf der ITB hat Ihr Fremdenverkehrsminister uns zugesichert, wir bekämen weitere 90 Tage Touristenvisum, weil wir ja auch Geld ins Land brächten."
„Nein, Deutsche, die länger als 90 Tage in Namibia bleiben wollen, sind unerwünscht."
Sie stempelt uns 12 Tage in den Pass und knallt die Pässe auf den Tisch.

Don't stress me

Fünf Tage waren wir bei unseren Freunden Wolfgang und Moni auf der Farm, wo auch unsere Pistenkuh die Zeit auf der Weide verbracht hat. Jetzt aber auf nach Windhuk, es ist jede Menge zu erledigen:

1. müssen wir zur SAA, unsere 504 Euro wiederholen
2. müssen wir unser Carnet beim Zoll umstempeln lassen
3. haben wir vor drei Monaten einen Werkstatttermin ausgemacht, um alle Radbremszylinder zu tauschen und diesen Termin vor 14 Tagen nochmals bestätigt
4. haben wir vor drei Monaten drei DVDs bestellt, die man uns innerhalb von 14 Tage besorgen und bis zu unserer Rückkehr zurücklegen wollte

Dann mal los. Im Büro der SAA ist man freundlich und mit einem Lächeln weist man uns darauf hin, dass es kein Geld gibt. Rückzahlung erfolgt nur dort, wo man das Ticket gekauft hat, also in Frankfurt.
„Aber in Frankfurt hat man uns zugesichert, wir bekämen das Geld in jedem Büro der SAA."
„Dann war das eine Fehlinformation."
Macht nichts, wir haben ja ein Jahr Zeit, mal in Frankfurt bei der SAA vorbei zu schauen.

Beim Zoll hat man so ein Carnet noch nie gesehen. Ich erkläre der Dame genau, was zu tun ist, und sie hört interessiert zu. Aber sie stempelt nicht. Ihre Vorgesetzte wird gerufen. Die weiß zwar auch nicht, was ein Carnet ist, meint aber, dass es im Industriegebiet eine Außenstelle des Zolls gibt, wo man sich mit so etwas auskennen müsste. Die Adresse der Außenstelle kennt man im Hauptzollamt natürlich nicht. Afrika, wir sind zurück!

Jetzt noch zum DVD-Laden.
„Ich habe vor drei Monaten drei DVDs bei Ihnen bestellt."
„Ja, ich erinnere mich, da muss ich gerade mal nachhören, wo die sind."
Der Weiße im Burenhemdchen verschwindet im Lager.
„Die sind bestellt, kommen Sie doch in drei Tagen noch mal vorbei."

Der erste Tag in Windhuk ist rum und kein einziger Punkt auf der Liste abgehakt. Für die Nacht auf einem Campingplatz will man 20 Euro. Wir schlafen auf der Straße im Industriegebiet, direkt vor unserer Bremsenwerkstatt.
Am nächsten Morgen wird pünktlich begonnen, die Bremstrommeln runter zu nehmen. Doch dann stoppt die Arbeit, Teile fehlen. Der Chef fährt los, um die passenden Teile zu besorgen. Ich wundere mich, dazu waren doch mehr als drei Monate Zeit, zudem hatte ich bereits einen Zylinder ausgebaut, den er vermessen und auch als Muster behalten konnte.
„Kein Problem", hieß es damals, „die Zylinder sind bei Mercedes immer vorrätig."
Heute heißt es: „Unfortunately sind vorgestern die vier letzten verkauft worden."

NAMIBIA – BOTSWANA – SÜDAFRIKA

„Das ist jetzt ein Scherz, oder? Wir haben vor mehr als drei Monaten den Termin vereinbart und ich habe doch sogar ein Musterteil hier gelassen!"
„Ich hab da noch eine Möglichkeit, ich fahre mal zu TATA, die Zylinder müssten auch passen." Nach 40 Minuten ist er zurück.
„Unfortunately haben die auch keine, aber ich kann welche bestellen, wir können ja einen Termin machen für in zwei oder drei Wochen."

Im Industriegebiet ist der Zoll mit etwas Mühe gefunden. Die übergewichtige Beamtin heizt ihr Büro mittels einer rot glühenden Herdplatte und verputzt gerade ein halbes Hähnchen von KFC. Ich fasse es nicht, die Dame stempelt das Carnet ohne zu zögern und entschuldigt sich sogar für die von ihr verursachten Fettflecken auf dem Dokument.
Drei bremsende Räder tun es auch, beschließen wir. Reparieren wir sie eben in Kenia oder der Türkei. Ab jetzt zeigt die Kompassnadel für einige Wochen nach Osten. Wieder durch Südafrika, noch mal einen Abstecher nach Botswana und raus nach Swasiland.

BOTSWANA – SÜDAFRIKA TEIL II
ZWEI REIFEN UND ZWEI KUDUS

Glück gehabt

In Upington ist das Glück wieder mal auf unserer Seite. Auf der Suche nach einem Übernachtungsplatz fahren wir eine kleine Piste entlang an dem Elektrozaun des Augrabies National Park. Vielleicht gelingt es uns ja, für ein paar Tage einen „wilden" Platz am Oranje zu finden.
Aber der Weg endet bei einer exklusiven Lodge. Der Besitzer ist erstaunt, Fremde zu sehen, denn die Touristen werden wohl üblicherweise eingeflogen. „Was sucht ihr hier?"
„Einen Camp-Platz für die Nacht."
„Wo kommt ihr her?" „Aus Deutschland."
„Dann kommt erst mal rein zu einem Kaffee."

NAMIBIA - BOTSWANA - SÜDAFRIKA

„Also, eigentlich suchen wir einen Platz der nicht viel kostet, am besten gar nichts." „Da wird sich schon was finden." Was kann das Reisen schön sein! Der Kaffee ist ausgezeichnet und kommt direkt aus einer italienischen Espressomaschine.

„Kommt mal mit, ich zeige euch das Reservat." Mit seinem Landcruiser fahren wir zu den schönsten Stellen. „Dort, wo es euch gefällt, könnt ihr mit eurem Laster hinfahren und bleiben, solange ihr wollt." Auf dem fast 200 Quadratkilometer großen Gelände können wir uns kaum entscheiden, welcher Platz der Schönste ist. Wir bleiben vier Tage und bekommen zum Schluss die Adresse eines Reifenhändlers in Upington.

Kaum zu glauben, der benannte Reifenhändler kann uns gebrauchte Reifen in der passenden Größe besorgen.
„Die Reifen, die ihr da habt, sind ja wirklich schlecht. Was habt ihr dafür bezahlt?"
„Aha, jetzt will er die Basis fürs Abzocken wissen", denke ich.
Statt den bezahlten 4.000 Rand sage ich 3.000.
„3.000 für diese Reifen, das war viel zu viel. Hier, die zwei Reifen kann ich dir für 2.500 geben."
Die Reifen, die er mir anbietet, sind top. Zwei Jahre alt, 90% Profil. Wir schlagen zu und so dürften wir für die nächsten 30.000 Kilometer keine Reifensorgen mehr haben.

Seit ein paar Wochen sind wir wieder mit Lothar und Marion unterwegs. Unser Ziel: Die Kalahari, oder besser gesagt, der Kalahari-Gemsbok-Nationalpark im äußersten Nordwesten Südafrikas an der Grenze zu Botswana und Namibia. Wir wollen gemeinsam nach Mabua Sehube, von dort setzen unsere Freunde ihre Reise nach Norden fort, während wir entlang der Cutline weiter nach Osten fahren. Die Landschaft ist eine steppenartige Halbwüste. Das Gebiet zwischen den ausgetrockneten Flussbetten von Nossob und Auob wird von den mit Gras bewachsenen Kalahari-Dünen geprägt und soll große Herden mit Tausenden von Streifengnus, Springböcken, Oryx- und Elenantilopen beheimaten. Wir haben ein Aussichtscamp für zwei Wochen gebucht und sehen zwei Kudus, eine kleine Gruppe Springböcke, einen Oryx und fünf Gnus. Auf der Farm von Moni und Wolfgang ist mehr Wild zu entdecken als hier. Schade um den verfahrenen Diesel.

SWASILAND
DAS LETZTE AFRIKANISCHE KÖNIGREICH

JEDE MENGE TOMATEN

Zurück im traditionellen Afrika

Swasiland ist nicht groß, es hat etwa die Größe von Schleswig-Holstein. Um das Land nicht nur auf der Hauptroute von Südafrika nach Mosambik zu durchqueren, suchen wir eine kaum befahrene Offroadstrecke, die von West nach Ost verläuft.
Stundenlang windet sich das Erdsträßchen mit spektakulären Steigungen und Gefällstrecken durch Wald und Busch, alles ist grün. Die wenigen Menschen winken uns freundlich zu oder führen sogar einen kleinen Tanz am Straßenrand auf, wenn sie erkennen, dass wir Ausländer sind. Am Abend biegen wir in ein kleines, trockenes Flussbett ein und finden

unter einem Baum mit weit ausladender Krone den idealen Übernachtungsplatz. In der Nähe muss jemand wohnen, denn wir hören leise das Stampfen von Maismehl. Und dann entdecken wir gegenüber einen kleinen Pfad, der sich aus dem Dickicht auf die Lichtung schlängelt. Folgt man dem Pfad, erkennt man nicht weit entfernt eine kleine runde Hütte aus Lehm und Steinen gebaut und mit Schilfgras gedeckt. Vor der Hütte brennt ein kleines Feuer. Es wird gekocht. Zwei Mädchen nähern sich zaghaft und grüßen von weitem. Ein kleiner Junge mit Rotznase, der soeben das Laufen gelernt hat, kommt ebenfalls und versteckt sich hinter seinen Schwestern. Kaum zu glauben, aber in den nächsten Minuten kommen weitere sechs Kinder aus der kleinen Hütte. Das älteste Mädchen ist 14, der Kleinste zwei und die Mutter wieder schwanger. Im Busch stehen – für uns nicht sichtbar – zwei weitere Hütten. So haben wir drei Nachbarn und sind von teilweise 30 Kindern umzingelt.

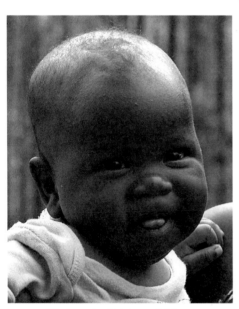

Kinder – der Reichtum Afrikas

Aber von wegen unerzogene Kinderhorde: Bitte und Danke gehören ebenso selbstverständlich dazu wie eine Disziplin, wie wir sie nur selten erlebt haben. Der Becher Cola, den wir dem ältesten Mädchen anbieten, kreist in der Runde. Jeder nimmt einen Schluck und gibt ihn an seinen Nächsten weiter. Kein Gezerre, kein Geschrei.

Zum Schluss stellt das Mädchen mit einem Knicks und einem „Thank you so much" den Becher wieder auf unseren Tisch. Ihr Englisch ist überraschend gut und so ist eine Unterhaltung mühelos möglich. Eigentlich erstaunlich, denn in Swasiland gibt es keine Schulpflicht und die Eltern müssen ein Schulgeld zahlen, dennoch schicken 80% der Eltern ihre Kinder, auch die Mädchen, in die Schule. Der größte Teil der Swasi und so auch unsere drei Nachbarn, leben von dem, was sie selbst auf ihrem Acker anbauen.

SWASILAND

In dem kleinen Garten vor der Hütte wachsen Bananen, Blumenkohl, Kartoffeln, Lauch, Zwiebeln, Tomaten, Möhren, Spinat, Kohl, Zuckerrohr und Mais. Dazu ein paar Hühner, Schweine, Ziegen und 15 Kühe. Im weiteren Gespräch erfahren wir, dass in den drei Hütten die Frauen mit ihren Kindern leben, aber alle haben den gleichen Mann bzw. Vater. Polygamie ist in Swasiland normal. Der König hat über 100 Frauen und keiner kennt die genaue Kinderzahl.

Während wir unser Marmeladenbrot mit 30 Kindern teilen, steht plötzlich wie aus dem Nichts eine große Schüssel mit Obst und Gemüse aus dem Garten auf unserem Tisch. Die Gartenfrüchte sollen, so wie ich es verstanden habe, im nächsten Ort verkauft werden und man bietet uns an, etwas zu kaufen. Sabine nimmt drei Bananen und drei Tomaten aus der Schüssel und ich frage nach dem Preis. Ein großes Missverständnis, der Inhalt der ganzen Schüssel soll ein Geschenk an uns sein.

Inzwischen hat die große Schwester das Marmeladenbrot in halbwegs gleichgroße Stücke geteilt und fast 30 Paar Kinderaugen starren mich an während sie ihr zugeteiltes Brotstück in der Hand halten. Erst als ich in mein Brot beiße, stecken sich alle hastig das Brotstück in den Mund und verschlingen es ohne zu kauen.

Unsere Anwesenheit hat sich herumgesprochen und von weiter entfernt gelegenen Hütten kommen einige Jugendliche und junge Männer zu uns, ebenfalls überaus freundlich und höflich. Sie sind interessiert zu erfahren, wie es in Deutschland ist, ob es ein zivilisiertes Land wie England sei (England war Kolonialherr), was wir für Tiere essen, ob wir auch einen Baum pflanzen müssen, wenn wir einen gefällt haben, ob wir traditionelle Medizin verwenden und wie wir unsere Toten bestatten.

„Gibt es bei euch auch Boore?"
„Was sind Boore?"
„Ob es in Deutschland auch weiße Farmer gibt?"
„Natürlich, in Deutschland gibt es Farmer und natürlich sind die weiß."
„Nein, Boore, weiße Farmer, die euch das Land weggenommen haben."
Jetzt macht's klick, er meint die Buren! Aber was hat Swasiland mit den südafrikanischen Buren zu tun? Swasiland ist das letzte richtige Königreich in Afrika. Der König hat alle Macht und wird von seinem Volk verehrt. Alte Traditionen und Familienstrukturen funktionieren, Kriminalität ist praktisch unbekannt und so ist Swasiland auch eines der sichersten Reiseländer überhaupt.

 SWASILAND

„Nein, Boore gibt es bei uns keine."
„Ihr habt Glück gehabt. Uns haben sie das Land gestohlen. Man müsste sie alle killen."

Später lese ich im Geschichtsbuch nach: Die Buren kamen um 1850 nach Swasiland und nutzten deren Weideland im Tausch gegen Alkohol. Der König wurde alkoholabhängig und die Buren nutzten ihre Chance und kauften dem König 1600 Quadratkilometer fruchtbares Land für 30 Kühe ab. 40 Jahre lang, bis zum Tod des Königs, machten die Buren ihre „Geschäfte" mit dem Alkoholabhängigen, dann waren sie Eigentümer von ganz Swasiland, ihnen gehörten alle Bergbau- Handels- und Bankenkonzessionen.
Um 1900 brach der Burenkrieg aus, den die Briten gewannen. Lange zögerten die Briten, den Buren das Land zu enteignen. Sie enteigneten dann aber doch 1/3 des Landes und gaben es den Swasi zurück. Die Buren vertrieben daraufhin die Einheimischen von ihrem Grund und Boden. Statt mit Gewalt und Mord zu reagieren, gründete der neue König einen Fond, um das Land von den Buren zurückzukaufen. Heute gehören wieder 60% des Landes den Swasi, aber immer noch besitzen die Buren mit 2% der Bevölkerung 40% des Landes.

„Nein, Mord ist keine Lösung, das gibt Krieg und wir wollen keine Gewalt in unserem Königreich", entschuldigt sich der junge Mann für seinen Mordgedanken.
Jetzt ist mir auch klar, warum der Bure Angst hat, im Busch zu übernachten und sich nur auf eingezäunten Campsites sicher fühlt. Wäre ich Bure, würde ich mich auch nicht mehr in den Busch trauen. Wir hingegen fühlen uns absolut sicher.
Die Dorfbewohner verabschieden sich. Spät abends leuchtet das Flackern des Lagerfeuers vor der Rundhütte zu uns herüber und im Bett liegend hören wir aus weiter Ferne rhythmisches Trommeln, das sich mit den Nachtgeräuschen des Waldes mischt.
Bleibt nur, dem König und seinem Volk viel Glück zu wünschen, wenn sie nun ihren bekannten, traditionellen Pfad verlassen und auf der modernen Straße in die Zivilisation steuern.

MOSAMBIK
UNERREICHBARE TRAUMSTRÄNDE

NEUGIERIGE KINDER

Erst mal ist Mosambik teuer. 25 US-Dollar pro Visum und dann 100 US-Dollar Road-Tax (Straßengebühr). So sehr ich mich wehre und verhandle, keine Chance. „You pay! We need your money." Um 150 Dollar ärmer machen wir uns auf den Weg. Gute Straßen, wenig Verkehr, freundliche Menschen – es macht Spaß, in Mosambik zu reisen.

Fünf Kisten Bier

An die traumhafte Küste kommen wir nicht ran. Die Strände sind unberührt, weil keine Straße, oft noch nicht einmal ein kleiner Weg an den Strand führt. Die Hauptstraße verläuft 10-30 Kilometer entfernt im Hin-

 MOSAMBIK

terland. So sind die Traumstrände zwar vorhanden, aber unerreichbar. In Chindenguele bahnen wir uns den Weg durch den Palmenwald. Zwei Bäume müssen gefällt werden und eine kleine Palme reißen wir mit der Seilwinde aus, als wir im Sumpf stecken bleiben. Drei Stunden später stehen wir endlich am Strand. Der Flurschaden interessiert hier niemanden, aber dennoch würden wir gerne den Schaden begrenzen.

Stundenlang sägen wir umgestürzte Bäume klein, um die schmale Piste an den Strand für unseren Deutz befahrbar zu machen. Doch Lohn der Mühe ist nicht der erwartete Traumstrand, sondern eine sumpfige Wiese, in der wir uns völlig eingraben und uns auch mit Sandblechen nur mühsam und soeben befreien können.

Sollte es das Projekt „Saufen für den Urwald" der Krombacher Brauerei noch geben (für jede Kiste Bier werden ein paar qm Urwald gerettet), könnt ihr helfen, den Schaden auszugleichen.
Ich denke, nach fünf Kisten Bier steht die Palme wieder.

Muxungue – die Stadt ist bunt, typisch afrikanisch. Am Straßenrand reihen sich fast 20 kleine Restaurants mit je einem Plastiktisch und vier aus Holz geschnitzten Stühlen unter einem Schattendach aneinander. Auf der Straße wird auf Holzfeuer gekocht. In drei bis fünf großen Alutöpfen köchelt Cassava, Spagetti, Reis und verschiedene Soßen. In einer

Pfanne wird Fisch frittiert und der Duft des Frischgebratenen mischt sich mit Feuerqualm und Dieselabgasen. Dazu erklingt überlaute, völlig übersteuerte Musik aus riesigen Lautsprechern.

Ich muss einen Sprung beiseite machen. Der Radfahrer mit einer Frau, mit Baby auf dem Rücken und einer Plastiktüte in der Hand, auf dem Gepäckträger, am Fahrradlenker auf jeder Seite zwei lebende Hühner mit den Beinen zusammengebunden und auf der Stange einen Samsonite-Reisekoffer, hätte mich sonst überfahren, denn Bremsen hat sein Gefährt nicht. Mit der Nummer wäre er in Deutschland im Zirkus – oder im Knast.

Fast typisches Straßenrestaurant: Auf dem Feuer von ein paar sternförmig angeordneten Baumstämmen wird Fisch frittiert. In der Kühlbox lagert, Salat, Bier, Cola und natürlich Fisch. Normalerweise sitzt der Chefkoch auf der Bierkiste und der Gast auf dem besten Stuhl, den das Restaurant zu bieten hat.

Aber nur ich drehe mich nach ihm um, für alle anderen ist es normal, sie sind ja schließlich genauso unterwegs. An die Restaurants schließen sich die Straßenhändler an. Der eine handelt mit Tomaten, der andere mit Zahnpasta, dazwischen Fahrradpedale und Gürtelschnallen. Plastiktöpfe aus China, Altkleider aus Europa, Seife, Cola, Mausefallen, Zucker, Autoreifen, Mehl, Fanta, Raubkopien, Hühner, Kaugummi, Brot, BHs, Holzkohle, Babys, Par... Babys? Ich bleibe verdutzt stehen. Die Marktfrauen schreien, reißen ihre mitten im Sortiment schlafenden Babys an sich und lachen.

Ein Euro sind 200 Bananen

Hellgelb schlängelt sich das Erdsträßchen durch die sanfte Hügellandschaft und bildet einen Farbkontrast zu dem in dieser Jahreszeit graubraun wirkenden Busch. Der Staub und Dunst in der Luft lässt alle Farben blass wirken. Die Sonne steht als fahlgelbe Scheibe am grauen

 MOSAMBIK

Himmel und selbst die saftig grünen Bananenstauden wirken farblos. Das Wegelchen ist auf keiner Karte eingezeichnet, aber es verläuft genau in Richtung Nord und das ist unsere Zielrichtung. Wir haben keine Ahnung, ob und wo die Offroadpiste wieder auf eine in unserer Karte eingezeichnete Straße trifft. Vielleicht endet sie auch irgendwo oder ändert die Richtung, aber umdrehen können wir ja immer noch. Es geht vorbei an kleinen Hütten, die aus Ästen und Gras gebaut sind und ganze Großfamilien beherbergen. Überall wird mit hölzernen Mörsern Cassava gestampft. Gekocht wird auf Feuer, Hühner und kleine Schweinchen rennen herum und natürlich jede Menge, seit Tagen ungewaschene Kinder.

Vor einer Hütte ist ein kleiner Verkaufsstand aufgebaut. Frisch geerntete Bananen liegen in Fünfergruppen neben Ananas. Ich stoppe den Deutz und ein paar ältere Kinder kommen angerannt, während die kleinen angstvoll ins Haus rennen oder sich hinter der Mama vor dem weißen Mann verstecken.

„Was kosten die Bananen?"
„Ein Metical."

Cassava stampfen ist Frauenarbeit

Okay, der Preis ist genau wie auf dem Markt. Fünf Bananen macht 5 Meticais und ich gebe dem Jungen eine 5-Meticais-Münze. Sabine packt die fünf Bananen ein und die Mutter gibt mir 4 Meticais zurück. Fünf Bananen für einen Metical? Ja, so preiswert ist das Leben auf dem Land. Für einen Euro gibt es bei der Bank 40 Meticais und dafür auf dem Land 200 Bananen.

Schulbesuch

Kokosnusspalmen und Bananenstauden soweit das Auge reicht. Dazwischen kleine Dörfer und Hüttenansammlungen. Die Dorfschulen sind primitiv. Eine Tafel im Schatten eines großen Baumes, davor kleine

Plastikstühle oder umgedrehte Wassereimer, auf denen die Schüler dem Unterricht folgen. Eine Klasse besteht aus 80 bis 100 Schülern und einem Lehrer.

Mit einem schlechten Gewissen stören wir den Unterricht, ich möchte gerne ein paar Fotos machen und vorher die Klassenlehrerin um Erlaubnis bitten. Die Kinder folgen weiter dem Unterricht, zwar schielen sie zu uns herüber, aber keines lässt sich anmerken, dass es unkonzentriert wäre. Die Schüler verhalten sich absolut ruhig, eine solche Disziplin haben wir noch nirgends in Afrika erlebt. Wegen der Filmerlaubnis verweist uns die Lehrerin an den Schulleiter, der auch schon auf uns zukommt. Filmen? Kein Problem! Er spricht ein paar Worte zu den Lehrern und zwei Minuten später stehen alle Schüler der Schule (vier Klassen) geordnet auf dem Schulhof und singen die Nationalhymne. Anschließend ein Volkslied mit Tanzeinlagen und danach geht es mit höchster Ruhe und Disziplin zurück auf die Plastikeimerchen, der Unterricht geht weiter.

Highspeed

Wir hatten Glück, die Offroadpiste mündet nach knapp 90 Kilometern in eine Teerstraße. Die Tachonadel steigt bis an die 80iger Marke. Ein ISUZU Pick-Up überholt uns, schaltet die Warnblinkanlage ein und bremst uns aus. Ich stoppe am Straßenrand und ein Weißer kommt an meine Tür. „Hi, ich bin Martin, ich kenne euch oder besser gesagt eure Pistenkuh aus dem Internet und vom Willy-Jansen-Treffen."
„Und was machst du hier?" „Ich arbeite hier, wir haben dahinten unser Baucamp, kommt doch mit, ich lade euch zu einem Bier ein."
Beim Bier erfahren wir, dass Martin im Jahr 2005 mit einem Unimog die Ostseite runter gefahren ist. Irgendjemand hat ihn in Mosambik angesprochen, ob er sich mit Unimogs auskenne und da Martin KFZ-Meister ist, hat man ihm einen Job als Projektleiter angeboten. Seitdem durchzieht er mit seinem Team, bestehend aus einem Caterpillar, einem Radlader, einem Lastwagen, jeder Menge Hacken und Schaufeln und noch mehr Arbeitern, Tansania, Mosambik und Südafrika. Wir haben das Team schon am Straßenrand bemerkt und auch die riesigen, armdicken Wasserschlauchrollen.
„Ist das ein Entwicklungshilfeprojekt?", will ich wissen.

 MOSAMBIK

„Ist ja klasse, dass endlich sauberes Wasser zu den Menschen gelegt wird. Oder sind es Stromkabel?"
„Nein, wir verlegen keine Wasserleitung, das sind Glasfaserkabel für Highspeed-Internet. Wir schließen Mosambik, Simbabwe und Tansania ans Seekabel in Südafrika an. Ich arbeite für Alcatel und Lucent-Technologies."
Was für eine irre Welt. Da sitzen Menschen in Hütten aus Lehm und Stroh, haben mehr als 10 Kinder, holen Wasser aus dem Wasserloch mit Eimern auf dem Kopf, der nächste Stromanschluss ist 50 Kilometer entfernt – ob die ahnen, wenn sie abends im Schein des Holzfeuers sitzen, dass in 1,20 Meter Tiefe unter ihrer Hütte die Daten der Welt durch ein armdickes Glasfaserkabel rasen? Eine irre Welt!

Unter ihren Hütten verläuft das armdicke Glasfaserkabel für Highspeed-Internet.

2.500 Bananen für den Fährmann

Unsere kleine Erdstraße endet am Shire-Fluss und die Informationen, ob die Fähre funktionstüchtig ist oder nicht, sind widersprüchlich. Sollte die Fähre auf dem Grund liegen, wäre es nicht tragisch, denn die Alternativpiste müsste durch eine schöne Landschaft führen, danach sieht es zumindest auf der Landkarte aus.
Doch die Fähre funktioniert und ich traue ihr auch zu, unsere zehn Tonnen auf die andere Seite zu bringen. Der Dieselmotor ist zwar schrott, aber den Fluss überspannt jetzt ein Stahlseil, an dem man das Floß per Muskelkraft hinüber zieht. Preisverhandlungen beginnen.

MOSAMBIK

Wir erinnern uns: 50 Meticais ist der Tageslohn eines Arbeiters, oder der Gegenwert von 250 Bananen, oder 1,20 Euro. Der Fährmann verlangt 500 Meticais, also 2.500 Bananen. Ich biete 200 Meticais, da ist schon die Touristenzulage von meiner Seite eingerechnet. Jetzt stellt sich heraus, dass ich gar nicht mit dem Fährmann verhandele, sondern mit einem dahergelaufenen Haiopei, der jetzt anbietet, den Fährmann aus dem nahe gelegenen Dorf zu holen. Für diese Dienstleistung will er 50 Meticais extra.

„Du kleiner Drecksack", denke ich und biete ihm 250 Meticais für folgendes Komplettpaket: Den Deutz mit der Fähre über den Fluss und Sabine mit der Kamera zuvor in einer Piroge auf die andere Seite schaffen, damit sie die Aktion filmen kann. Wie viel er dem Fährmann und dem Pirogenfahrer zahlt, ist seine Sache, die Differenz kann er sich einstecken. Ich hätte es mir denken können, das ist alles zu kompliziert. Dafür erfahre ich ganz nebenbei, dass der richtige Fährmann in Sichtweite im Schatten eines Baobabs sitzt. Von wegen für 250 Bananen aus dem Dorf holen.

Wir werden uns nicht einig, 300 Meticais ist das letzte Wort des Fährmanns, 250 mein letztes Angebot und so starten wir den Deutz und legen den Rückwärtsgang ein. Genau damit habe ich gerechnet, der Fährmann erhebt sich und kommt an meine Fahrertür. „Pass auf, jetzt geht's für 250 über den Fluss", sage ich vorausahnend zu Sabine.

„Ich habe heute noch kein Geschäft gemacht und habe Hunger, hast du keine Rolle Biskuits für mich, oder eine Packung Spagetti?" „Fahr mich rüber und du kannst 1.250 Bananen essen." Breites Grinsen im Gesicht des Fährmanns und er geht zurück unter den Baobab. Wir fahren. Auf einer gerade fahrzeugbreiten Piste geht es weiter durch den Busch. Die Kompassnadel zeigt für die nächsten 120 Kilometer Richtung Nord-Ost und nach zwei Tagen ist der Grenzübergang zu Malawi erreicht.

Die härteste Nuss Afrikas

Milange – der Ort bietet nicht viel. Aber immerhin gibt es eine Tankstelle und so verwandeln wir unser restliches mosambikanisches Geld in Diesel. Die Grenzbeamten sind korrekt, alles geht schnell und freundlich, aber der Schlagbaum öffnet sich nicht. Ein Mann in Uniform bittet mich ins Büro des Road-Tax-Found Ministerium. Wir nehmen es gelas-

 *MOSAMBIK*

sen, zücken die Quittung der gezahlten 100 USD bei der Einreise und glauben noch, in wenigen Minuten unsere Fahrt fortsetzen zu können. „Diese Quittung gilt nur für die Strecke im Süden nach Maputo. Hier müsst ihr 125 USD Road-Tax zahlen."
Dass die Road-Tax doppelt kassiert wird, haben wir schon öfters gehört, vor allem in der Gegend um Beira. Bei der Einreise versicherte man uns, dass die Road-Tax nur einmal gezahlt werden muss, also verweigern wir die Zahlung. Langes hin und her, letztendlich werden wir zurück in die Stadt, zum Chef des Road-Tax-Found der Nordregion eskortiert. Das arrogante Arschloch macht kurzen Prozess und beschlagnahmt mit Polizeigewalt unseren Deutz. Wir müssen ihm das Carnet de Passage (Zolldokument fürs Auto) aushändigen und bekommen es erst bei Zahlung der 125 USD zurück. Unsere Pistenkuh dürfen wir jedoch innerhalb der Stadt bewegen und uns ein Camp suchen. Verhandlungen sind nicht möglich, egal, ob ich an seine Hilfsbereitschaft und Gnade appelliere oder meine guten Kontakte zu Reisejournalisten und Zeitungsredaktionen anklingen lasse, die ich leider gar nicht habe – „You pay!"
Angeblich muss er arbeiten, die Diskussion ist somit beendet und ich werde aus seinem Büro geworfen. Als „Gnadenakt", ohne es wirklich zu müssen, wie er betont, gibt er mir die Telefonnummer und den Namen seines Vorgesetzten, ein Minister in der Hauptstadt Maputo. Dieser scheint wirklich ein hohes Tier, der Vorgesetzte in Maputo ist für uns nicht zu sprechen und wird für uns auch nie zu sprechen sein, so seine Sekretärin.
Der nächste Schritt wäre, einen Anwalt zu konsultieren. „Okay, dann machen wir das." So schnell geben wir nicht auf. Einen Anwalt zu finden ist nicht so einfach und einen, der sich mit einem Ministerium anlegen will, schon gar nicht. Von dem einzigen Anwaltsbüro, das wir in der Stadt finden, werden wir mit folgendem Argument abgewimmelt: Die Angelegenheit würde nicht hier, sondern in Maputo verhandelt, dazu müsste unser Anwalt jedes Mal nach Maputo reisen, was enorme Kosten für Flug und Hotel verursachen würde. Besser wäre es, wir würden selbst nach Maputo reisen und uns dort einen Anwalt suchen, der mit solchen Streitigkeiten auch besser vertraut wäre. Maputo, das wären mal gerade 2.200 Kilometer zurück und wir dürfen mit unserem Auto die Stadt nicht verlassen, zudem gilt unsere Aufenthaltserlaubnis nur noch vier Tage. Den ganzen Tag gekämpft, am Abend, kurz bevor die Grenze schließt, geben wir uns schließlich geschlagen. Wir zahlen.

MALAWI
„FINANCED BY GERMANY"

TRAUMSTRAND AM MALAWISEE

Gleich hinter der Grenze geht es los: „Muzungu, Muzungu, give me my money." Vom drei- bis siebzigjährigen bettelt jeder. Hilfsorganisationen verteilen großherzig die in Europa eingesammelten Spenden oder Steuergelder und man muss aufpassen, dass man nicht von einem der neuen weißen Toyotas mit Aufklebern von US-AID, UNICEF, World-Vision, GTZ, WFP, Caritas, Ärzte ohne Grenzen, etc., an der Tür überfahren wird. Am Straßenrand stehen überall Schilder: „48 km road donated by EU", „Bridge-project financed by Germany", „Sponsored by Japan", „Sweden-development-project". In der Zeitung liest man, dass der Präsident die Beziehungen zu den G20-Staaten intensivieren will und vor-

 MALAWI

rangiges Regierungsziel sei es, dass die extra Hilfen, die letztes Jahr wegen des gestiegenen Ölpreises und gestiegener Nahrungsmittelpreise gewährt wurden, auch dieses Jahr gezahlt werden, obwohl Öl- und Nahrungsmittelpreise auf Normalniveau gefallen sind. „Muzungu, Muzungu, give me my money", hört man also auf allen Ebenen, nur eben diplomatisch verfeinert.

Europäisches und deutsches Steuergeld wird z.B. eingesetzt, um die Einkommen der Farmer zu steigern. Das groß angelegte Projekt zieht sich durchs ganze Land und man hat den Eindruck, der Erfolg ist reziprok zum eingesetzten Geld. Wo das Geld verschwindet, kann man in den edlen Hotels der Hauptstadt sehen. Jedes zweite Auto auf dem Parkplatz trägt einen der bekannten Aufkleber, im Foyer des Sani-Hotel weisen Hinweistafeln den Weg. „Caritas: Malaria – meeting, room 102", „UNICEF: Abuse against children – meeting, room 105", „US-AID: Woman develop project – workshop, room 107"

Ich bin dreist und frage an der Rezeption, ob ich mal einen Blick in den Belegungsplan der Konferenzräume werfen darf. Ich darf: Jeden Tag drei verschiede Organisationen mit Meetings oder Workshops. Und von Insidern erfahren wir: Mit Meetings macht man das große Geschäft. Die Hotel- und Restaurantpreise liegen in den Hauptstädten von Entwicklungsländern, in denen viele internationale Hilfsorganisationen tätig sind, am oberen Rand.

Wir erfahren, dass zu einem Meeting grundsätzlich eine Hotelübernachtung (150-200 US-Dollar), Frühstück, Mittag- und Abendessen sowie alkoholfreie Getränke gehören. Aha, daher der viele Verkehr mit Servierwagen. Des Weiteren erhalten die Teilnehmer von Workshops und Meetings in der Regel ein Tagesgeld von mindestens 35 Euro (DED und GTZ zahlen weniger). Zum Vergleich: Ein Bankangestellter verdient etwa vier Euro am Tag, ein Bauarbeiter einen Euro. Dadurch ergeben sich recht kuriose Dinge, zum Beispiel, dass ein Verwaltungsmitarbeiter mehr Zeit in Meetings verbringt, als an seinem Schreibtisch und die gezahlten Tagungsgelder ein Vielfaches seines Gehaltes betragen. Dass die mehr als 2.000 Hilfsorganisationen an identischen Projekten arbeiten, ohne es voneinander zu wissen und der Regierungsmitarbeiter bei allen Meetings sitzt, ohne das parallel laufende Projekt auch nur mit einem Wort zu erwähnen, interessiert niemanden.

Langsam dämmert es mir, welche Einkommen wir mit unserem edlen Projekt FIDP (Farmers Income Develop Programme) steigern. Oder habe ich mich verlesen? Heißt es vielleicht EIDP (Eliten Income Develop Programme)? Es wäre zumindest ehrlicher.

In Blantyre fahren wir zum Shoprite, einer südafrikanischen Supermarktkette, in der Hoffnung, unsere Vorräte kostengünstig ergänzen zu können. Das Warenangebot ist wie in Südafrika, aber die Preise deutlich höher und so verlassen wir den Laden lediglich mit einem Toastbrot und sechs Eiern. Auf dem Parkplatz empfängt uns der Aufpasser und zeigt auf einen handgeschriebenen Zettel unter unserem Scheibenwischer: „Hallo, wir würden euch gerne mal kennen lernen. Ihr findet uns im Optikerladen gleich um die Ecke. Grüße, Ruth und Thomas." Drei Minuten später sitzen wir bei einem Kaffee zusammen. Thomas ist Weihnachten 2005 in Deutschland mit einem IFA W50 gestartet. In Namibia war die Reisekasse ziemlich aufgebraucht und mit Glück fand er einen Job als Geschäftsführer in einem Optikerladen in Malawi. Thomas ist von Beruf Optiker. Jetzt freut er sich über jeden Reisenden, der auf dem Parkplatz des Shoprite stoppt, um so sein Fernweh etwas zu lindern. „Wenn ihr Zeit habt, kommt doch heute mit zu mir. Vor meinem Haus ist genug Platz und ihr könnt, wenn ihr wollt, auch ein paar Tage dort campen." Die Einladung nehmen wir gerne an, den Thomas ist uns von Beginn an sympathisch und aus einer Nacht werden schnell drei.

Zomba-Plateau

Eine kleine Teerstraße windet sich in Serpentinen den Hang hinauf und mit jeder Kehre wird die Aussicht grandioser. Der Teer endet und eine kleine Erdstraße führt bis auf eine Höhe von knapp 1.800 Meter. Auf der Hochebene sind wir völlig allein und finden einen tollen Übernachtungsplatz an einem Waldsee. Keine Siedlung, noch nicht mal ein paar Hütten. Das Klima ist klasse, deutlich kühler und trockener als unten in der Ebene und der Wald aus Pinien, in dem wir endlose Spaziergänge unternehmen, erinnert etwas an die deutschen Waldgebiete. Hier lässt es sich gut aushalten. Zudem sind gerade Himbeeren reif, sie hängen in unglaublicher Fülle an den Sträuchern, die fast das ganze Plateau überziehen. Von den 5.478.345 Stück, die ich mir in den Mund stecke, ist keine Einzige mit Wurm. Wir bleiben fünf Tage, dann geht die Reise weiter, am Lake Malawi entlang nach Tansania.

TANSANIA
„HAKUNA MATATA"

SANSIBAR - STONETOWN

Road-Tax Teil I

Die Ausreise aus Malawi war locker, Stempel in die Pässe, Stempel ins Carnet und fertig. Nach der Road-Tax, die wir bisher noch nicht gezahlt hatten, fragt niemand mehr. Glück gehabt.
Dafür sind die Verhandlungen bei der Einreise nach Tansania schwieriger. Erst mal 50 US-Dollar für jedes Visum. Okay, das ist der offizielle Tarif und Verhandlungen bei Visumgebühren braucht man gar nicht erst beginnen. Stempel ins Carnet, auch kein Problem. Dann die Road-Tax und hier beginnen die Diskussionen. 100 USD sei der Tarif, um die Straßen vier Wochen befahren zu dürfen. Mein Argument, dass es sich um ein Privatfahrzeug und nicht um einen kommerziellen Lastwagen

TANSANIA

handelt, interessiert wenig. Pkws zahlen nur 20 USD für vier Wochen. Die Tonnage sei ausschlaggebend, so der Krawattenträger. Wir bleiben freundlich aber hart, die Gegenseite auch. Ein weiterer humorloser Uniformierter mischt sich ein und will das „Verständigungsproblem" lösen. Plötzlich ist von Hubraum die Rede und Fahrzeuge mit solch großen Motoren wie unseres, müssen 100 USD zahlen.

Die Zeit vergeht, das Verständigungsproblem und meine Hartnäckigkeit bleiben. Inzwischen sind wir im Büro des Chefs angelangt, der hat im Moment ganz andere Probleme. Sein Computer hat einen Virus und er kann sich nicht mehr in sein Dienstprogramm einloggen. Der IT-Experte ist vor Ort, schaltet den Rechner aus und bootet neu. Gleiches Problem. Der IT-Experte schaltet wieder den Rechner aus und bootet neu, so könnte ich mich etwa 20 Seiten lang wiederholen und ich weiß nicht, wie lange der Mann vom Fach schon vor unserem Eintritt ins Büro das Problem auf diese Weise lösen wollte. Wir sitzen auf der Ledercouch und nehmen es locker, sehen es wie ein Theaterstück, bei dem wir in der ersten Reihe sitzen und sogar gelegentlich mitspielen dürfen. Der Experte gibt auf, morgen will er es – wahrscheinlich auf die gleiche Weise – erneut probieren. Für heute muss der Chef auf seinen Computer verzichten. Der Chef hört uns kurz an und spricht das letzte Wort: „You pay 100 Dollar US."

„Okay, das Spiel ist verloren", geht es mir durch den Kopf, aber einfach so die Karten bzw. die 100 USD auf den Tisch werfen, will ich auch nicht. Wenigstens noch etwas Arbeit machen.

„Kann ich die Regelung und Gebührenordnung mal sehen? Einige sagen, es ginge nach Tonnage, andere sagen, es ginge nach Hubraum." Der Buchhalter muss antreten. Die Buchhaltung ist im Nachbarbüro und durch die geöffnete Tür sehen wir, wie er Aktenordner durchsucht, aber nichts Passendes findet. Der Chef wird sauer. Jetzt suchen drei Mitarbeiter in diversen Ordnern, ohne Erfolg. Plötzlich erinnert sich einer von ihnen. Kurzes Gespräch mit dem Chef, dessen Stirnfalten sich etwas glätten. Und dann wird mir heiß. Unseretwegen wird ein Hocker herbeigebracht und das Bild des Präsidenten von der Wand genommen. Das ist noch nicht oft passiert, man erkennt an der helleren Wandfarbe deutlich, wo es gehangen hat. Man wird es nicht glauben, aber hinter dem Präsidenten hängt die Gebührenordnung.

Der Chef liest laut vor: „Commercial vehicles like busses, trailers, tanker, lorries and other commercial vehicles pay 100 USD. Private

vehicles like pick-ups, limousines, vans and other private vehicles pay 20 USD. " Schweigen im Raum, alle starren zum Chef.
„You have to pay 20 Dollar US."
Jetzt bloß keine Schadenfreude zeigen, auf gar keinen Fall grinsen oder eine dumme Bemerkung machen, sondern eine Formulierung finden, die es ihm ermöglicht, vor seinen Mitarbeitern sein Gesicht zu wahren. Also bedanken wir uns für seine Gastfreundschaft, entschuldigen uns für die Zeit, die wir in Anspruch genommen haben und danken ihm, dass er unser Problem so schnell, korrekt und souverän aus der Welt geschafft hat. Zum Schluss noch gute Wünsche für seine Frau, Kinder und Familie und nichts wie weg. Die Gebührenordnung war der Trumpf und so haben wir 80 USD gespart, mit 50 Minuten Einsatz.

Die Teerstraße steigt ins Gebirge. Regenwolken ziehen auf, dunkel und bedrohlich, und kurze Zeit später geht ein tropisches Gewitter über uns nieder. Regen ist hier nicht selten und so ist alles saftig grün. Teeplantagen, Bananenstauden, Kartoffel- und Kohlfelder ziehen an uns vorbei. Tomaten und Zwiebeln werden eimerweise verkauft. 10 kg Tomaten für umgerechnet 2 Euro. Zwei Tage und 300 km weiter nördlich liegen die letzten Regentage schon Monate zurück. Strahlend blauer Himmel, trockenes Buschland und riesige Baobabs, unter denen wir jeden Abend einen ruhigen Übernachtungsplatz finden.

Sansibar

Unseren Deutz haben wir im bewachten Innenhof des YWCA in Dar Es Salaam abgestellt. Hier soll er auch während der kommenden Tage stehen, die wir in und auf Sansibar verbringen. Am nächsten Tag packen wir unsere Rucksäcke und mit der Schnellfähre geht es nach Sansibar. Am Hafen sind wir umringt von neuen Freunden, die uns aus reiner Nächstenliebe und Wohltätigkeit zu günstigen Hotels führen wollen. Wir werden die Schlepper einfach nicht los, da hilft nur ein kleiner Trick. Wir gehen ins erstbeste Hotel und fragen, ob wir unsere Rucksäcke für eine Stunde abstellen dürfen. Kein Problem. Ohne Rucksack sind wir für unsere neuen Freunde uninteressant und so können wir in Ruhe eine preiswerte Unterkunft suchen und sogar 20% Rabatt auf den Preis aushandeln, denn wir kommen ja ohne Guide.

TANSANIA

Sansibar! Welch klangvoller Name, ein Name voller Faszination, Ausstrahlung und Mythos. Die schmalen, verwinkelten Gassen der Altstadt „Stone Town" sind so schmal, dass kein Auto hindurch passt und erinnern unwillkürlich an Märchen aus tausendundeiner Nacht. Im Labyrinth der Minarette, Koranschulen, Kirchen, prachtvollen arabischen Palästen und halb verfallenen Lehmbauten der Ärmsten verlieren wir die Orientierung, wo ist Nord, wo ist Süd?
Doch soll man beim Anblick der Paläste und des Reichtums der ehemaligen Sklavenhändler vor Bewunderung ergriffen sein, wo er doch auf dem Leid von Millionen Sklaven ruht? Wo ist Nord, wo ist Süd?

Sansibar – fast wie vor 100 Jahren

Sansibar, ein Schmelztiegel von Raum, Zeit und Kultur. Traditionelle Segelschiffe, die Dhaus, wie vor Hunderten von Jahren aus Holz gefertigt, kreuzen vor der Küste, dazwischen Tragflügelboote und Containerschiffe. Der Schreiner fertigt Möbelstücke wie zu Jesu Zeiten und wird von digitalen Kameras fotografiert. Völlig verschleierte, muslimische Frauen mischen sich mit Touristinnen in kurzen Röckchen und figurbetontem Top.
Auf dem Gewürzmarkt riecht es wie zur Zeit, als David Livingstone sich hier für seine Expeditionen ins Innere Afrikas mit dem Notwendigsten eindeckte, nach Nelken, Zimt, Vanille und Kardamon. Würde David Livingstone diese Zeilen lesen, würde er sich vor Lachen auf die Schenkel klopfen – von wegen Duft nach Zimt und Vanille. Livingstone nannte das Labyrinth von schmutzigen, übel riechenden Gassen voller Ungeziefer „Stinkibar" und fügte noch hinzu: „Der nächtliche Gestank ist so krass, dass man sich daraus ein Stück schneiden könnte, um damit den eigenen Garten zu düngen."

 TANSANIA

Mit dem Ende der Sklaverei etwa 1870 verblasste der Reichtum Sansibars.
Viele reiche Araber verloren ihrem wichtigsten Rohstoff, die Sklaven.
Sansibar geriet in eine Rezession, denn mit dem Wegfall des Sklavenhandels verlagerte sich auch das andere Handelsgeschäft von Sansibar nach Dar es Salaam und Mombasa.
Ein Grossteil der Araber verließ Sansibar und so sammelte sich die Macht in einer Hand voll zurückgebliebener Araber.
Das Volk litt.
1964 kann die Unabhängigkeit, in der Folge kam es zu einem Aufstand und 17.000 Araber wurden umgebracht. Die wenigen Überlebenden des Massakers zogen fort. Ihre Ländereien und Häuser wurden enteignet und mehr oder weniger dem Verfall preisgegeben. Seit Anfang der 90ziger Jahre wird der Tourismus massiv gefördert und mit deutscher Entwicklungshilfe einige Häuser renoviert, die dann günstig von der jetzigen Oberschicht gemietet werden.
Sansibar war übrigens mal deutsche Kolonie und wurde Ende des 19. Jahrhunderts gegen Helgoland mit den Briten getauscht.

„Sansibar" leitet sich entweder vom arabischen Satz „zayn za i bar" ab, was soviel wie „Schön ist diese Insel" bedeutet, oder vom persischen „zanji bar", was einfach nur „Negerküste" heißt. Am Abend sitzen wir auf der Terrasse des „Africa House Hotels". Eine große Dhau segelt vor der rot im Meer versinkenden Sonne.

Statt Campari-Orange bestelle ich einen indischen Massala-Tee in einer chinesischen Porzellantasse. Ein kühler Wind weht vom Meer herüber, die Dhau ist kurz vorm Hafen und der Feuerball halb im Meer versunken. Der Tee ist scharf, Eselgewieher schallt in den engen Gassen – so muss es vor 150 Jahren gewesen sein. Der Tagtraum wird jäh unterbrochen, als der Kellner das Neonlicht anschaltet. Übrigens: Ich hätte nicht extra sagen müssen, dass ich eine chinesische Porzellantasse haben will, alle Tassen auf Sansibar sind heutzutage „Made in China".
Wir halten es mit den Arabern: Schön ist die Insel Sansibar!

TANSANIA

Zurück auf dem Festland geht's an der Küste entlang nach Peponi, wo wir auf einem schönen Campingplatz unter Palmen direkt am indischen Ozean in Gesellschaft mit netten Leuten die Tage verstreichen lassen, bevor wir in die Usambaraberge aufbrechen.

Aus irgend einem Grund müssen wir den richtigen Weg verloren haben, oder es gibt keinen besseren. Unsere Landkarte ist so ungenau, dass wir auch gleich den Dirke-Weltatlas hätten nehmen können. Jedenfalls stimmt die Richtung und es geht am Nordrand ab in die Ebene, nur dass hier der Weg so steil und rutschig ist, dass unsere Pistenkuh schon von alleine rutscht. Wir trauen uns nicht weiter und verbringen eine weitere Nacht auf der Schlammpiste.
Am folgenden Morgen sieht die Welt schon wieder besser aus.
Die Piste ist befahrbar, zumindest dort, wo die Sonne hinscheint.
Extrem gefährlich sind die engen Kehren im Schatten. Teilweise so eng, dass wir mehrmals reversieren müssen, dazu so glitschig, dass alle Räder im Schlamm durchdrehen und das Ganze nur wenige Zentimeter vom Abgrund.

Enge Wege, gerade mal fahrzeugbreit, führen uns teilweise durch dichten Urwald und das Fahren und Reisen macht Spaß.

Doch als es anfängt zu regnen, vergeht uns der Spaß. Die Erdstraßen verwandeln sich in rutschige Schlammwege. Der Deutz rutscht, steht schief, kurz vorm Abgrund und jede Aktion führt nur dazu, dass das Heck sich weiter in Richtung Abgrund dreht.

Wir übernachten in Schieflage auf der Strecke und hoffen, dass der Weg abtrocknet. Am nächsten Mittag geht's weiter, aber nur für ein paar Stunden, dann regnet es wieder.

Etwas mehr als eine Woche sind wir in den Bergen durch Regen gekrochen, bis wir endlich wieder in der Ebene auf brauchbare Pisten treffen, die uns nach Moshi am Kilimanjaro bringen.

TANSANIA

Blick von Moshi auf den Kilimanjaro

Um auf den Kilimanjaro zu steigen, sind wir inzwischen zu fett. Aber selbst wenn wir über die nötige Kondition verfügen würden, wären uns die Strapazen keine 1.000 US-Dollar pro Person wert, die man inzwischen für den Kili zahlen muss.

Road-Tax, Teil II

Die Ausreise ist problemlos – na ja, fast. Wir sind etwas mehr als sieben Wochen in Tansania gewesen, hatten aber bei der Einreise nur für vier Wochen die Road-Tax gezahlt. Also müssen wir 20 USD nachzahlen. Doch die Lady ist böse. „Die haben einen Fehler gemacht. Ihr müsst 100 USD zahlen und 80 Dollar nachzahlen, macht 180 USD."
Die fett gefressene, alte Dreckskuh!
„Kann ich mal die Gebührenordnung sehen, nach welchen Kriterien die Steuer berechnet wird?"
„Wir kennen die Regeln, wir handhaben das hier immer so."
„Ja, aber lassen Sie uns doch mal reingucken. Dort steht...", und dann zitiere ich den Text aus der Erinnerung.
„Wir haben die Gebührenordnung nicht hier." Die böse Lady wird etwas zahmer.
„Rufen sie doch beim Kollegen mal an, das Regelwerk hängt dort hinter dem Präsidenten an der Wand, und lassen sich eine Kopie faxen."
Ohne mich eines weiteren Blickes zu würdigen stellt sie grimmig eine Quittung über 20 USD aus und diesmal kann ich mir ein breites, arrogantes Grinsen, wie man es sonst nur von Lackaffen kennt, nicht verkneifen und gebe ihr den guten Rat, sich doch mal um eine Weiterbildung zu bemühen.
Jetzt geht es mit den Verhandlungen über Road-Tax auf der kenianischen Seite weiter, aber das ist ein neues Kapitel.

KENIA
MASSAI, SAMBURU UND TURKANA

ÄQUATOR-ÜBERQUERUNG

In Kenia werden wir von Massai-Frauen empfangen, oder besser gesagt, umringt und mit Massai-Schmuck behangen, für den wir unser Preisangebot abgeben sollen. Visum und Carnet ist schnell erledigt, jetzt muss nur noch die leidige Road-Tax gezahlt werden. Die Diskussionen ziehen sich hin. Wir haben unterschiedliche Standpunkte. Ich bin der Meinung, unser Deutz sei ein etwas größerer Landrover, während der Beamte die Ansicht vertritt, es sei ein kleiner Lastwagen.
20 Minuten später sitzen wir im Büro des Chefs und stören beim Kaffeetrinken. Dieser fällt keine klare Entscheidung, auf deren Grundlage man zahlen oder weiter diskutieren könnte, sondern ist sehr diplomatisch: „Es könnte ein Lastwagen sein, aber ebenso gut auch ein Pkw."
„Okay, dann ist es ein Pkw", entscheide ich schnell.
„Aber vielleicht ist es doch ein Lkw", grübelt der Chef.

KENIA

Ich weiß nicht, was dieses Hin und her soll. Später erfahre ich die Auflösung: Der Tarif für Pkws gilt für einen Monat unabhängig der gefahrenen Kilometer. Der Lkw-Tarif wird nach Kilometer abgerechnet, unabhängig von Zeit. Ich bin mir jetzt selbst nicht mehr sicher, ob wir nun einen Pkw oder Lkw haben. Letztendlich entscheiden wir uns für den Pkw-Tarif. Den umgehängten Schmuck der Massai bekommen wir natürlich wieder abgenommen, als klar wird, dass mit uns kein Geschäft zu machen ist.

„This is our land"

Es dauert keine fünf Stunden und die Massai gehen uns schon gewaltig auf den Nerv. Für Fotos muss gezahlt werden, so steht es zumindest im Reiseführer, aber dass man auch dafür zahlen soll, wenn man Kühe fotografieren will, nur weil sie einem Massai gehören, ist schon sonderbar. Also keine Fotos.
Am Nachmittag fahren wir von der Teerstraße runter in den Busch und es dauert nicht lange, bis ein Massai neben dem Wagen steht und irgendetwas vom Sauerland faselt. Aber er meint nicht „Dies ist Sauerland", wie ich es verstanden habe, sondern „This is our land, you pay". Es dauert ganze 40 Minuten bis er abzieht und uns in Ruhe lässt, ohne Geld kassiert zu haben.

Massai fahren Landrover

Am nächsten Morgen fotografiere ich einen alten Landrover vor einem Laden. Dummerweise gehört der Karren einem Massai und schon beginnen die Geldforderungen. Wir verlassen wieder das Asphaltband und fahren etwa drei Kilometer über abgeweidetes Grasland.
Unser Übernachtungsplatz scheint ideal, keine Menschenseele weit und breit,

240

von der Teerstraße nicht einzusehen und sollte doch jemand Kurs auf uns nehmen, können wir ihn schon von weitem entdecken. Doch kaum zu glauben, nach etwa drei Stunden sehen wir tatsächlich zwei Gestalten am Horizont auf uns zu laufen. Freundliche Begrüßung, kurzer Smalltalk, die Beiden sind wirklich nett.

„Was haltet ihr von den Massai?", will der Jüngere wissen.

Da sie nicht wie Massai aussehen, bekommen sie auch eine ehrliche, ungeschmückte Antwort: „Ein geldgieriges Bettelvolk."

Ich zähle unsere bisherigen fünf Kontakte zu den Massai auf, die alle mit Geldforderungen für irgendeinen Scheiß endeten.

„Wir sind auch Massai", erklärt der Ältere. „Und das ist unser Land", fügt der Jüngere hinzu.

Aber statt Geldforderungen geht das Gespräch in eine andere, für uns neue Richtung. Wir werden in ihre Hütte zum Tee und Essen eingeladen. Die Einladung nehmen wir natürlich an und sitzen bei Sonnenuntergang in einem Raum mit Sofa, Tisch und Fernsehapparat. In einem kleinen Häuschen gleich nebenan wird auf Holzkohle Tee gekocht. Während der Teerunde wird uns klar, dass es sich hier nicht um typische Massai handelt.

Der Vater, etwa 65 Jahre alt, hat in England studiert, und das zu einer Zeit, in der die meisten Massai-Kinder noch nicht zur Schule geschickt wurden. Weiter erfahren wir, dass er ein „member of parliament" in Nairobi war. Ich habe mich über den relativen Reichtum der Familie schon gewundert – Notstromaggregat für Licht und Fernseher, zwei Autos vor der Hütte und zwei Bedienstete.

Vom Abendessen rühren wir nichts an, mein Arzt würde uns sonst das Reisen verbieten. Aufgetragen wird eine große Schale mit roher, blutiger Rinderleber und eine Schüssel mit rohem Rindergulasch, dazu warme Milch direkt aus der Kuh oder Tee.

Die eigentliche Delikatesse gibt es zum Nachtisch: In einer Schüssel befindet sich ein rot-grau schimmernder Gelee, der mit den Fingern gegessen wird. Vor ein paar Stunden wurde den Rindern Blut abgezapft, dieses gerann in den folgenden Stunden und wurde dann mit frischer Milch vermischt. Aus religiösen Gründen sind wir Vegetarier – ja, die Deutschen spinnen! – und so bleiben wir beim Tee.

Wir dürfen auf ihrer Weide stehen, solange wir wollen und können auch an ihrem Brunnen unseren Wassertank auffüllen.

KENIA

30 Minuten sind kein Tag

Am folgenden Abend, wir sind wieder zum Tee verabredet, fragt der Ältere uns, ob wir nicht mit den Massai drei Tage durch die Steppe ziehen wollen. Wegen der Trockenheit müssen die Rinder zu einem Gebiet getrieben werden, wo es geregnet hat, welches etwa drei Tagesmärsche entfernt liegt. Morgens bei Sonnenaufgang soll es losgehen, gelaufen wird 14 Stunden und dann unter einem Strauch geschlafen. Wir brauchen nur eine Wasserflasche und eine Decke für die Nacht. Die Nahrung unterwegs besteht aus frischer Milch und Rinderblut. Auf dem ebenfalls drei Tage dauernden Rückmarsch wird gehungert. Okay, damit ist die Entscheidung für uns gefallen.

Ausgetrocknete Massai-Steppe

Heute Abend müssen aber etwa 30 Kühe von der Weide neben dem Haus zu einem Sammelplatz getrieben werden, da könnten wir doch mitgehen, schlägt einer der Massai vor. Das wäre auch nur ein kurzer Spaziergang von 30 Minuten. Einverstanden. Wir bekommen einen Stock in die Hand gedrückt und rennen mit fünf Massai im aufgewühlten Staub der Rinderherde. 30 Minuten vergehen, eine Stunde, nach anderthalb Stunden, inzwischen ist es stock dunkel, fragt Sabine vorsichtig nach, wie weit es noch sein möge.
„Noch etwa 20 Minuten", lautet die Antwort.
„Aber sollte nicht der ganze Weg nur 30 Minuten dauern?", fragt Sabine noch mal nach. „Zeit ist bei uns anders. 30 Minuten bedeutet, dass es nicht den ganzen Tag dauert."
Wir machen uns wieder auf den Rückweg und denken darüber nach, was wohl mit drei Tagen gemeint war? Das es nicht einen Monat dauert? Am dritten Tag fahren wir weiter nach Nairobi und werden zumindest einen Teil der Massai in guter Erinnerung behalten.

KENIA

JJ in Nairobi

„JJ" oder „Jungle Junction", wie es richtig heißt, ist einer der bekanntesten Globetrottertreffpunkte in Afrika. Chris, ein Deutscher, war vor mehr als 10 Jahren hier in Nairobi mit seinem BMW-Motorrad gestrandet und freute sich immer, wenn andere Reisende in seinem Garten übernachteten. Inzwischen ist daraus eine Art permanentes Globetrottertreffen entstanden. Wir bleiben drei Wochen, besorgen die Visa für Sudan und Äthiopien und feiern Weihnachten.

Ein Konvoi mit Südafrikanern trifft ebenfalls auf dem Camp ein. Große Aufkleber auf den Toyotas „Cape to Cairo – We do it". Über die Reiseplanung der Südafrikaner kann man sich nur wundern: Sie wollen in 197 Tagen in Spanien sein. Jeder Tag ist genau geplant, vor allem die Übernachtungen auf Camping- oder Hotelparkplätzen, denn draußen im Busch ist es zu gefährlich. Zudem hat man feste Termine auf der Route, wie z.B. eine gebuchte und schon bezahlte Nilkreuzfahrt in Luxor für den 162.-166. Tag, eine Hotelübernachtung in einer Edellodge am 147. Tag in Marsabit, usw.

teressante Reisefahrzeuge in der JJ

Landkarten haben sie fast keine dabei, man lädt sich die Route von „Tracks 4 Africa" ins GPS und folgt dieser ohne Abweichung. Das kostenlose Internet bei JJ nutzt man daher auch, um die Campsites für die nächsten Tage bis Addis Abeba zu buchen. Jeder reist wie es ihm gefällt.

Schlammschlacht

JJ ist ebenfalls der Punkt, an dem sich viele zu einer Reisegemeinschaft für die Strecke nach Äthiopien zusammenschließen.

KENIA

Aber wir machen uns allein auf den etwa 1.500 km langen Weg abseits der Hauptroute. Wir überqueren den Äquator und kurz später begrüßt uns Regen auf der Nordhalbkugel.

Alle Reisenden in Richtung Norden entscheiden sich für die Strecke Marsabit - Moyale, die als schneller und sicherer gilt, als die Strecke entlang des Turkana-Sees.

618 Tage verbrachten wir auf der Südhalbkugel.

Die Erdstraßen entwickeln sich rasch zu einer Schlammschlacht. Unserem Deutz scheint es richtig Spaß zu machen.
Allerdings stecken fast alle einheimischen Fahrzeuge fest und mehr als einmal kommt unsere Seilwinde zum Einsatz. Je weiter wir nach Norden kommen, desto ungenauer werden unsere Landkarten. In der Michelin Karte ist eine Brücke verzeichnet, die es noch nie gab. In den russischen Militärkarten sind Pisten eingezeichnet, wo es nicht mal einen Trampelpfad gibt und den Gipfel bildet die Detailkarte von RKH, wo Ortschaften eingezeichnet sind, die mehr als 30 Kilometer

KENIA

vom eingezeichneten Punkt entfernt liegen. Der Autor unseres Reiseführers, ein Ding mit fast 1.000 Seiten, schreibt, dass er die Gegend nur vom Hörensagen kennt und empfiehlt, genügend Treibstoff mitzunehmen. Auch ohne diesen klugen Tipp hatten wir in Nairobi schon mal 500 Liter gebunkert.

Nur Geld zählt

Der Pistenverlauf bereitet keine Orientierungsprobleme, immer sind Fahrspuren zu erkennen. Es gibt mehr Abschnitte, die mit Schritttempo zu befahren sind, als Strecken, auf denen man aufdrehen kann. Hier lebt der Stamm der Samburu, die mit den Massai verwandt sind. Man erkennt es am Schmuck, der Kleidung, der Sprache und der Geldgier. Ab hier gibt es Fotos nur noch gegen Geld. Schade, dass wir keines mehr haben. Unsere letzten Schilling hatten wir im letzten größeren Ort gegen Kautabak eingetauscht. Afrika ist mit Glasmurmeln erobert worden und jedes Kind weiß, dass die Naturvölker mit Geld nichts anfangen können, sondern materiellen Dingen wie Murmeln, Batterien, Taschenlampen, Spiegel, etc. den Vorzug geben. Kautabak sei der Renner bei den Naturvölkern, so sagte es der Restaurantbetreiber in der Stadt. Die Samburu und später die Turkana lachen mich aus, als ich den Kautabak auspacke und dafür fotografieren will. Das Einzige, was in der Natur zählt, ist Geld. Also tauschen wir 5 USD zu einem miserablen Kurs, um wenigstens mit Verhandlungen beginnen zu können, die bei den Samburu langwieriger und anstrengender waren, als bei den Turkana.

Turkana-Frau

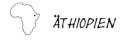

ÄTHIOPIEN
DAS DACH AFRIKAS

FRAUEN VOM STAMM DER HAMER

Kaffeezeremonie

In dem Gebiet des Omo-Flusses leben noch einige sehr traditionelle Stämme, wie die Mursi, Hamer, Karo und einige mehr. Diese Stämme, die weit ab von der Zivilisation ihr traditionelles Leben führen, sind natürlich das Ziel vieler zivilisierter Reisender und so trifft man hier auf mehr weiße, mit Fotoapparaten behängte Touristen, als auf ursprüngliche Einheimische. Das Geld der Touristen wird in Alkohol umgesetzt und so ist am Nachmittag jeder Mursi besoffen.
Das Beste in Äthiopien ist zweifelsfrei der Kaffee. Ich weiß nicht, wann ich das letzte Mal so leckeren Kaffee getrunken habe.

ÄTHIOPIEN

In Turmi: Heute ist Markttag und so sind viele Frauen aus den umliegenden Hütten hier versammelt und tragen wie seit Jahrtausenden, neben ihrem Schmuck, nur einen Lendenschurz aus Ziegenfell. Na ja, die Schuhe aus alten Autoreifen sind ein Zugeständnis an die Moderne und bei einigen klingelt unter dem Ziegenfellkleid das Handy. Wie gesagt, heute ist Markttag, aber gehandelt wird nicht. Ein bisschen Hirse, ein Bündel Brennholz. Man trifft sich auf dem Markt wohl eher um Neuigkeiten auszutauschen oder um einfach nur beisammen zu sein. Auffallend sind die vielen Narben auf den Rücken der Frauen. Die Männer schlagen ihre Frauen bei Ungehorsam mit Stöcken, aber je mehr Narben, umso höher das Ansehen der Frau, also eine Art Schmucknarbe. Für uns schwer zu verstehen. Die Hamer sind ein freundlicher und umgänglicher Stamm. Und wenn man die Haupt-Touristenroute meidet, ist es leicht, in ihren Dörfern Kontakt zu bekommen und etwas an ihrem Leben teil zu haben. Man muss sich natürlich die Zeit dazu nehmen.

Den Macchiato mit perfekt geschäumter Milch gibt's für umgerechnet 13 Eurocent im Café und für 20 Cent mehr gibt's auch noch ein Stück Kuchen dazu. Aber beim Kuchen ist Vorsicht geboten, nirgendwo sonst in Afrika hörten wir von Pauschaltouristen, die auf die Versorgung durch einheimische Restaurants angewiesen sind, von so vielen Fällen mit Magen-Darm Problemen. Aber bei meinem Stück Kuchen kann nicht viel passieren, die Bakterien müssten in den zwei Wochen, in denen das Stück in der Vitrine lag, alle vertrocknet sein.

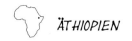 ÄTHIOPIEN

Aber zurück zum Kaffee. Äthiopien ist das Kaffeeland schlechthin. Hier wurde der Kaffee entdeckt. Zunächst roh gekaut, dann von Mönchen geröstet und als Aufputschgetränk für lange Gebetsrunden genossen. Auch heute noch wird in fast jedem Haus am Nachmittag eine kleine Kaffeezeremonie abgehalten. Die Bohnen werden gewaschen, auf dem Feuer geröstet, mit dem Mörser zu Kaffeemehl zerstoßen und mit heißem Wasser aufgebrüht. Auf das Feuer werden dann Weihrauchblätter gelegt, der Qualm vertreibt die Fliegen und verbreitet einen angenehmen Geruch, der sich mit frischem Kaffeeduft mischt. Herrlich. Und der Geschmack erst! Der Unterschied zu einem deutschen Kaffee ist so groß wie ein frisch Gezapftes zu einem zwei Tage abgestandenen Bier, um den Kaffee mal mit unserem Mönchsgetränk zu vergleichen.

Frisch geröstete Kaffeebohnen

Geburtstagsfeier auf Südafrikanisch

Wir hatten völlig falsche Vorstellungen von der Campsite in Addis Abeba. Wim, ein Holländer, betreibt ein Bierlokal mit Restaurant und sein Garten, indem man für sieben Euro die Nacht campen kann, soll so eine Art Globetrottertreffpunkt in Äthiopien sein. Der Müll im Garten interessiert keinen und den Chef schon mal gar nicht, ständig muss man auf der Hut sein, um nicht in Hundeschiss zu treten, den Wim's Köter auf dem ganzen Platz verteilen. Die einzige Dusche hat nicht immer Wasser und warmes Wasser schon gar nicht. Letztendlich bleibt der Eindruck, Wim wolle sich mit seinem Garten nur seine Sauferei finanzieren. Schade, dabei könnte es eine Goldgrube sein, denn alle Reisenden kommen irgendwann durch Addis.
So auch die Gruppe Reisender, die mit zwei Landrover und zwei Landcruiser ein paar Tage vor uns in Nairobi gestartet waren. Wir freuen uns über die Abwechslung, nicht immer nur alleine zu sein. Am folgenden Tag hat Bob Geburtstag und wir sind abends ins Restaurant eingeladen.

ÄTHIOPIEN

Als Geburtstagsgeschenk hat Sabine zwei Kuchen gebacken und ich bin den halben Tag durch Addis gelaufen, um die Zutaten aufzutreiben. Bob hat in einem Restaurant ein Tisch für zwölf Personen reserviert und das Essen ist perfekt. Eine Art Büffet mit allem, was die äthiopische Küche an traditionellen Leckereien zu bieten hat. Eine Tänzerin war engagiert um ein paar traditionelle Tänze zu zeigen. Natürlich darf im Land des Kaffees als „Nachtisch" eine traditionelle Kaffeezeremonie nicht fehlen, zu der – nicht ganz traditionell – Sabines Kuchen gereicht wird. Ein schöner Abend geht zu Ende und der Chef bringt die Rechnung. Alles zusammen, mit Getränken und Tänzerin, 74 Euro.
Woher ich das weiß? Bob nimmt den Taschenrechner, teilt die Summe durch zwölf und jeder der geladenen Gäste hat seinen Anteil an der Geburtstagsfete zu zahlen. Übrigens die erste Geburtstagsfete in unserem Leben, wo man uns anschließend die Rechnung präsentiert und auch die erste Geburtstagsfete, bei der wir anschließend den halben Geburtstagskuchen wieder einpacken und mit nach Hause nehmen.

Schwupp – Video-Kamera weg

Es ist nachmittags gegen 15 Uhr. Wir cruisen im fünften Gang mit etwas erhöhtem Standgas auf erstklassiger, neuer Asphaltstraße durch die Landschaft, 10 km nördlich von Dessie. Zwei Toyota Landcruiser mit deutschem Kennzeichen kommen uns entgegen und ich trete mal leicht aufs Bremspedal, damit die Stopplichter aufleuchten, um zu sehen, ob die anderen ebenfalls für einen kleinen Plausch anhalten. Auch deren Stopplichter leuchten auf und ich trete das Bremspedal fester durch. Wir stehen hinter unserem Auto in einem Dorf mit einer handvoll Hütten, erzählen und merken nicht, wie die Zeit vergeht.
Etwa eine Stunde später will Sabine etwas zu schreiben holen und ich höre ihr Schreien. Jemand war in unserem Führerhaus, Dinge sind auf dem Boden verstreut. Doch das Einzige, was fehlt, ist die Videokamera. Scheiße, 600 Euro weg. Bis vor einer Viertelstunde waren 40-50 Kinder und Jugendliche aus dem Dorf um uns versammelt und nervten mit Forderungen nach Geld. Wie auf ein unsichtbares Zeichen verschwanden plötzlich alle.
Fünf Jugendliche stehen nicht weit von unserem Auto entfernt. Ich gehe zu ihnen und frage nach der Polizei.

 ÄTHIOPIEN

Glück gehabt, die kleine Polizeistation ist in Sichtweite. Die beiden Landcruiser setzen ihre Reise fort, wir setzen unseren Deutz 100 Meter zurück und stehen nun vor dem Polizeigebäude. Jeder Vorbeikommende bleibt stehen, es gibt ja was Neues. Die beiden Polizisten sind durchaus neugierig, aber damit ist ihr Ermittlungsdrang auch schon erschöpft. Die Kamera kann nicht weit weg sein. Es sind schließlich nur 200 Hütten im Umkreis, wie der Polizist mir erzählt, und in der Zwischenzeit hat kein Minibus gehalten oder den Ort verlassen. Zudem muss es jede Menge Zeugen geben, zwar nur Kinder, aber irgendjemand wird den Dieb beobachtet haben und wie schon die Römer wussten, in jeder noch so eng befreundeten Gruppe gibt es einen Judas. Wer erinnert sich da nicht an die kleine Schwester, die einen für eine Hand voll Schokotaler ans Messer lieferte?

Ich biete 1.000 Birr für meine Kamera. Wer mir meine Kamera bringt oder der Polizei erzählt, wo sie zu finden ist, bekommt umgerechnet 50 Euro, immerhin ein guter Monatsverdienst, ein Straßen- oder Bauarbeiter verdient 1,10 Euro am Tag. Mich interessieren weder Namen noch Hintergründe, der Deal ist einfach: Kamera gegen Geld.

Natürlich erkläre ich noch den herumstehenden Gaffern, dass die Kamera ohne Spezialladekabel wertlos sei, zudem zeichne sie in einem HD-Format auf, für dessen Endcodierung eine spezielle Software auf dem Computer installiert sein müsse, die Kamera habe für den Dieb also keinen Wert. Getuschel beginnt, die Nachricht sickert ins Dorf. Beim Anblick der zehn 100-Birr Scheine, mit denen ich auf der Straße wedele, werden selbst die beiden Polizisten aktiv, bewaffnen sich mit Schlagstöcken und machen sich auf den Weg ins Dorf. Wir warten beim Auto und ich erzähle jedem Vorbeikommenden, wie schnell man 1.000 Birr verdienen kann.

Verhaftungen

Das ging ja schnell, keine halbe Stunde und die Polizisten treiben einen 16jährigen mit dem Stock vor sich her. Dieser wird in eine Art Ziegenstall auf dem Polizeigelände gesperrt und die Polizisten machen sich wieder auf den Weg ins Dorf. Die zweite Verhaftung erfolgt ebenfalls innerhalb weniger Minuten und die Polizisten rücken zum dritten Mal aus. Sie müssen immer drei Leute verhaften, damit der Richter einen

ÄTHIOPIEN

aussuchen kann, erläutert mir einer der Polizisten. Inzwischen ist vor der Polizeibaracke das halbe Dorf versammelt. Zwei Frauen schreien und weinen, ältere Männer mit versteinertem Gesicht stehen schweigend und gesenkten Kopfes da, während alle anderen miteinander tuscheln.

Einer der Polizisten klärt uns auf: Einer der Jungendlichen stieg in unser Auto, entwendete Reiseführer und Landkarte, konnte diese jedoch nicht lesen und warf sie wieder ins Auto. Daraufhin stieg Dieb Nr. 2 ins Auto, griff die Kamera und rannte davon. Die Kamera versteckte er unter einem Busch, wo sie Dieb Nr. 3 fand und mit nach Hause nahm. Dort ist die Kamera aber nicht zu finden. Keiner weiß, wo sie jetzt ist. Die Polizeihauptstelle ist inzwischen verständigt worden und morgen kommen mehr Polizisten, um alle Dorfbewohner zu befragen. Wir gehen ins Bett und übernachten vor der Polizei auf der Hauptstraße.
Nachts, gegen halb zwölf werden wir durch Klopfen an unserer Tür geweckt. Ein Mann, in eine dunkle Decke gehüllt, hat unsere Kamera in der Hand und macht das Zeichen, als würde er Geldscheine zwischen seinen Fingern reiben. Okay, so war der Deal – Kamera gegen Geld und keine Fragen. Der Mann verschwindet im Dunkel der Nacht. Die Kamera funktioniert, keine Movies gelöscht, perfekt. Ich habe die Kamera noch nicht weggepackt, als es erneut an der Tür klopft. Diesmal die Polizei. Sie möchte die Kamera haben als Beweisstück für die Gerichtsverhandlung. Schwupp, schon bin ich die Kamera wieder los. Ob hier alles mit rechten Dingen zugeht? Mir kommen Zweifel. Jetzt bin ich Kamera und 1.000 Birr los.
Die Nacht haben wir wenig geschlafen. Um sieben Uhr klopft die Polizei, ich muss zum Gespräch. In einer Stunde sollen wir in die Stadt zur Hauptpolizei fahren und dort ein Protokoll aufgeben. Auf keinen Fall soll ich etwas von den 1.000 Birr und dem nächtlichen Vorfall erzählen, sondern angeben, die Polizei hätte die Kamera gefunden.
„Warum nicht? Schließlich werde ich die 1.000 Birr von dem Dieb zurück fordern, ich bin doch nicht so dumm und werde 1.000 Birr verlieren."
Den Polizisten fällt die Kinnlade runter. Absolute Stille im Raum. Dann sprechen die beiden kurz und plötzlich liegen meine 1.000 Birr auf dem Tisch. Die Geschichte klärt sich auf. Die Polizisten hatten die Kamera gefunden, dann nachts einen Mittelsmann geschickt, einen Polizeihelfer

 ÄTHIOPIEN

in Zivil, der die 1.000 Birr holen sollte. Man erinnert mich daran, dass ich gesagt hätte, wer die Kamera bringt, bekomme das Geld.
„Ja, ich habe ja auch mein Wort gehalten und in der Nacht gezahlt."
„Aber du hast gesagt, keine Fragen."
Gedanken rasen durch meinen Kopf. Die Chance, das Geld von dem Dieb zu bekommen, ist aussichtslos. Ich habe 1.000 Birr für meine Kamera versprochen und habe die Polizisten nicht ausgenommen. Hätte ich meine Kamera so schnell zurück, wenn ich keinen „Finderlohn" in Aussicht gestellt hätte? Jetzt die 1.000 Birr nicht zu zahlen, wäre nicht ganz fair. „Okay, die Polizei hat die Kamera gefunden, ich werde nirgends die 1.000 Birr erwähnen und auch nicht vom Dieb zurückfordern. Ab jetzt kein Wort mehr über das Geld."
Die beiden Polizisten strahlen und umarmen mich diesmal, bevor ich ihr „Büro" verlasse. Übrigens das erste Mal, dass mich afrikanische Polizisten „im Dienst" umarmen.
Die drei Diebe, deren nächsten Angehörigen und die beiden Polizisten nehmen den Linienbus zur Hauptpolizei in die Stadt. Wir folgen ihnen mit unserem Deutz. Wieder werden die Diebe in einen Stall gesperrt. Wir machen unsere Aussage, anschließend werden die Diebe einzeln verhört und Protokolle werden geschrieben. Drei Mädchen sind mit ihren Vätern ebenfalls aus dem Dorf angereist. Sie sind die Zeugen. Drei Stunden dauert die Prozedur. Wieder weinen und wehklagen die Mütter. Wir haben Mitleid. Auch die Diebe sind Mitleid erregend. Jugendliche zwischen 14 und 16, Söhne armer Bauern, zerlumpte Schuluniform, völlig eingeschüchtert von der Nacht in der Gefängniszelle und dem rüden Auftreten der Stadtpolizisten.
Jetzt geht es zum Richter. Ein paar hundert Meter weiter ist das Gericht. Der Richter und die Beisitzer sind extra wegen uns gekommen, denn es ist Samstag und eigentlich ist das Gericht geschlossen. Aber man macht eine Ausnahme, damit wir schnell unsere Kamera zurück bekommen und weiter können. Wir dürfen bei der Verhandlung anwesend sein. Wobei es eigentlich keine Verhandlung gibt. Die Diebe sind geständig, der Richter entscheidet nach Aktenlage. Kein einziges Wort brauchen oder dürfen die Angeklagten sprechen. Ab 15 Jahren ist man in Äthiopien voll haft- und strafbar.
Die Urteile sind fair: Ein Freispruch für den, der die Kamera unter dem Busch gefunden und mit nach Hause genommen hat. Eine Verwarnung mit Aktenvermerk für den, der in unserem Auto Landkarte und Reise-

führer entwendet und kurz später wieder ins Auto geworfen hat. Und fünf Monate Gefängnis zur Bewährung, Bewährungszeit 2 Jahre, für den eigentlichen Dieb.

Lalibela

Unser nächstes Ziel ist das Örtchen Lalibela, unzugänglich in der Bergwelt Äthiopiens gelegen. Der Name Lalibela geht auf einen König zurück, der um 1200 lebte und den Auftrag für den Bau der berühmten Felsenkirchen gab. Die elf Kapellen und Kirchen, teilweise drei- oder fünfschiffige Basiliken mit Tonnengewölbe, wurden als

Kreuzkirche in Lalibela

Monolithe aus dem anstehenden Tuff-Gestein gehauen. Die, dem Heiligen Georg geweihte, im Grundriss kreuzförmige Kirche aus dem 13. Jahrhundert steht beispielsweise in einem zwölf Meter tiefen Schacht, der durch einen vom Hang her durch den Berg führenden Stollen zugänglich ist. Die teilweise labyrinthisch miteinander verbundenen Gebäude wurden von oben nach unten mit allen Ornamenten aus dem Gestein gemeißelt und anschließend wurden durch die Türen und Fenster die Innenräume ausgehöhlt und bemalt. Bis heute ist Lalibela eine Pilgerstätte. 1978 wurden die Kirchen in die Liste des UNESCO Weltkulturerbes aufgenommen.

Die Fahrt geht weiter durch die Berge nach Norden. Die von uns gewählte Strecke über die Orte Sekota, Abergele und Abia Adi nach Axum ist einfach grandios. Ständig bleiben wir stehen und fotografieren. Das Leben der Menschen ist karg und einfach, Touristen verirren sich nicht hier her, viele fürchten Orientierungsprobleme, die schlechten, Reifen mordenden Bergpisten, die Steine werfenden Kinder oder einfach nur die Abgeschiedenheit – für uns ist die Strecke eine der Traumstraßen Afrikas.

ÄTHIOPIEN

Traumhafte Bergpisten

In Axum gibt es ebenfalls ein UNESCO Weltkulturerbe zu bestaunen. 200 angeblich gigantische Riesenstelen und 26 gigantische, steinerne Plattformen, deren Bedeutung und Funktion ungeklärt ist, so steht es jedenfalls im Reiseführer. Für uns bleibt ungeklärt, warum man diese Stelen und Plattformen als Weltkulturerbe bezeichnet, dann könnte man jeden römischen Scherbenhaufen als Weltkulturerbe bezeichnen. So war die Besichtigung nach 10 Minuten beendet und wir auf dem Weg zur Kaffeezeremonie, eher ein schützenswertes Weltkulturerbe.

Hungersnot?

Wir sind im Hungergebiet. Die Gegend durch die wir fahren war vor ein paar Wochen, in der Vorweihnachtszeit, der Spendenhochsaison, in den Schlagzeilen. Wir wollen uns ein eigenes Bild machen. Es geht über staubige Rüttelpisten, endlos, tagelang. Die Ortschaften sehen aus wie Dresden 1945 und die Männer verbringen die Zeit mit Tischfussball, Kaffeetrinken oder einfach nur rumsitzend. US-AID liefert die Lebensmittel, die Japaner bauen und unterstützen Schulen, Deutsche bauen Wasserleitungen, Chinesen bauen Straßen, das Rote Kreuz baut Latrinen, UNICEF kümmert sich um die Kinder und Journalisten, die von Hilfsorganisationen zu „Inforeisen" eingeladen werden, um die Vermarktung. Hungernde Kinder sehen wir zum Glück keine. Enttäuschte Fotojournalisten behelfen sich mit einem kleinen Trick: Kinder, die an Tuberkulose oder Malaria im Endstadium leiden, sehen aus wie Hungerkinder. Der Krankenhausdirektor ist gegen eine Spende gerne behilflich, so macht es einer der polnischen Journalisten.

Dafür sehen wir in fast jedem Ort eine relativ große Lagerhalle, mal aus Wellblech, mal aus Stein gemauert, mit Hinweisschildern von US-AID

ÄTHIOPIEN

oder WFP. In zwei Hallen durften, bzw. konnten wir hineinsehen. Bis unters Dach voll mit Weizensäcken und Speiseöl aus den USA. Auf den Pisten begegnen wir zahlreichen Lastwagen, ebenfalls voll bepackt mit weißen Säcken mit der Aufschrift US-AID. Im Café lernen wir einen Mann kennen, der sich von allen anderen dadurch unterscheidet, dass er uns nicht anbettelt. Zudem spricht er passables Englisch und er klärt uns auf: „1983 gab es eine Hungersnot, es war eine Katastrophe. Kanada und USA haben uns damals geholfen. Ohne die Lebensmittellieferungen wären wir alle verreckt. Seitdem bekommen wir jedes Jahr Lieferungen. Die Lagerhallen sind immer voll. Das ist gut, denn wir haben jetzt keine Angst mehr vor dem Hunger."

Weizen und Speiseöl aus USA

Was er nicht erwähnt ist, dass viele sich inzwischen so sehr auf die jährlichen Lieferungen und die immer vollen Lagerhallen verlassen, dass sie an der harten Feldarbeit und der Eigenversorgung das Interesse verlieren und so beginnt der Kreis sich zu drehen.

Am Hunger verdienen?

Aber es gibt auch ein paar, die am Hunger verdienen, z.B. der Präsident von Äthiopien. Alle Hilfslieferungen müssen mit der staatlichen Transportgesellschaft transportiert werden, die etwa 30% höhere Preise berechnet, als private Transporteure es tun. Proteste des größten Gebers, der amerikanischen Hilfsgesellschaft, hört man keine, denn der Präsident frisst den Amerikanern im wahrsten Sinne des Wortes aus der Hand. Braucht die USA Manpower, sprich Soldaten, im Süden Sudans, um sich Zugang zu den Ölquellen zu verschaffen, kommen diese aus Äthiopien. Nicht auszudenken, wenn der äthiopische Bauer plötzlich sein Feld bestellen würde. Der Präsident könnte sich nicht an den Hilfslieferungen bereichern und die USA hätten kein Druckmittel mehr. Der Hunger in Äthiopien muss also sein – es hungert ja keiner wirklich.

SUDAN
LAND DER GASTFREUNDSCHAFT

PYRAMIDEN VON MEROE

Willkommen im Sudan, dem Schurkenstaat auf der Achse des Bösen. Um als Schurke dazustehen, braucht es nicht viel, man muss Öl haben und es den Amerikanern nicht geben wollen. Liest man dann noch den Koran statt der Bibel, läuft in der westlichen Welt die Hetze an. Verbale und intellektuelle Entgleisungen des Präsidenten gehen bei uns durch die Presse und absurde Richterurteile, wie das Auspeitschen wollen einer Frau, die in der Öffentlichkeit eine Hose trug, erzeugt in Deutschland eine Angst, die der Nährboden für all jene ist, die gleich Al Kaida an die Wand schreiben und unsere Freiheit in fernen Wüsten und Gebirgen verteidigen und gleichzeitig die Freiheit im eigenen Land einschränken.

Der Schurkenstaat

Aber wie sieht es wirklich aus in einem Schurkenstaat? Es gibt kaum Touristen und vor den wenigen Touristen scheint die Regierung genauso eine Angst zu haben, wie die Touristen vor der Regierung. Strenges Fotografierverbot, Meldepflicht, Polizeikontrollen – oft auch in Zivil – und ein stetiges Misstrauen. Warum reist jemand aus einem so schönen Land wie Deutschland nach Sudan, wenn nicht der Spionage wegen oder zur Unterstützung der Opposition? Gut, wir haben die gleiche Angst – warum reist jemand aus einem so erbärmlichen Land wie dem Sudan nach Europa, wenn nicht um Rauschgift zu schmuggeln oder illegal zu arbeiten? Das Misstrauen sitzt tief, jemand, der ein Satellitenbild von Google Earth benutzt, muss ein Spion sein. Genauso wie Männer mit schwarzem Vollbart im weißen Kaftan Flugzeuge entführen und Selbstmord-Attentate planen.
Die Offiziellen (Polizisten, Geheimpolizei, Immigrationsbürobedienstete, etc.) sind ausnahmslos korrekt, freundlich und höflich, auch wenn sie einem manchmal die Zeit rauben und die Geduld strapazieren, weil sie jede Nebensächlichkeit in ein dickes Buch eintragen müssen. Die Menschen, das sudanische Volk, ist eines der gastfreundlichsten in Afrika. Erinnerungen an Iran werden wach. Nie hat es den Versuch gegeben, uns zu übervorteilen oder zu betrügen, nicht auf dem Markt, nicht bei Einladungen, eher im Gegenteil, oft waren wir beschämt, weil wir im Schurkenstaat viele Schurken vermuteten.

Zwei kleine Beispiele, die nicht ganz, aber fast typisch sind für die Bewohner des islamischen Teil des Sudans:
Wir möchten mit der Fährgesellschaft in Wadi Halfa telefonieren, um einen Frachtkahn für unseren Deutz zu reservieren. Ich frage einen Einheimischen nach dem Weg zu einer öffentlichen Telefonzelle. Der fragt nach der Nummer, tippt sie in sein Mobiltelefon und reicht mir sein Nokia. Anschließend versuche ich dreimal, die Kosten für das Gespräch zu bezahlen und werde mit jedem Mal energischer abgewiesen. In Ägypten kann man froh sein, wenn man mit dem Fünfzehnfachen der tatsächlich entstandenen Kosten davon kommt.
In Khartoum treffen wir Reisende, die mit einem MAN unterwegs sind. Sie haben wenig Zeit, müssen ihre beiden Reservereifen bei einer Spedition abgeben. Warum das?

SUDAN

Ihr letzter Reservereifen war vor etwa 1.000 km geplatzt und sie hatten Angst, ohne Reserverad weiter zu fahren, aber ein Reifen in der passenden Größe war nicht aufzutreiben. In einer Lkw-Werkstatt stand ein, dem Anschein nach schrottreifer, Unimog mit den passenden Reifen, der Motor war ausgebaut. Leider waren die Reifen nicht zu verkaufen, denn der Motor war nur zur Überholung in Khartoum. Der Werkstattbesitzer montiert ganz selbstverständlich zwei Räder ab und gibt sie den Reisenden mit. Ohne Bezahlung, ohne Pfand, ohne Ausweis, nur gegen das Versprechen, sie in Khartoum bei der Spedition abzugeben und zurück zu senden. Die Spedition gehört seinem Onkel, der transportiert die Reifen die 1.000 km kostenlos zurück.
Der Sudan ist eine wohltuende Oase der Ruhe, Ehrlichkeit und Hilfsbereitschaft zwischen Ägypten und Äthiopien.

Wir fahren am Nil entlang, aber davon sieht man meist nichts. Grüne Gärten und Palmenhaine gibt es nur in einer kleinen Uferzone, wo die Pflanzen ans Grundwasser kommen oder künstlich bewässert werden. Der Nil sieht zwar malerisch aus, doch riesige Schwärme von stechenden Moskitos machen den Aufenthalt in Ufernähe besonders in den Morgen- und Abendstunden zur Qual.

Black Label

„Mensch, was für ein Zufall, dass wir euch hier wieder sehen." Der Busfahrer und der Reiseleiter eines deutschen Reiseunternehmens freuen sich über die Abwechslung, die wir in ihren Alltag bringen. Wir hatten die Truppe bereits in Khartum getroffen. Jetzt steht ihr roter Bus vor einem nubischen Haus in einer Oase am Nil. Ganz zufällig ist es nicht, wir sahen den Bus von einem Berggipfel, den wir am Nachmittag bestiegen haben, sonst hätten wir das rollende Altersheim in der Oase nicht entdeckt. Die Reisegäste schlafen in den legebatteriegroßen Käfi-

SUDAN

gen des 24-Personen-Wohnmobils, nutzen aber die Duschen und die Toiletten des Hauses, das extra für zwei Tage exklusiv vom Unternehmen gemietet wurde. Wir werden zum Abendessen eingeladen und sollen noch bleiben, bis die Gäste im Bett sind und es richtig dunkel ist. Zuvor werden in unserer Kühlbox einige Liter Cola gebunkert und dann ist es soweit. Ich traue meinen Augen nicht. Eine Literflasche Johnny Walker Black Label ist in einem Bananenkarton unter dem Tisch versteckt. Alkohol ist im Sudan streng verboten und es stehen 40 Peitschenhiebe in der Öffentlichkeit als Strafe im Gesetz, für denjenigen, der seine Zunge mit Alkohol benetzt.

Wir sind zu dritt, also hole ich drei große Gläser und einen Liter Cola aus dem Deutz. Der Reiseleiter geizt nicht und schenkt einen großen Schluck der Kostbarkeit ein. Sabine muss die zweite Flasche Cola holen, ich traue mich nicht zum Deutz, möchte jetzt lieber keine Fragen der Geheimpolizei beantworten müssen. Nach einer Stunde ist die Whiskyflasche leer. Ich stelle mir meinen Hocker in die Hausecke, damit ich mich nach beiden Seiten anlehnen kann, ohne vom selbigen zu fallen.

Wir sind an diesem Morgen noch keine 10 km gefahren, Bleibt wohl nichts anderes übrig, als den Reifen von der Felge zu holen und die Carkasse zu wechseln. Nach knapp 2 Stunden sind wir wieder unterwegs.

„Ich hol noch ne Flasche Johnny Walker, oder wollt ihr lieber Gin-Tonic?", fragt mein bester Freund Walter.

„Was, du hast noch mehr? Wo kriegst du hier das Zeug her?"

„Ich hab noch ein paar Flaschen und auch noch ein fünf Liter Fässchen Becks." „Und wo her?"

„Diplomatische Beziehungen zu Leuten im Ministerium, bei denen selbst unser Botschafter nicht so einfach einen Termin kriegt."

Nachdem auch die Flasche Gin halb leer ist, torkele ich zum Auto. Zuvor hat Sabine nachgesehen, ob die Luft rein ist. Ich habe Angst, mit offenem Fenster zu schlafen, befürchte, dass man in der ganzen Oase meine Fahne riecht.

SUDAN

Fähre über den Lake Nasser

Die Ausreise aus dem Sudan, bzw. die Einreise nach Ägypten, ist schwierig. Eine Überquerung der Grenze über Land ist verboten und die einzige Möglichkeit ist die Einreise über den Nasserstausee. Einmal wöchentlich, mittwochs, verkehrt eine Personenfähre, die jedoch keine Fahrzeuge transportiert. Das heißt, man muss in Wadi Halfa (Sudan) einen Lastkahn organisieren, der das Fahrzeug getrennt von einem selbst über den See schippert und 300 km weiter in Assuan (Ägypten) anlegt. Unser Visum für Sudan gilt zwei Wochen, also planen wir unsere Reise so, dass wir an einem Donnerstag aus Äthiopien nach Sudan einreisen, um auch die vollen 14 Tage im Land nutzen zu können. Zehn Tage später stehen wir in der Oase Wadi Halfa. Andere Reisende erzählen, man brauche einen Helfer, der sich um den Papierkram kümmert.
„So ein Quatsch, das kriegen wir auch alleine hin."
Wir trinken erst mal Tee in einem „Restaurant" im Zentrum der Oase und werden auch gleich von einem Helfer angesprochen. Magdi, der Name ist uns bekannt, andere Reisende haben gute Erfahrungen mit ihm gemacht.
„Für deinen Lkw brauchst du einen großen Lastkahn, der muss extra aus Assuan kommen, das macht 3.000 US-Dollar."
Ich schlürfe weiter in Ruhe meinen Tee. Jetzt werden erst mal große Hausnummern aufgehängt, denke ich. 750 Euro ist der Preis, den Andere für ein Fahrzeug in unserer Größe inklusive Personenfähre und Hafensteuer etc. gezahlt haben.
„Aber es kommt doch jede Woche ein Overland-Truck von Dragoman, dann ist der große Kahn doch hier."
Magdi telefoniert. „Nein, ich habe mit meinem Partner in Assuan gesprochen, in den nächsten zwei Wochen kommt kein Truck."
Er führt fort: „Ich weiß, dass in Assuan eine Ladung Zement für Wadi Halfa liegt. Ich könnte dafür sorgen, dass der Zement auf den Lastkahn verladen wird, auf dem dein Auto mit zurück geschifft werden könnte, dann zahlst du nur den normalen Tarif und keine 3.000 Dollar. Aber du kannst dich auch gerne selbst darum kümmern, welcher Lastkahn nach Wadi Halfa geschickt wird. Ich will mich nicht aufdrängen."
„Mach mal ein Angebot, was die ganze Show kosten soll, dann entscheide ich, ob ich mich selbst um den Zement in Assuan kümmere."

SUDAN

Magdi ist mir nicht unsympathisch, ruhig, freundlich und er bietet mir sogar seine Telefonkontakte an: „Wenn du dich selber drum kümmern willst, kann ich dir die Telefonnummer vom Kaimeister in Assuan geben, der den Zement verlädt." Dann holt er aus seiner Aktentasche einen Taschenrechner, Stift und Block und rechnet vor:
Fahrzeug bis 7 Meter Länge = 355 USD
2 Tickets für die Personenfähre (Deckpassage) = 90 USD
Hafensteuer = 33 USD
2 x Pass stempeln = 20 USD
Zollgebühr = 8 USD
seine Dienstleistung = 30 USD
Macht unterm Strich = 536 USD
„Aber unser Deutz ist etwas länger als 7 Meter."
„Den kriege ich für 7 Meter durch."
Grob im Kopf gerechnet macht das noch keine 400 Euro. Man könnte jetzt noch über die Stempelgebühr der Reisepässe streiten, aber uns interessiert nur die Gesamtsumme und die ist okay. Wir sollen ihm Reisepässe und Carnet aushändigen, damit er sich um alle Stempel kümmern kann. Magdi bemerkt Sabines kritischen Blick: „Ihr könnt auch mitkommen, doch das dauert bei Immigration und Zoll den halben Tag. Wenn ihr mir nicht vertraut, kann ich euch auch mein Haus zeigen oder bei dem Schulleiter oder der Polizei vorbeifahren, alle kennen mich und ich war immer ehrlich."
Doch alles läuft wie vereinbart und am nächsten Tag treffen wir uns wieder im „Restaurant" und bekommen unsere abgestempelten Papiere zurück.

Die Hiobsbotschaft

Mittwochmorgen, 10.00 Uhr, Treffpunkt im „Restaurant". Magdi sieht gestresst aus, als ahne er den Ärger.
„Der Lastkahn mit dem Zement ist nicht hier, das Beladen hat länger gedauert und der Kahn kommt erst morgen. Das heißt, ihr könnt euren Truck nicht selbst verladen. Ihr müsst mir den Schlüssel geben, wir stellen ihn an einem sicheren Platz im Hafen ab und ich fahre euren Wagen morgen auf den Lastkahn."

SUDAN

„Genau das machen wir nicht, so war das nicht vereinbart. Finde eine andere Lösung."
Sein Gesicht ist nun deutlich von Sorgenfalten gezeichnet.
„Es gibt keine andere Lösung, du musst mir vertrauen. Ich habe schon öfters Autos auf das Schiff gefahren. Andere überlassen mir sogar ihren Hund, der auch nicht mit der Personenfähre fahren darf."
„Mein Auto ist kein Hund. Ein Hund kann sich wehren, mein Auto nicht."
Magdi muss schmunzeln und auch wenn uns die Situation nicht passt, siegt doch die Einsicht in die Notwendigkeit, zumal mir auch keine bessere Lösung einfällt. „Okay, wir stellen das Auto im Hafen ab."
Magdi freut sich und bestellt erst mal eine Runde Pepsi für alle. Am späten Nachmittag legt die Personenfähre mit uns ab, unser Auto bleibt am Kai zurück.

Die Überfahrt mit der Personenfähre, macht keinen Spaß. Das Ding ist in einem total verdreckten Zustand, aber das ist Teil des Abenteuers, das alle zu bestehen haben, die auf der Ostroute unterwegs sind.

Zufällig treffen wir in Wadi Halfa Liz und Peter wieder, die wir aus Nairobi kennen. Die 4 Tage Wartezeit, bis unser Frachtkahn ablegt, verbringen wir gemeinsam in der Wüste. Liz und Peter haben ebenfalls Afrika umrundet. Seit zwei Jahren sind sie mit ihrem Toyota Landcruiser und Dachzelt unterwegs.

ÄGYPTEN
BÜROKRATIE AM NIL

SKULPTUREN AUS KALKSTEIN

Nach 20 Stunden haben wir die Überfahrt hinter uns gebracht und erreichen den Hafen von Assuan. Ägyptische Polizei und Immigration kommen an Bord und kontrollieren Pässe, stempeln Visa, etc. Das dauert in dem Chaos der ägyptischen Bürokratie einige Stunden. Am frühen Nachmittag dürfen endlich alle Passagiere das nach Diesel und Kloake stinkende Schiff verlassen.
Mit dem Taxi geht's vom Hafen in die Stadt Assuan. Ein preiswertes und sauberes Hotel ist schnell gefunden und das Warten auf unsere Pistenkuh beginnt. Heute soll unser Deutz in Wadi Halfa verladen werden. Gegen Mittag erreicht uns die Nachricht, dass der Zement in Wadi Halfa noch nicht entladen ist und sich der Termin um einen Tag verschiebt. Am nächsten Tag ist der Zement immer noch nicht entladen und der

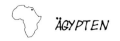 ÄGYPTEN

Termin verschiebt sich jetzt um zwei Tage. Ärgerlich ist vor allem, dass wir nur mit leichtem Handgepäck gereist sind, unser Laptop, Kamera und Stativ sind im Deutz und so sitzen wir in einem Hotel mit kostenlosem High-Speed Wifi und können nichts machen, außer im Souk mit den Händlern Tee trinken. Eine Woche später trifft endlich der Lastkahn mit unserer Pistenkuh im Hafen von Assuan ein. Hinter unserem Deutz steht der 42 Jahre alte Landrover eines Briten und im Gespräch ergibt sich, dass der Lastkahn auf ihn gewartet hat. Warum man uns die Geschichte mit dem Zement erzählt hat, weiß ich nicht.

Am nächsten Tag treffen wir zufällig Deutsche vom Stamm der Mercedesfahrer, die mit ihrem Rundhauber nach Sudan verschiffen wollen. Sie sind etwas in Sorge, 3.000 US-Dollar soll der Kahn kosten, der extra aus Wadi Halfa angefordert werden muss, aber der Agent könne behilflich sein, denn in Wadi Halfa liege eine Ladung Zement.

Möge es uns nie passieren

Das Einreise-Prozedere für Fahrzeuge ist kompliziert. Wir brauchen Nummernschilder, müssen eine Versicherung abschließen, die Trafficpolice will einen Abdruck der Fahrgestell- und Motornummer, der Zoll muss das Carnet stempeln und eine Dieselsteuer ist zu entrichten. Das alles wäre einfacher und man könnte es genau wie beim Grenzübertritt aus Libyen oder Jordanien auch alleine schaffen, wenn die einzelnen Stellen nicht zwischen Hafen und der 20 Kilometer entfernten Stadt verstreut lägen. Ob man will oder nicht, man braucht einen ortskundigen Helfer. Kamel, ja, ich habe es zuerst auch falsch ausgesprochen, aber er heißt so – also Kamel ist einer dieser Helferlein, die sich im Hafen rumtreiben. Meine Skepsis weicht, als er uns ein Heft mit Reverenzen überreicht, in dem ich auch Einträge dreier anderer Reisenden finde, die wir kennen und von denen wir wissen, dass sie nicht einfach etwas in Bücher schreiben, was nicht stimmt.
Kamel ist nicht billig, 30 US-Dollar nimmt er für die Abwicklung des Papierkrams, aber ohne ihn würden wir heute noch in Assuan umher irren, allein die Trafficpolice sieht von außen aus wie ein Schrottplatz, von Police ist nichts zu erkennen und ein Schild gibt es auch nicht.

ÄGYPTEN

Wir sind also am Morgen im Hafen um unsere Pistenkuh in Empfang zu nehmen. Da sie von dem Landrover zugeparkt ist, müssen wir uns irgendwie mit dem Besitzer des Landys in Verbindung setzen. Dieser befindet sich noch auf der Personenfähre, welche schon im Hafengebiet eingelaufen ist. Aber die Passagiere dürfen ja noch nicht von Bord bis die Einreiseformalitäten erledigt sind. Durch einige Telefongespräche erfahren wir die Mobilnummer des Briten und auch, dass dieser unseren Deutz-Ersatzschlüssel hat. Wir vereinbaren, dass wir einen Polizisten auf das Schiff schicken, dem er unseren Schlüssel und auch seinen Landy-Ersatzschlüssel aushändigt, damit ich die Autos von dem Lastkahn fahren kann. Seinen Landy soll ich im Hafen parken und den Schlüssel unserem Helfer Kamel übergeben, dessen Dienste er ebenfalls nutzen will, zudem sollen wir ein Zimmer für ihn im Hotel Keylany buchen. Überraschenderweise funktioniert alles so, wie wir Europäer es uns ausgedacht haben.

Am Abend ist aller Papierkram erledigt und wir können vor dem Hotel im Deutz übernachten, ein kleines Bakschisch macht es möglich. Von dem Briten bislang keine Spur. Am nächsten Mittag trifft ein völlig gestresster, aggressiver und mies gelaunter Brite ein. Das muss er wohl sein. Wir lauschen seiner Horrorgeschichte:

Als er dem Polizisten auf dem Schiff die beiden Autoschlüssel übergeben hat, muss irgendwer seinen Reisepass gestohlen haben. Vielleicht hat er ihn auch verloren. Die Ägypter machen kurzen Prozess: Ohne Reisepass keine Einreise. Ab, mit der nächsten Fähre zurück nach Sudan. Er diskutiert, tobt, randaliert, bietet Bakschisch, alles ohne Erfolg. Zurück nach Sudan ist das letzte Wort. Er telefoniert mit der britischen Botschaft in Kairo, der Mitarbeiter versteht kaum Englisch, der Brite brüllt und der Mitarbeiter legt einfach auf. Neuer Versuch. Es klärt sich auf – es ist außerhalb der Arbeitszeiten der Botschaft, er bekommt nur eine Notfallnummer. Die Lösung des Mitarbeiters ist genial: „Alles kein Problem, kommen Sie nach Kairo und wir stellen Ihnen neue Papiere aus." „Wie soll ich nach Kairo kommen, wenn die mich nicht reinlassen?" „Das ist Ihr Problem, Sie müssen schon nach Kairo kommen, sonst können wir für Sie nichts tun."

Das Hafengebäude wird geschlossen, Dienstschluss. Der Engländer vertreibt sich die Nacht im Hafen. Am nächsten Morgen haben die Ägypter ein Einsehen und stellen eine auf drei Tage befristete Aufenthaltsgenehmigung aus. El Hamdulillah.

 ÄGYPTEN

Wucherer

Unter 20 Händlern findet man in Assuan mit Glück einen Ehrlichen, 95% sind kleine Betrüger, die Ausländer gerne über den Leisten ziehen. Wer die Preise nicht kennt, zahlt mindestens das Doppelte, in der Regel jedoch das Drei- bis Fünffache und unter Umständen auch das Zwanzigfache oder mehr. Noch nicht mal eine Rolle Klopapier lässt sich in Ägypten ohne Beschiss erwerben. Im Restaurant, an der Tankstelle, im Supermarkt, beim Gemüsehändler, in der Bäckerei – jeder versucht zu betrügen.

In den drei Jahren der Afrikaumrundung haben wir weniger Händler getroffen, die uns abzocken wollten, als in drei Tagen in Ägypten. Erst, als man uns nach fünf Tagen kennt und ich mit vielen Händlern Tee getrunken habe, können wir einkaufen, ohne wegen jeder Banane lange verhandeln zu müssen und zahlen die Preise der Einheimischen. Auf der Oasenstrecke und auch in Kairo ist das Verhältnis besser. Dort waren die schmierigen Wucherer die Ausnahme und diese forderten auch „nur" den doppelten Preis, aber nicht den Zwanzigfachen.

> *Anmerkung der Lektorin: Also, ich finde, der Abschnitt liest sich ziemlich gefrustet. Wäre zu überlegen, den ganz raus zunehmen oder irgendwie wenigstens ein bisschen „netter" zu schreiben…*
> Antwort des Autors:
> Die Händler sind nicht nett, also kann man auch keinen „netten" Text schreiben.

Touristenplage

In Edfu besichtigen wir den Tempel von Horus entgegen unserer Gewohnheit zur Haupttouristenzeit um 10.00 Uhr. Kein Bild gelingt, ohne dass jemand vor die Linse rennt. Dafür hören wir einen Führer deutsch sprechen. Wir bleiben in der Nähe und lauschen den Worten. Er leiert seinen auswendig gelernten Text runter und wirft mit Jahreszahlen nur so um sich. Seine Ausführungen zu Papyrus sind die Besten:
"Wir unterscheiden Papürus und Papirus. Papürus aus Oberägypten kommt und Papirus aus Unterägypten kommt. – Nein, Papürus aus Unterägypten kommt, in diesem aus Unterägypten kommt sind angeordnet die Fasern quer und aus dem aus Oberägypten Papirus kommt angeord-

net lang. Später waren auch die Fasern in Unterägypten angeordnet lang. Nein, sorry, erst in Unterägypten hoch, dann angeordnet in Oberägypten auch lang. Im Papürus, sorry, Papirus, waren angeordnet Fasern aber nie hoch, sorry lang, sorry quer."

Alles echt, alles original

In fünf Tagen durchqueren wir die arabische Wüste überwiegend querfeldein oder auf kaum befahrenen Beduinenpfaden. Am Rand der Wüste, vielleicht 3 km von der Teerstraße entfernt hinter einem Berghang, sehen wir einen

Touristen in der Wüste

Geländewagen stehen und freuen uns, andere Reisende zu treffen. Als wir näher kommen sehen wir nicht nur einen, sondern 15 Geländewagen. In jedem werden fünf halbnackte Touristen durch die Wüste gefahren, die gerade dabei sind, einen kleinen Berg zu besteigen, fürs Fotoalbum. Die 80 Touristen sind auf dem Weg zu den letzten „originalen" Beduinen in der Wüste, wie eine Frau mir erzählt. Sie muss es ja wissen, denn so steht es schließlich in ihrem Reiseprospekt. Andere möchten die Ruhe und Einsamkeit der Wüste genießen und haben daher den Geländewagenausflug mit 80 anderen Reisenden gebucht. Aber jetzt müssen sich alle beeilen, die Toyotas hupen zum Aufbruch und schon werden wir in Staub gehüllt. Die Ruhe, die von allen gesucht wird, kehrt zurück.

Ein paar Kilometer später, wir fahren durch ein sandiges Wadi, stehen wir unmittelbar nach einer Biegung vor drei großen Beduinenzelten. Die Beduinen erwarten eine größere Touristengruppe, die noch mit den Geländewagen draußen in der Wüste unterwegs sind. Die Autos fahren einen Bogen um die Tafelberge, um den Touristen weitere Entfernungen vorzutäuschen.
In den „originalen" Zelten, die keinen einzigen Flicken aufweisen, ist der Boden gefegt. Hühner und Ziegen waren noch nie in den Zelten. Tee wird aus „originalen" Mineralwasserflaschen gekocht und in echten Einwegplastikbechern angeboten, wie seit alters her. Original Coca-

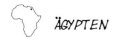 ÄGYPTEN

Cola steht auch in ausreichender Menge zu original europäischen Preisen bereit. Ziegenmilch oder geronnene Kamelsmilch als Beduinengetränk, das sind Geschichten der Märchenerzähler.
In einem Nebenzelt kann man echten, originalen Beduinenschmuck kaufen. Die Beduinen sprechen Deutsch, Englisch, Französisch und Italienisch perfekt. Sind halt Originale. Wir verabschieden uns, bevor der Geländewagenkonvoi eintrifft.

Weiße Wüste

Die Weiße Wüste ist die schönste, die wir bisher gesehen haben. Aber nicht östlich der Straße, wo alle Touristen hingefahren werden und bizarre Skulpturen besichtigt werden können, sondern der weit aus größere Teil westlich der Teerstraße. Wir lassen Luft aus den Reifen und bleiben fast eine Woche in dem Gebiet.
Zum Glück gibt es digitale Kameratechnik, sonst hätte ich hier alle meine Filme verballert. Unzählige weiße Kalk-Tafelberge stehen in einem Meer aus gelbem Sand. Dünen sind angeweht und so fest, dass man sie mühelos befahren kann. Am nächsten Morgen sind alle Spuren verweht, zumindest die im Sand, und man hat den Eindruck, man sei der erste Mensch in dieser atemberaubenden Gegend.

Faszinierende Landschaft in der weißen Wüste

ÄGYPTEN

Der Ladykiller

Wir fahren auf der Landstraße von Edfu nach Luxor. Die Polizeisperre in Edfu haben wir auf einem Schleichweg umfahren, aber 60 Kilometer vor Luxor ist die freie Fahrt beendet. Wir müssen auf den Konvoi, der aus fast 40 Touristenbussen besteht, warten. Diesmal werden wir von Polizeiwagen sofort zugeparkt, scheinbar erinnert sich die Polizei an uns, denn vor drei Wochen waren wir schon einmal auf dieser Strecke unterwegs und sind ohne auf den Konvoi zu warten einfach davon gefahren. Wir warten.
Die Polizisten sind nett, ich mache ein paar Späße und werde zum Tee eingeladen. Die ersten Touristenbusse kommen und sofort erscheint eine Traube Souvenirhändler mit Badetüchern, T-Shirts und sonstigem Kram. Kein Tourist interessiert sich für den Plunder. Ich zeige den Souvenirhändlern, wie man in Hamburg Fisch verkauft. Eine große Tüte und statt Aal, Makrele und Bückling packe ich das Badehandtuch, das Papyrus und das T-Shirt in die Tüte und obendrauf gibt es noch die Sphinx gratis dazu. Die Touristen bleiben stehen. Die Händler freuen sich, dass die Touristen nicht so schnell davon laufen und laden mich zum Tee ein. Die Polizisten lachen sich kaputt.
Die Touristen sind alle im Café verschwunden, keiner hat gekauft, nur eine ältere Dame um die 60 Jahre kommt auf mich zu und sagt:
„Helfen Sie mir, ich bin gekidnappt, die bringen mich um".
Zuerst denke ich an einen schlechten Scherz, die Revanche für das Badehandtuch. Doch die Frau scherzt nicht, ihre Lippen sind blass, sie zittert, ich spüre ihre Angst. „Wer will sie umbringen?"
„Die beiden Männer in der dunklen Limousine. Schauen Sie nicht hin, bitte helfen sie mir, ich will nicht mehr in das Auto steigen."
Ich hole das Badehandtuch aus der Tüte und tue so, als erkläre ich ihr die gestickten Hieroglyphen. „Was ist passiert?"
„Die haben mich eingesperrt und geschlagen, mir meinen Pass und mein Geld weggenommen, einer ist mein Freund."
„Warum gehen sie nicht zur Polizei?"
„Die haben gesagt, sie gäben der Polizei Geld und dann werde die Polizei mir nicht glauben und ich müsse wieder zu ihnen ins Auto. Dann brächten sie mich um, weil ich mit der Polizei gesprochen habe."
„Was soll ich machen?"
„Helfen sie mir bitte."

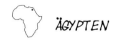

„Okay, sie können bei uns in dem lila Truck mitfahren, ich hole ihre Sachen." Die Frau zittert noch immer.

Ich weiß nicht, was ich machen soll. Gedanken schießen durch meinen Kopf. Zur Polizei gehen? Würde ich in ihrer Lage der Polizei trauen? Kann man der Polizei überhaupt trauen? Dann hätte sie auch gleich zur Polizei gehen können. Was ist, wenn die Polizei wirklich korrupt ist? Die Frau hat sich mir anvertraut und nicht der Polizei. Ich muss mit den Entführern reden.

Die 30 Meter zu dem schwarzen VW-Jetta sind schnell gegangen. Noch habe ich mir keine Strategie überlegt, meine Gedanken hängen fest: Kann man der Polizei trauen oder nicht? Der Fahrer sitzt hinter dem Steuer. Ein Mann, vielleicht 25 Jahre, Markenjeans, Lederjacke, gegeltes Haar, Ray-Ben Sonnenbrille, saubere Lederschuhe, steht lässig an der Beifahrertür gelehnt und raucht.

„Hallo, ich will die Tasche der Frau holen, sie fährt ab jetzt bei uns mit."

Der Mann schnippt die Zigarette weg und stellt sich in Cowboyhaltung vor mich. „Du hast nichts mit meiner Freundin zu reden. Hau ab."

„Ich rede mit wem ich will, gib mir die Tasche."

„Du hast mich zu fragen, wenn du mit ihr sprechen willst, die Tasche bleibt hier."

„Ich hab niemanden zu fragen. Bei drei habe ich die Tasche oder ich hole die Polizei. Eins, zwei, drei."

Ich drehe mich um und gehe in schnellen Schritten zur Polizei. Der Polizist versteht überraschend schnell. Ein paar Befehle auf Arabisch. Zwei Zivilpolizisten gehen los, gefolgt von drei Polizisten mit Maschinengewehren. Kurze Zeit später sind sie zurück mit der Tasche der Frau und den beiden Männern. Die Frau sagt, dass sie ihr Geld und ihre Papiere haben, dass sie seit zwei Tagen eingesperrt sei und geschlagen werde. Jetzt werden den Beiden Handschellen umgelegt und mit deren Einrasten geht die Frau in die Hocke und heult.

Wir bringen sie nach Luxor in ihr Hotel „Zum heiligen Joseph" und werden zum Essen eingeladen. Sie hat einen der Männer vor ein paar Jahren per Internet kennen gelernt und wollte ihn jetzt besuchen. Er ist ein Feluken-Mann. (Feluken sind kleine Segelboote, mit denen Touristen über den Nil gesegelt werden.) Sie war in seiner Familie, kennt seine Mutter und Geschwister, hat ihm finanziell geholfen mit über 500 Euro. Mit ihm und seinem Freund hat sie eine Zweitagesreise nach Assuan

ÄGYPTEN

unternommen. Im Hotel in Assuan wollte er dann, dass sie ihn heiratet, damit er mit nach England kommen kann. Sie wollte nicht. Dann sollte sie ihm weitere 200 Euro geben. Das wollte sie auch nicht. Daraufhin wurde sie geohrfeigt und ins Hotelzimmer eingesperrt. Er nahm ihr das Geld und alle Papiere ab. Im Hotel waren keine anderen Gäste, er hatte das Hotel ausgesucht. Aber jetzt ist alles vorbei. Morgen reist sie zurück nach England.

Später bei der Polizei, wir sind alleine mit dem Polizisten, hören wir eine andere Story: Das Hotel „Zum heiligen Joseph" ist bekannt unter älteren Damen aus England, die besondere (sexuelle) Abenteuer suchen. Die Steuermänner der Feluken bieten diese spezielle Dienstleistung an. Besonders clevere Frauen gehen am Tag vor ihrer Abreise zur Polizei und zeigen den Felukenmann z.B. wegen Diebstahl an. Dieser wird verhaftet und die Lady spart das Honorar für die schönen Tage und Stunden. Unser Felukenmann wird für zwei bis drei Monate hinter Gitter sein. Eine Gerichtsverhandlung gibt es nicht. Es herrscht seit den 80ziger Jahren der Ausnahmezustand, welcher der Polizei weite Rechte einräumt.

Marlboro Werbung

Wir fahren durch Kairo. So schlimm, wie in vielen Büchern beschrieben, finde ich es gar nicht. Nicht anders als in Rabat, Dakar, Bamako oder einer anderen afrikanischen Hauptstadt. Busse halten auf der zweiten Spur und lassen Passagiere aussteigen. Man ordnet sich rechts ein, biegt aber links ab. Geblinkt wird natürlich nicht, ist unfair gegenüber denen, deren Blinker nicht funktioniert. Man ersetzt den Blinker durch die Hupe. Fußgänger, meist um ihr Leben rennend, überqueren die Straße. Einer hat es nicht geschafft und wird in einen Rettungswagen verladen. Später stehen wir neben dem Rettungswagen im Stau und ich kann von oben zu den nicht vollständig sichtgeschützten Scheiben ins Innere sehen. Das Unfallopfer liegt auf der Trage und der Notarzt sitzt auf einem Hocker daneben und raucht.

Jetzt müssen wir uns beeilen, unsere Tochter Nicole wird uns zwei Wochen in Ägypten besuchen, bevor wir den afrikanischen Kontinent nach Jordanien verlassen und über Nah-Ost, Türkei und den Balkan nach Deutschland fahren.

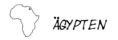 ÄGYPTEN

Ägypten-Reisebericht von Nicole:

Nachdem ich den unten folgenden Bericht noch mal gelesen habe, musste ich feststellen, dass er vielleicht etwas spitze Kommentare gegen die „Pauschaltouristen" enthält. Deshalb kurz vorweg: Alles, was ich so „verallgemeinernd" geschrieben habe, ist nicht persönlich zu nehmen, auch dann nicht, wenn man selber doch eher Pauschaltourist ist. Die meisten Touristen fallen nicht negativ auf, jedenfalls nicht mehr, als ich und meine Eltern auch. Unten aufgeführte Beispiele haben sich allerdings so ereignet und mich persönlich verärgert.
Man kann selbstverständlich einfach nur in den Urlaub fliegen – nach Mallorca oder Italien, da kann man dann auch FKK machen und sich frei fühlen. Aber wenn ich mir ein Reiseland mit so unterschiedlicher Kultur und Religion aussuche, kann ich mich darüber etwas informieren und es ist eigentlich nicht mehr als anständig, fremde Kulturen zu respektieren und diesen Respekt auch zu zollen, erst recht, wenn ich mich in diesem Land aufhalte. Von daher sind die betreffenden Zeilen nicht generell persönlich und angreifend gemeint, denn die meisten Touristen sind ja lieb und für das Land notwendig. Und nur so zum Trost: die meisten Ägypter werden sich davon nicht halb so angegriffen fühlen, wie ich!

Ich lande um 14.00 Uhr Ortszeit am Flughafen von Sharm El-Sheik. Ein Gewusel von ägyptischen Hotelangestellten schreit um die Wette, damit die ankommenden Touristen den richtigen Bus zum gebuchten Hotel finden. Irgendwo dazwischen entdecke ich meine Eltern, zum Glück schreien sie nicht auch so laut.
Ich möchte noch mal zurück in die Ankunftshalle, um meinen Rückflugtermin zu bestätigen, aber ich werde nicht hineingelassen. Ich muss die Schuhe ausziehen, denn da sind Metallösen dran, dann geht's weiter. Auf Socken durch die Departure-Hall, meine geliebten Schuhe (die einzigen, die ich für die zwei Wochen dabei habe) laufen irgendwo auf einem Fließband im Kreis.
„Herrlich", denke ich, „das gibt's auch nur in Afrika", und fühle mich gleich wohl und zu Hause. Unverrichteter Dinge kehre ich mit meinen Schuhen und schwarzen Socken zurück, den Rückflug kann ich am Flughafen nicht bestätigen, sondern nur im Büro in der Stadt. Ich bin belustigt, meine Eltern genervt – am Anfang sei's ja noch witzig, aber ich würde schon noch sehen, das ginge immer so.
Wir fahren nach Dahab, wo meine Eltern die letzten Tage schon verbracht haben, um die besten Restaurants zu testen. Denn wenn das kleine Baby kommt, dann gibt's nur das Beste! Das war mir auch neu,

ÄGYPTEN

so bin ich nicht erzogen worden! Am Anfang dachte ich, mein lieber Daddy übertreibt ein bisschen in seiner Euphorie, als er von Frühstücken gehen, Abendessen gehen, einfach ein bisschen am Feuer im Café sitzen und Säfte trinken sprach. Nie hätte ich gedacht, dass ich tatsächlich wähle zwischen Pfannekuchen, Omelett, Sandwich, Beduinenfrühstück, frischen Säften aller Art, Hähnchen, Rind und Fisch, mit Pommes, Reis und Gemüse, Pizza, Risotto, Burger…na ja, aber die Aufgabe, übers Essen zu berichten, überlasse ich mal den typischen Pauschaltouris, die auf Grund ihrer „all inclusive Buchung" von keinem weiteren Erlebnis als dem abendlichen Büffet berichten können.

Übernachtungsplatz am Strand

In Dahab stehen wir in der Lagune, etwas abseits der Stadt. Es ist ein ruhiger Ort und nachts ungestört, der Schein der Lichter der Hotelanlagen schaffen eine ganz nette Atmosphäre. Bei guter Sicht kann man über das Rote Meer hinweg sogar Saudi-Arabien sehen. Tagsüber werden die Touristen in Geländewagen in Scharen an den Strand gefahren, man kann Pferde leihen und zeigen, wie gut man reiten kann – oder sich schrecklich blamieren. Die vielen Tauchschulen gehen hier mit den Anfängern ins Wasser, man hat immer was zu beobachten.

In das Vergnügen des Tauchens bin ich auch gekommen. Bei einer deutschen Tauchschule habe ich einen Schnupperkurs machen dürfen, acht Meter in die Tiefe zu den bunten Fischen. Man glaubt gar nicht, wie schwer es ist, in diese verflixten Neoprenanzüge hineinzukommen und hinterher erst wieder hinaus, wenn das Ding auch noch nass ist! Da kommt man richtig ins Schwitzen! Und dann noch die Flasche und der Bleigürtel – gut, dass es bald ins Wasser geht! Hier ist dann alles nicht mehr so anstrengend, jedenfalls dann nicht, wenn man sich von seinem Tauchbegleiter durch die Gegend schieben lässt, weil man vor lauter Umherschauen das Paddeln ganz vergisst, aber das hat ihm nichts ausgemacht, der war groß und kräftig!

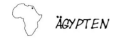 ÄGYPTEN

Ein beliebter Ausflugsort für Schnorchler und Taucher ist auch das Blue Hole. Unheimlich viele verschiedenartige Fische in allen unglaublichen Formen und Farben und jeglichen nur vorstellbaren Kombinationen kann man hier munter tollen, raufen, schwimmen, jagen und fressen sehen. Man mag sich gar nicht vorstellen, dass die hübschen Viecher abends tranchiert und flambiert werden. Und an meinen Fisch vom Abend vorher mochte ich da auch nicht mehr denken... was es wohl für einer war? So ein Roter mit blauen Punkten? Oder eher der da, der in allen Farben schillert, je nachdem, wie die Sonne scheint? Vielleicht auch der Lilafarbene, mit den gelben Flossen und den blauen Streifen... Aber es scheint Eigenschaft des Menschen zu sein, sich seine Nahrung vorher erst mal anzusehen.

Die Hotelausflügler bekommen in mütterlicher Weise Care-Pakete von ihrem Hotel gepackt, schön mit viel Plastik und Folien. Später fliegen die leer gefutterten Pakete in der Gegend umher. Und da in Ägypten ja eh alles nicht ganz so europäisch sauber und rein ist, kommt es auf den Müll auch nicht mehr an, der Wind verweht es ja eh. Man tut halt was man kann, um sich den Sitten des Landes anzupassen, nicht das es hinterher heißt, man habe sich nicht über Kultur und Begebenheiten informiert!

Wir verlassen Dahab, um die Wüsten- und Gebirgslandschaften des Sinai zu erkunden. Auch hier haben meine Eltern vorausgekundschaftet, sodass ein müheloses Anfahren der schönen Gegenden gesichert ist. Am Nachmittag fahren wir in den „Coloured Canyon", der wegen seiner verschieden Gesteins- und Sandfarben „farbig" genannt wird. Wir bringen Gemüse, frisch geschlachtete Hähnchen und Reis mit, die Beduinen, die dort ein schönes modernes Café eröffnet haben, sollen es uns lecker zubereiten und mit uns den Abend am Feuer verbringen. Doch leider stellt sich heraus, dass der allein zurückgelassene Beduine, der ohne Zweifel sehr freundlich ist, kein Wort Englisch spricht und auch nicht kochen kann. Aber zum Glück kann das ja meine Mama, so gibt's dann doch noch lecker gegrillte Hähnchen und Obstsalat.

Am nächsten Morgen haben wir noch vor dem Frühstück den Abstieg in den Canyon gemacht. Man musste schon ein bisschen klettern und so mancher Pauschal-Deutscher hätte da mit Sicherheit nicht durch jedes Loch gepasst – ob das wohl bei der Reisekoordination berücksichtigt wird? Nicht, dass man da viel Geld für eine begleitete Canyontour bezahlt und in der Mitte stecken bleibt? Ob wohl bei der Reisekoordination darauf hingewiesen wird, dass es da eventuell staubig sein könnte oder dass man in Kontakt mit Gestein kommt? Ob man wohl im Hotel weiß, dass der Weg nicht geteert sondern uneben ist?

ÄGYPTEN

Klettern im White Canyon

Ich glaube nicht, denn sonst wären mir doch sicher nicht so viele Touristen mit Minirock, Gucci-Handtasche, weißem Kostüm oder Stöckelschuhen begegnet?

Neben dem Coloured Canyon besichtigen wir auch noch den „White Canyon" (weißes Gestein) und einen dritten, dessen Namen ich jetzt nicht mehr weiß (was nicht so schlimm ist, da die meisten Ägypter selber nicht wissen, dass sie den überhaupt in ihrem Land haben).

Das ist wirklich ein schönes Erlebnis. Wie beeindruckend es doch ist, wenn man inmitten von einem Canyon läuft, hohe Felswände links und rechts emporsteigen und der Weg sich nicht einsichtbar schlängelt und man nicht sieht, wie es um die nächste Biegung weiter geht. Es ist schon gewaltig, wie viel Macht die Natur doch hat, da hat der Mensch wirklich ganz kleine Brötchen zu backen.

Da wir nun einmal in Ägypten sind, und man nicht nach Ägypten reisen kann, ohne die historischen Bauwerke der alten Ägypter zu besichtigen, wagen auch wir uns nach Kairo, um die Pyramiden zu bestaunen. Mitten in der Stadt stehen sie im Dunst und wenn man nicht wüsste, dass sie jetzt hier irgendwo sein müssen, würde man sie wohl glatt übersehen. Wir kommen bei Nacht in Kairo an und verlieren durch einen Tankstopp die Anbindung an die Ringroad, und so befinden wir uns irgendwo mitten in der 20-Millionen Stadt und fahren erst mal geradeaus. Was anderes bleibt auch nicht übrig, da nicht mal eine Handbreit Platz an allen vier Seiten des Autos ist, bis schon das Nächste auch nur geradeaus fährt. Spannend ist es, das Verkehrsleben in Kairo. Am spannendsten wohl als Fußgänger. Als wir den folgenden Tag zu Fuß und mit öffentlichen Verkehrsmitteln in der Stadt unterwegs sind, hilft

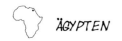 ÄGYPTEN

uns ein junger Ägypter über die eigentlich vierspurige Autobahn, die aber aufgrund der Fahrweise achtspurig ist. Als er einfach losläuft und wir ganz brav europäisch warten, schaut er verständnislos, da können wir noch ne Stunde warten!

„Lieber 'ne Stunde an der Straße, als 'ne Woche im Krankenhaus", antworten wir und er schaut noch verständnisloser und lacht unsicher, hält es wohl für einen Witz.

Am Abend zuvor war ich froh und fühlte mich sicher, ist der Magirus doch höher als die meisten Autos und auch stärker als der ein oder andere Esel. Als es dann aber heißt, in so einen kleinen Minibus, auch „Helldriver" genannt – und das zu Recht! – einzusteigen, bin ich in Gedanken doch mal einen Moment bei meinen Freunden zu Hause und überlege, ob ich mich von allen verabschiedet habe...

Puh, Sitzplätze für neun Personen, aber 15 passen auch irgendwie rein. Türen oder Motorhauben – purer Luxus! Und so fahren wir, mit arabischer Musik auf voller Lautstärke, der Fahrer singt mit, während er, den Fuß auf dem Gas, die Hand an der Hupe, von rechts über alle vier oder sechs oder wie viel auch immer Spuren wechselt, um gleich darauf doch wieder am Seitenstreifen einen anderen Minibus zu überholen, der seinerseits auf dem Gehsteig einen Lkw überholt. Habe ich schon vom Blinkverhalten geschrieben? Naja, ist auch nicht so wichtig, gibt ja eh keins. Die meisten haben noch nicht mal einen Blinker.

Lichthupe – das einzige Mittel, um sich, sein Gefährt und sein Überholmanöver anzukündigen! Da das Fernlicht in der Regel nicht funktioniert, kann man vorher natürlich nicht mit Licht fahren, sonst funktioniert ja das clever ausgeklügelte Prinzip nicht. Und so fahren wir vorbei an links entgegenkommenden Eselskarren, einem Moped, natürlich ohne Licht, mit fünf Personen drauf, tote Esel, Hunde, Katzen, im Graben liegenden, umgekippten Lkws, deren Reifen geplatzt oder besser, deren letztes bisschen Gummi gerissen ist – das hätte man wahrscheinlich auch mit bloßen Händen geschafft.

Kinder laufen zwischen den Autoreihen entlang und verkaufen Taschentücher. Kairo ist furchtbar dreckig. Die Nilkanäle, die durch die Nebenstraßen fließen, dienen als Müllhalde. Häufig sieht man kein Wasser mehr, da die Oberfläche übersät ist mit leeren Flaschen, Tüten und Plastik. Da wird nichts mehr leben, jedenfalls nichts mit mehr als einer Zelle. Kinder waten in dem Wasser herum, tränken ihre Esel oder Ziegen. Frauen waschen Geschirr, Männer ihre Autos. Es stinkt. Fliegen überall. Kein schöner Ort. Wir sehen die Müllabfuhr, freuen uns, denken „Na, immerhin", aber fünf Meter weiter kippen sie es in den Nil. Der

ÄGYPTEN

Mensch ist schon ganz schön robust. Unter solchen Umständen zu überleben ist sicherlich nicht einfach.

Wieder einmal wird mir die Bedeutung der Religion bewusst. Wenn man ein solches Leben führt, bleibt einem nicht mehr als die Hoffnung und der Glaube, dass eines Tages alles besser wird. Das Ausüben der religiösen Praktiken wird akribisch verfolgt. Wir laufen in Kairo durch die Gassen, über die einheimischen Märkte, lassen uns treiben und erleben das Leben, erkunden die Gewürzgasse, die Metzgergasse und die Schmieden. Mir kommt eilig ein Mann entgegen, der die Stirn schmutzig hat. Etwas belustigt denke ich mir: "Oh, wohl zu fest aufgeschlagen beim Beten" und gehe weiter. Plötzlich fallen mir immer mehr Männer mit dunklen Flecken auf der Stirn auf. Sie beten tatsächlich so hingebungsvoll, dass ihre Stirn darunter leidet.

Auch in der Metro, übrigens ein sicheres und angenehmes Verkehrsmittel, herrscht ein emsiges Gemurmel, da jeder für die Fahrt von zwei, drei Stationen den Koran auspackt und ließt. Die größte Angst für diese Menschen muss es sein, an diesem verfluchten Ort auf der Erde und in diesem Leben vergessen oder zurückgelassen zu werden.

Kairo ist die zweitgrößte Stadt der Welt mit über 20 Millionen Einwohnern. Jährlich kommen ca. 1 Million dazu. Die Ägypter sind also emsig damit beschäftigt, eine Stadt um die andere an Kairo dran zu bauen. Nur so zum Vergleich: Siegen hat hunderttausend Einwohner, also ca. zehnmal Siegen im Jahr. Um die vielen Toten zu bestatten, werden so genannte Totenstädte erbaut, in der jede Familie ein Totenhaus hat, wo alle Leichen hereinkommen. Die Armut nimmt überhand, und so müssen die Totenstädte teilweise mit Elektrizität versorgt werden, weil sich die Familie kein weiteres Haus in der Stadt leisten kann und dort auf den Knochen der Ahnen lebt.

Die Menschen, die uns begegnen, sind durchweg sehr freundlich und hilfsbereit. Den meisten ist es wichtig, ihr Land international gut darzustellen. „Die Europäer sollen sehen, dass in Ägypten gute Menschen leben, denen man vertrauen kann." Sie scheinen mit ihrem derzeitigen Bild in der Öffentlichkeit nicht zufrieden zu sein.

Einige Gefälligkeiten werden wohl auch meinetwegen, oder besser, wegen meines deutschen Passes erfüllt. Das scheint der größte Traum, nach Europa, in den Westen, Hauptsache ein Visum. Da verliebt sich der ein oder andere natürlich auf der Stelle aus tiefstem Herzen in mich... Meine Eltern erzählen von einem Ägypter, den sie getroffen haben. Es hieß, er würde heiraten, er ginge nach Europa, er habe es geschafft. Bei genauem Nachfragen stellte sich heraus, dass er eine

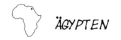
ÄGYPTEN

Russin heiraten wird und nach Moskau geht. Der wird sich wundern – genauso ein Scheißleben, nur jetzt auch noch in der Kälte.
Wir beschließen, uns einfach mit der Metro durch Kairo fahren zu lassen, um so einen Rundumeinblick zu bekommen. Ein ägyptischer Bankangestellter bekommt unser Vorhaben mit und ist entsetzt. Zwei Stunden nur Metro vom einen bis zum anderen Ende? Er ist traurig, da wir so die schönen, sehenswerten Ecken Kairos nicht sehen würden und befürchtet, dass wir vielleicht von der Stadt enttäuscht sein könnten. So bietet er an, uns am Abend wieder zu treffen, um uns Kairo bei Nacht und die schönen Geheimtipps zu zeigen. Wir sind gespannt, in welchem Souvenirladen das Ganze enden wird, lassen uns aber darauf ein. Zu unserem Erstaunen und entgegen all unseren Erwartungen hatte er wirklich nur im Sinn, Touristen die Stadt zu zeigen und vielleicht ein bisschen mit mir und meinem Pass zu flirten.

Die Pyramiden von Gizeh

Jetzt vergesse ich beinahe ganz, dass wir natürlich nicht nur an den Pyramiden vorbei fahren, sondern diese auch besichtigen wollen. Wir entscheiden uns, in einem etwas größeren Radius um die Anlage herum zu spazieren, um auch wirklich jeden Fotowinkel nutzen zu können. Kamel- und Pferdbesitzer bieten ihre Transportdienste für fußmüde oder abenteuerlustige Touristen. „You need a camel?"
„No, I am the camel!", so die Antwort meines Vaters, woraufhin die Guides belustigt über diesen blöden Deutschen das Weite suchen. Die Pyramiden sind gar nicht so groß, wie man sie sich vorstellt. Natürlich immer noch gewaltig, wenn man bedenkt, in welchem Zeitraum und mit welcher Mühe und Anstrengung damals Stein auf Stein geschichtet wurde. Total verrückt! Aber immerhin führt es dazu, das Ägypten im Gegensatz zu so manch anderem Land eine glorreiche, königliche Geschichte mit Traditionen hat. Schade nur, dass die Ägypter daraus heutzutage nicht mehr schöpfen.

ÄGYPTEN

Zurück in Dahab macht es Spaß, über die Avenue zu schlendern, mit dem Schleppern zu reden, mit ihnen Konditionen für Essen und Getränke auszuhandeln oder Rätsel und Spiele zu machen, immer darum, ob wir bei ihnen einkehren oder nicht. In den Restaurants und Cafés sitzen wir auf Teppichen um ein Lagerfeuer zwischen Palmen. Überall werden abends gemütliche Feuer entzündet, der Koch spielt ein bisschen mit der Ölflasche auf seinem Grill, hohe Flammen lodern auf und die Ägypter tanzen zur Musik. Es hat schon seinen Sinn, dass der Koran Alkohol verbietet, sonst würde da keine einzige Bude mehr stehen. Die Cafés befinden sich direkt an der Küste, man hört das Meeresrauschen, bekommt bisweilen sogar den ein oder anderen Gischtspritzer ab. Wir lernen einen deutschen Lehrer kennen, der in Kairo an einer deutschen Schule unterrichtet. Auch ein deutsches Paar, welches eine Weltumsegelung plant, leistet uns an mehreren Abenden angenehme Gesellschaft. So vergeht die Zeit, ein lauer Abendwind weht, die Stimmung ist gut und man vergisst sogar, dass der Abflug naht.

Doch bevor in Ägypten noch irgendetwas schief geht, bin ich schon drei Stunden eher am Flughafen. Ich befürchte, dass die Maschine vielleicht nicht pünktlich starten wird und es Probleme mit meinem Anschlussflug von Nürnberg nach Köln geben könnte, doch es läuft alles prima. Nach der Landung in Nürnberg wähne ich mich zu Hause, sind wir doch wieder in Europa, wo alles seine Ordnung hat und vor allem Wert auf Pünktlichkeit und genaue Zeiteinhaltung gelegt wird. Entsetzt lese ich auf dem Bildschirm, dass mein Flug vier Stunden später als geplant weiterfliegen wird, und ich denke, das gibt's doch nicht, wir sind doch in Deutschland! Bis sich heraus stellt, dass man auf Passagiere einer zweiten Maschine wartet, die, ich mag's kaum sagen, aus Ägypten kommt und dort Probleme beim Abflug hatte!

NACHWORT
ZU UNSERER AFRIKA - UMRUNDUNG

Wir möchten die spannenden und schönen Erlebnisse und die bewegenden Begegnungen mit anderen Menschen, die wir ja nie getroffen hätten, wenn wir „zuhause" geblieben wären, nicht missen. Für uns ist Afrika auch heute noch ein spannendes Abenteuer und wir möchten all denjenigen, die von einer solchen Reise schon immer geträumt haben, Mut machen, diese in die Tat umzusetzen.

Westroute / Ostroute

Die Entscheidung, über die Westseite zu starten, fanden wir im Nachhinein gut. Auf der Westroute hat man durch die vielen kleinen Länder mehr Mühe, Visa zu besorgen und Grenzübergänge zu bewältigen. Zudem gibt es dort auch mehr Polizeikontrollen als auf der Ostroute. Am Anfang der Reise hat man dafür noch die nötige Energie. Die Rückreise über Ostafrika fanden wir dagegen viel einfacher und entspannter. Die Visa gibt es für die meisten Länder problemlos an der Grenze, es gibt kaum Polizeikontrollen und die Versorgungslage ist besser als auf der Westseite. Eine Ausnahme stellt der Grenzübergang zwischen Sudan und Ägypten, verbunden mit der Verschiffung über den Nasser-Stausee dar, der viel Kraft und Nerven kostet. Aber auch das Hindernis „überlebt" man und es ist schnell vergessen.

Generell ist der Zustand der Hauptverbindungsstraßen auf der Ostroute besser als auf der Westroute. Die Ostseite lässt sich zur Not auch ohne Allrad bewältigen. Es gibt praktisch nur ein sehr schlechtes Stück Piste, 500 km lang, in Nordkenia, von der äthiopischen Grenze über Moyale und Marsabit nach Isiolo. Die Durchfahrt sollte man möglichst nicht während der Hauptregenzeit (März bis Mai) planen. Diese Route war in der Vergangenheit unsicher, es bestand Überfallgefahr von marodierenden Banden und es wurden Konvois mit Polizeischutz gebildet. In letzter Zeit hat sich die Lage entspannt, es fanden keine Überfälle mehr statt. In Nairobi trafen wir einige Reisende, die ohne Konvoi problemlos durchgekommen sind.

Auf der Westseite ist ohne Allrad spätestens in Kamerun Schluss. Das längste und schwierigste Stück Schlammpiste hat man in der Republik Kongo zu bestehen. Auf der Route über Franceville und Oyo nach Brazzaville, die zur Zeit am sinnvollsten scheint und von den meisten Reisenden gewählt wird, sind es rund 850 km mehr oder weniger schlechte Schlammpiste, je nach Niederschlagsmenge.

Ein Problem stellt auf der Westseite das Visum für Angola dar. Der sicherste Weg ist, sich das Visum in Deutschland zu besorgen, sofern es lange genug Gültigkeit bis zur Einreise hat. Wenn man ein Double-Entry-Visum bekommt, kann man dann sogar die kürzeste Verbindung über Cabinda fahren. Wir hatten im Feb. 2008 noch das Glück, dass wir ohne Probleme in DR. Kongo einreisen konnten und in Matadi (angol. Konsulat direkt an der Grenze) ein Transitvisum bekommen haben. Inzwischen haben wir von anderen Reisenden erfahren, dass sie bei der Ankunft in Kinshasa zurückgeschickt wurden. D.R. Kongo verweigerte die Einreise, weil sie kein Visum für Angola im Pass hatten.

Auf der Ostseite stellte das Visum für Sudan in der Vergangenheit öfter ein Problem dar, zuletzt im Jahr 2008. Zurzeit bekommt man in Kairo problemlos ein Visum für vier Wochen. Wir haben in Nairobi ein Visum für zwei Wochen bekommen, was völlig ausreichend ist, da es im Sudan mittlerweile gute Teerstraßen gibt.

Korruption an der Grenze und bei Polizeikontrollen

In den meisten afrikanischen Ländern ist die Korruption sehr hoch und einer der Hauptgründe, warum die Entwicklung nicht voran geht. Aber als Tourist wird man mit der Korruption in der Regel kaum konfrontiert. Die Grenzbeamten waren uns gegenüber allesamt korrekt und freundlich, nie mussten wir Geld oder Geschenke rausgeben. Nur einmal hatten wir es mit einen korrupten Grenzbeamten in Guinea zu tun, aber die Situation ließ sich aussitzen und wir haben nichts gezahlt. Die Polizisten an den Checkpoints im Land sind eher ein Fall für Korruption. Aber hier müssen meistens nur die Einheimischen abdrücken, als Tourist wird

NACHWORT

man oft durch gewunken oder es werden nur kurz die Pässe kontrolliert. Selbst in Nigeria, wo die Polizei-Checkpoints einen sehr schlechten Ruf unter den Reisenden haben, sind wir gut durchgekommen und mit Spaß und ein paar Geschichten erzählen ließ sich alles ohne Geld regeln. Die härtesten und korruptesten Polizeikontrollen hatten wir in Senegal, bei Saint Louis. Auch andere Reisende haben dies bestätigt.

Die Formalitäten an der Grenze sind gar nicht so kompliziert und lassen sich in der Regel gut allein erledigen, ohne dass man einen Helfer bezahlen muss. Das Fahrzeug wurde selten kontrolliert. Oft sind die Zöllner nur neugierig und wollen einen Blick in unser mobiles Haus werfen. Der schwierigste und bürokratischste Grenzübergang ist ohne Zweifel Sudan – Ägypten, egal in welche Richtung man unterwegs ist. Wir kennen keinen Reisenden, der diese Grenze ohne einen Guide bewältigt hat.

Kriminalität / Sicherheitslage

Das Risiko, in Afrika überfallen zu werden, halten wir eher für gering. Auf manchen Routen stellt der Verkehr ein viel höheres Risiko dar, zu verunglücken. Zumal es in Afrika kein Rettungssystem gibt wie in Europa. Wer also bereit ist, sich dem Risiko der Straße auszusetzen, der braucht sich um einen eventuellen Überfall oder Sonstiges keine Gedanken zu machen. Generell sollte man Nachtfahrten möglichst vermeiden, nicht nur wegen evtl. Raubüberfälle, auch wegen der Unfallgefahr. Für die Nacht haben wir uns meistens einen freien Übernachtungsplatz im Busch gesucht, wenn möglich weit ab von Ortschaften, auf jeden Fall weit weg von Großstädten. Vor allem auf der Westroute ist nur wenig Infrastruktur vorhanden, was Unterkünfte bzw. Campingplätze anbelangt. Wir lieben Buschcamping und haben uns immer sicher gefühlt. Der Ziegenhirte, der gelegentlich vorbei kommt, stellt keine Gefahr dar und die professionellen Diebe treiben in den Städten ihr Unwesen, nicht auf dem Land.
Eins sollte man sich trotz dem klar machen: In Afrika ist ein Menschenleben weniger wert als in der westlichen Welt. Die Hemmschwelle, jemanden bei einem Überfall zu verletzen oder gar zu erschießen, ist in für einen Afrikaner viel geringer als für einen Europäer, er hat meistens nicht viel zu verlieren.

Über die Sicherheitslage der einzelnen Länder bzw. Gebiete kann man sich beim Auswärtigen Amt informieren (www.auswaertiges-amt.de/Sicherheitshinweise). Diese Hinweise sollte man allerdings nicht überbewerten, sonst würde man wahrscheinlich gar nicht erst los fahren. Aber wenigstens hat man Kenntnis von evtl. Risiken im Land und kann sich entsprechend darauf einstellen bzw. unsichere Gebiete umfahren. Wir hatten einmal eine gefährliche Begegnung mit Rebellen in der Republik Kongo, die zum Glück gut ausgegangen ist. In dem Fall wussten wir nicht, dass wir durch ein Rebellengebiet fahren, sonst hätten wir am Anfang wahrscheinlich ganz anders gehandelt und die gefährliche Situation wäre vielleicht gar nicht erst entstanden.
Das auswärtige Amt hatte damals die Strecke zwischen Point Noire und Brazzaville nicht erwähnt. Hätten wir allerdings vorher die Infos im Forum von www.wuestenschiff.de gelesen, wären wir wahrscheinlich über die Alternativ-Route Franceville-Oyo gefahren.

Wenn es geht, sollte man sich nicht im Land aufhalten, wenn Präsidentschaftswahlen kurz bevor stehen, bzw. während und kurz nach den Wahlen. Lieber noch ein paar Tage im Nachbarland bleiben und warten, ob die Lage auch nach der Bekanntgabe der Wahlergebnisse ruhig bleibt. Die Stimmung im Land kann von einer Minute zur anderen umschlagen, auch in einem scheinbar stabilen Land (z.B. Kenia, nach den Wahlen im Dez. 2007). Dafür braucht es nur einen kleinen Auslöser zu geben. Informative Nachrichten weltweit bietet die Deutsche Welle, auch übers Internet (www.dw-world.de).

Kleinkriminalität und Taschendiebe gibt es überall auf der Welt, vor allem auch dort, wo viele Touristen unterwegs sind und hier gelten in Nairobi die gleichen Regeln wie in Berlin oder Buenos Aires. Also nicht mit Rucksäcken oder auffälligen Taschen auf der Straße unterwegs sein, immer nur soviel Geld mitnehmen, wie man gerade für den Einkauf benötigt. Wadengürtel oder unauffällige Bauchtaschen benutzen, sehr gut sind auch Innentaschen im Hosenbund. Den Reisepass lässt man in einem sicheren Versteck im Auto. Vorsicht bei der Benutzung von Kreditkarten. Wir haben von Anderen gehört, dass die Kreditkarte kopiert und anschließend das Konto leer geräumt wurde. Die Kreditkarte nie aus den Augen lassen, auch nicht im Restaurant und nach der Benutzung möglichst aktuell die Kontoauszüge kontrollieren.

NACHWORT

Krankheiten bzw. Gesundheitsvorsorge

Sehr wichtig ist sauberes Trinkwasser, durch verseuchtes Wasser werden die meisten Krankheiten übertragen. Bei Lebensmitteln sollte man möglichst sich an die Regel „Cook it, peel it or forget it" halten. Meistens schützt einen schon der eigene Ekel vor Krankheiten durch schlechte Lebensmittel oder Speisen. Wir hatten keine nennenswerten, ernsthaften Erkrankungen.
Die größte Gefahr bei einer Erkrankung an Malaria ist, zu lange zu Warten, bevor man handelt. Wenn man sich über die Krankheit gut informiert (am besten im Gespräch mit einem Tropenmediziner) und die Vorbeugung entsprechend wichtig nimmt, ist die mögliche Erkrankung an Malaria ein kalkulierbares Risiko. Wir haben immer unter einem Moskitonetz geschlafen und die Hauptregenzeiten möglichst vermieden. Ob man eine Prophylaxe nimmt oder ein Medikament für den Krankheitsfall dabei hat, muss jeder selbst entscheiden.

Wichtig ist generell die Vorbeugung, auch bei Kleinigkeiten. Z.B. immer festes Schuhwerk anziehen, einen stabilen Einstieg ins Fahrzeug bauen, beim Feuerholz sammeln Handschuhe anziehen, etc. um die Unfall- und Verletzungsgefahr zu minimieren. Die ärztliche Versorgung in Afrika ist katastrophal und gute Krankenhäuser mit annähernd europäischem Standard gibt es praktisch nur in den Hauptstädten.

Tropisches Klima / beste Reisezeit

Bei unserer Reiseplanung haben wir darauf geachtet, möglichst nicht während extremen klimatischen Bedingungen unterwegs zu sein. Also beispielsweise nicht im Juli/August durch den Sudan oder im März/April durch Tansania und Kenia. Bei einer Transafrika-Reise lässt sich die Regenzeit aber nicht ganz umgehen. Spätestens in Kongo oder Uganda, in den Gebieten um den Äquator, ist man dem feuchten, tropischen Klima zu fast jeder Jahreszeit ausgesetzt. Dieses Klima hat uns am meisten zu schaffen gemacht. Es ist einfach kein Wohlfühlklima, man empfindet jede kleine Bewegung als äußerst anstrengend und schon am Morgen während dem Frühstückskaffee ist das T-Shirt nass geschwitzt. Alles ist feucht und fängt an zu schimmeln, nur die kalte Du-

sche am Abend sorgt dafür, dass man sich fünf Minuten lang wie ein Mensch fühlt. Deshalb haben wir uns in diesen Klimaregionen nicht all zu lange aufgehalten, sondern haben Gabun und Kongo recht zügig durchquert.
Die trockene Hitze, z.B. in der Winterzeit in Westafrika, haben wir gut verkraftet. An die hohen Temperaturen gewöhnt man sich und wenn das Thermometer dann doch mal unter 20 Grad fällt, friert man schon. Alles was über die 38-40 Grad Marke hinausgeht, ist anstrengend, selbst kleine körperliche Arbeiten werden zur Qual und man will nur noch im Schatten liegen. So ging es uns im Oktober in Mauretanien.

„Afrika tickt anders. Kein Tag ist wie der andere, es passieren Sachen, von denen du nicht mal geträumt hast und andere Dinge, über die du dir vielleicht Sorgen gemacht hast, stellen auf einmal gar kein Problem mehr dar, weil alles ganz anders kommt, als du es befürchtet hast."

Essay zur Entwicklungshilfe

Irgendwann platzt einem der Kragen, wenn man täglich mit ansehen muss, wie unser Steuergeld und Spendengelder in großem Stil in Afrika verschleudert werden. Das geht wohl jedem Reisenden so, der länger als die üblichen vier Wochen in Afrika unterwegs ist.

Was kann man dagegen tun? Politisch aktiv werden. Sich einmischen. Aber erst mal schreibe ich ein paar meiner Erlebnisse der letzten Jahre, damit ihr meinen Frust besser verstehen könnt. Eine Möglichkeit, sich einzumischen steht am Ende des Artikels.

Entwicklungshilfe – Definition

Unter Entwicklungshilfe versteht man die Hilfe, die von den Industriestaaten den Entwicklungsländern, der so genannten Dritten Welt, gewährt wird. Wirtschaftsspezifisch ausgedrückt umfasst der Begriff den Nettozufluss an offizieller Entwicklungshilfe, der von Staaten, internationalen Behörden und öffentlichen Institutionen der Industrienationen gewährt wird. Auch die materielle und technische Hilfe, die von Nicht-Regierungsorganisationen und Wohlfahrtsverbänden für Länder und Völker in Not besonders als Sofort- und Katastrophenhilfe geleistet wird, zählt zur Entwicklungshilfe.

Vorwort zur Recherche

Bevor man mir vorwirft, ich hätte schlecht recherchiert, sage ich von vorn herein, dass ich überhaupt nicht recherchiert habe, sondern nur gelegentlich die Äußerungen von Gesprächspartnern und genannte Zahlen im Internet auf Glaubwürdigkeit überprüft habe. Eine richtige Recherche ist für einen Laien fast unmöglich, da fast alle Hilfsorganisationen es ihren Mitarbeitern vertraglich verbieten, sich negativ zu Projekten zu äußern. Projekte, die völlig gescheitert sind, werden dennoch als erfolgreiches Projekt an die Ministerien gemeldet. Nur unter der Hand erfährt man die Gründe des Scheiterns, denn niemand will seinen Job oder Geldmittel riskieren und folglich will niemand seinen Namen im Zusammenhang mit einem gescheiterten Projekt sehen. Teilweise kann ich noch nicht mal die Informationsquelle nennen, denn würde ich z.B. schreiben „der Regierungsberater der Weltbank in Kamerun" wäre klar, wer die Geschichte ausgeplaudert hat. Insgesamt könnte ich ein kleines Büchlein mit fehlgeleiteter Entwicklungshilfe schreiben.

Man kann mir natürlich vorwerfen, dass es sich hier um eine Aneinanderreihung von Einzelfällen handelt, welche ein verfälschtes Bild der tatsächlichen Lage widerspiegelt. Ja, das ist so, aber ich kenne keinen einzigen Fall (abgesehen von Tiefbrunnen für sauberes Trinkwasser), wo Entwicklungshilfe nachhaltig etwas bewirkt hat, obwohl ich seit Marokko danach suche. Nachhaltigkeit definiere ich wie folgt:
Ein Projekt (Schule, Krankenhaus, Plantage, Hotel etc.), das mit Entwicklungshilfe aufgebaut und vollständig an ein lokales Management übergeben wurde und danach mindestens zwei Jahre auf dem Level der Übergabe funktionierte.

Nun frage ich mich, wie kann es sein, dass ich kein solches Projekt finde, obwohl laut Statistik nur 30 % der Projekte den Zweck nicht erfüllen. Kann es sein, dass die offiziellen Statistiken ein verfälschtes Bild der tatsächlichen Situation wiedergeben?

Give me my money

Gleich hinter der Grenze geht es los: „Muzungu, Muzungu, give me my money." Vom Drei- bis zum Siebzigjährigen bettelt jeder. Hilfsorganisationen verteilen großherzig die in Europa eingesammelten Spenden oder Steuergelder und man muss aufpassen, dass man nicht von einem der neuen weißen Toyotas mit Aufklebern an der Türe wie US-AID, UNICEF, World-Vision, GTZ, WFP, Caritas, Ärzte ohne Grenzen, etc., überfahren wird. Am Straßenrand überall Schilder: „48 km road donated by EU"

„Bridge project financed by Germany" „Sponsored by Japan" „Sweden-development-project".
Und in der Zeitung liest man, dass der Präsident die Beziehungen zu den G20-Staaten intensivieren will. Vorrangiges Regierungsziel ist es, dass die extra Hilfen, die letztes Jahr wegen des gestiegenen Ölpreises und gestiegener Nahrungsmittelpreise gewährt wurden, auch dieses Jahr gezahlt werden, obwohl Öl- und Nahrungsmittelpreise auf ein normales Niveau gefallen sind. „Muzungu, Muzungu, give me my money", hört man also auf allen Ebenen, nur eben diplomatisch verfeinert.

Europäisches und deutsches Steuergeld wird z.B. eingesetzt, um die Einkommen der Farmer zu steigern. Das groß angelegte Projekt zieht sich durchs ganze Land und man hat den Eindruck, der Erfolg ist reziprok zum eingesetzten Geld. Wohin das Geld verschwindet, kann man in den edlen Hotels der Hauptstadt sehen. Jedes zweite Auto auf dem Parkplatz trägt einen der bekannten Aufkleber, im Foyer des Sani-Hotels weisen Hinweistafeln den Weg. „Caritas: Malaria – meeting, room 102", "UNICEF: Abuse against children – meeting, room 105", US-AID: Women develop project – workshop, room 107"
Ich bin dreist und frage an der Rezeption, ob ich mal einen Blick in den Belegungsplan der Konferenzräume werfen darf. Jeden Tag drei verschiedene Organisationen mit Meetings oder Workshops. Und von Insidern erfahren wir, mit Meetings macht man das große Geschäft. Die Hotelpreise und Restaurantpreise liegen in den Hauptstädten von Entwicklungsländern, in denen viele internationale Hilfsorganisationen tätig sind, am oberen Rand. Wir erfahren, dass zu einem Meeting in der Regel eine Hotelübernachtung (150-200 US-Dollar), Frühstück, Mittag- und Abendessen und alkoholfreie Getränke gehören. Aha, daher der viele Verkehr mit Servierwagen.
Des Weiteren erhalten die Teilnehmer von Workshops und Meetings in der Regel ein Tagesgeld von mindestens 35 Euro (DED und GTZ zahlen weniger). Zum Vergleich: ein Bankangestellter verdient etwa vier Euro am Tag, ein Helfer auf dem Bau einen Euro. Dadurch ergeben sich recht kuriose Dinge, zum Beispiel dass ein Verwaltungsmitarbeiter mehr Zeit in

Meetings verbringt als an seinem Schreibtisch und die gezahlten Tagungsgelder ein Vielfaches seines Gehaltes betragen.

Dass die fast 3.000 Hilfsorganisationen an gleichen Projekten arbeiten, ohne es voneinander zu wissen, aber der Regierungsmitarbeiter bei allen Meetings dabei sitzt, ohne das parallel laufende Projekt auch nur mit einem Wort zu erwähnen, interessiert niemanden.
Langsam dämmert es mir, welche Einkommen wir mit unserem edlen Projekt FIDP (Farmers Income Develop Programme) steigern. Oder habe ich mich verlesen? Heißt es vielleicht EIDP (Eliten Income Develop Programme)? Es wäre zumindest ehrlicher.

Subventioniertes Milchpulver

Zum FIDP in Senegal hörte ich gestern eine schöne Geschichte auf der Deutschen Welle. Deutsche Milchbauern jammern über ihre geringen Milchpreise für die irrsinnigen Mengen, die sie produzieren und erwarten Einkommenshilfe von der EU, also eine Art deutsches FIDP. Die EU produziert aus dem subventionierten Überangebot Milchpulver und bringt dieses billig nach Afrika, z.B. Senegal. Der dortige Verkaufspreis der aus dem Pulver hergestellten Milch liegt deutlich unter dem Erzeugerpreis der senegalesischen Bauern, die als Folge auf ihrem Produkt sitzen bleiben. Also ist ein FIDP für Senegal erforderlich. Meetings, Workshops etc. finden dann in Dakar statt.
Nun gibt es Milchpulver aus europäischer Überproduktion ja schon länger in Afrika. Wir können ja nicht unsere Überproduktion vernichten und in der Tagesschau die (ver)hungernden Kinder bedauern.
Die technischen Lebensmittel erfordern aber ein Mindestmaß an Hygiene, so sollte der Babyflaschenschnuller auch mal abgekocht und sauberes Trinkwasser verwendet werden. Von Vorteile wäre es, wenn die Mutter das Mischungsverhältnis lesen und auch umsetzen könnte. Aber all das ist nicht gegeben und so nehmen Durchfallerkrankungen von Säuglingen zu. UNICEF und einige NGO's haben das Problem mit dem Milch-

pulver erkannt, kommen aber anscheinend gegen die Lobbyisten von Nestlé nicht an. Das Einzige was bleibt, sind neue, von der UN und EU finanzierte Hilfsprojekte, z.B. subventionierte Medikamente gegen Durchfall für Säuglinge.
Durch das frühe Abstillen der Mütter entfällt eine natürliche Empfängnisverhütung und die Geburtenraten steigen. Kein Problem: Es gibt zahlreiche Hilfsprojekte mit Meetings und Workshops zur Familienplanung. Erfolg haben sie keinen. Milchpulver ist da nur ein Beispiel, ich könnte auch etwas zu italienischem Tomatenmark oder Weizen aus den USA schreiben.

IGPWP (Income Generating Public Works Programme) ist ebenfalls ein EU Programm. Baumwolle zu Stoffen verarbeiten und Textilien herstellen, damit will man z.B. Arbeitsplätze schaffen und Einkommen generieren. Aber wer soll die Klamotten kaufen? Überall findet man die Kleiderspenden aus Europa und USA, die dort gönnerhaft abgegeben werden und hier deutlich billiger verkauft werden als die unverarbeiteten Stoffe.

Projekt Tourismus

Ein schönes Betätigungsfeld für Deutsche Entwicklungshelfer ist die Beratung bei partizipialer Landnutzung oder Tourismusentwicklung. „Sensibilisierung und Bewusstseinsbildung zur Förderung eines nachhaltigen Tourismus" heißen die Workshopthemen. Ein „Managementplan" wurde erstellt und natürlich in edlen Hotels diskutiert. Das Ergebnis kann sich sehen lassen. Ein Ferienressort wurde errichtet, eine feine Lodge und ein nach deutschem Standard gebauter Campingplatz. Alles akkurat, perfekt und schön. Geld spielte nicht die entscheidende Rolle und die überteuerten Preise für Baumaterial, die der Projektleiter zwar griesgrämig und mit „Bauchschmerzen" absegnete, begründete er mir damit, dass eines der Ziele ja sei, Geld in die Region zu bringen und Kaufkraft zu generieren. Auch wenn man jetzt das Doppelte des üblichen Preises für das Dachdecken gezahlt hat, sei es ja immer noch deutlich billiger als ein vergleichbares Projekt in Deutschland. Das Projektziel

war edel: Die Deutschen bauen ein Ferienressort und übergeben es an die Community, damit diese Arbeitsplätze erhält und Einkommen erzielen kann.
Mit den Einnahmen soll die Gemeinde sich selbst entwickeln, z.B. eine Schule und eine Krankenstation bauen. Als wir die Anlage besuchten, war sie etwa acht Monate unter lokalem Management und bereits im Verfall begriffen. Die Motorpumpe, die Flusswasser in die Brauchwassertanks fördert, war defekt. Daher gab es auch keine Toilettenspülung. Verantwortlich fühlt sich niemand. Der Preis für eine Nacht auf der Campsite ist am oberen Limit des Erträglichen, vorausgesetzt es würde alles funktionieren. Wer hat hier eigentlich die Preisberatung gemacht, frage ich mich. Erstaunlich ist ebenso bei Nationalpark-Projekten, die vom DED oder GTZ beraten wurden, dass der Eintrittspreis genau an der Schmerzgrenze der europäischen Besucher liegt. Lokale und Besucher von Anrainerstaaten zahlen natürlich deutlich weniger. Kann es sein, dass die deutschen Berater in den Workshops genau erklären, wie man ihre Landsleute am Besten abledert?
Aber zurück zu unserem Projekt. Einkommen lässt sich so natürlich nicht erzielen und in dem kleinen Ort gibt es auch nur ein neues Gebäude, einen „Bottlestore" (Spirituosenladen).

Projekt Stadtplanung

Stadtplanung und Entwicklung sind weitere Felder, in denen deutsches Steuergeld eingesetzt wird. Satellitenaufnahmen werden ausgewertet und erstmals ein Stadtplan des Ist-Zustandes angefertigt. Illegale Bebauung überall, aber das war bekannt. Ein Vermessungsteam muss erst mal Grundstücke vermessen und es muss ein Katasteramt gegründet werden. Meetings und Workshops gehören dazu. Zukünftig soll die Bevölkerung „Baugenehmigungen" auf dem „Bauamt" beantragen. Der Afrikakenner weiß: Das geht schief.
Meine Frage, ob man damit nicht nur eine korrupte Beamtenstelle in der Verwaltung schafft, der die Baugenehmigungen erteilt, wird mit dem Argument abgeschmettert, dass Antikorruptionsworkshops auf allen Ebenen parallel laufen.

Ganz neben bei erfahren wir, dass für die Stadtentwicklung eine Teerstraße im Geschäftsviertel erforderlich wäre. Die Gelder für den Straßenbau kamen ebenfalls aus einem Deutschen Entwicklungshilfetopf, nur die geplante Teerstraße ist nie gebaut worden. Stattdessen wurde die Zufahrt zu vier Luxusvillen geteert. „Wir sind in diesem Fall nur beratend und geldgebend tätig gewesen. Die Entscheidung, welche Straße geteert wird, trifft letztendlich die Regierung", so die Erklärung. Da hat wohl jemand den Antikorruptionsworkshop verpasst oder die Zeit an der Bar verbracht.

Regierungsinterne Prüfung

Eine regierungsinterne Überprüfung von 100 offiziellen Entwicklungshilfeprojekten des Jahres 1996 ergab, dass
- fast 30 % der Hilfe den vorgesehenen Zweck nicht erfüllen, weil die Mittel durch hohe Verwaltungskosten verbraucht werden oder durch Korruption auf privaten Bankkonten verschwinden;
- 50 % der Projekte Mängel in Planung und Organisation auf weisen;
- viele der groß angelegten Entwicklungsprojekte, die in der Vergangenheit mit Hilfsleistungen gefördert wurden, zu einem erhöhten Lebensstandard städtischer Eliten in den Entwicklungsländern geführt haben und nicht den Armen und Bedürftigen zugute gekommen sind.

Ich behaupte, die Ergebnisse der Überprüfung sind geschönt. Doch zurück zur Stadtentwicklung. Das Projekt der Stadtentwicklung hat es vor ein paar Jahren schon einmal gegeben. Damals finanzierten die Schweden das Projekt. Der verantwortliche Projektleiter verstarb kurz vor Abschluss und die Schweden, die schon mehr als budgetiert in dieses Projekt investiert hatten, zogen sich zurück. Damit war das Projekt tot. Ein paar Jahre später starteten die Deutschen das gleiche Projekt und begannen bei Null.

Geldmittelabflussgeschwindigkeit

Ein Mitarbeiter von World-Vision, der ein Meeting in einem Luxushotel auf einer kleinen Insel im Lake Malawi organisierte, antwortete auf meine Frage, warum man nicht ein Hotel auf dem Festland nehme, wo die Hotels preiswerter seien und man sich die Fährkosten sparen könne, lapidar: „This is not a problem, the organisation pays."
Und letztendlich hat er sogar Recht. Geld ist genug da, sogar mehr als man braucht. Ein Regierungsberater der Weltbank (nicht in Kamerun) erklärte mir, dass sein Erfolg an wirtschaftlichen Kennzahlen gemessen wird. Eine der Wichtigsten ist die Geldmittelabflussgeschwindigkeit, die in vielen Entwicklungsländern zu gering sei. Konkret sieht es so aus. Die Geberländer beschließen, wie sie Afrika entwickeln wollen und stecken sich Ziele. Fonds werden angelegt und mit Geld ausgestattet. Jetzt müssen die Entwicklungsländer beraten werden: Welche Fonds gibt es? Welche Projekte werden gefördert? Wie kommen sie an das Geld? In einigen Entwicklungsländern hat sich daraus eine Beratungsindustrie entwickelt. In Kenia z.B. sind die fähigsten und cleversten Köpfe nicht etwa in den Vorständen der Banken und Industrieunternehmen oder Unternehmensberatungen, wo sie eigentlich hin gehören und gebraucht würden, sondern in privaten Regierungsberatungen, die dann den Präsidenten und die Elite des Landes beraten, wie sie z.B. an japanisches, schwedisches, amerikanisches oder deutsches Steuergeld kommen.
Ihr Luxusleben (der Champagnerverbrauch pro Kopf ist in den Hauptstädten einiger Entwicklungsländer höher als in Washington oder Berlin) finanzieren sie mit Provisionszahlungen aus den Hilfstöpfen. Die gleichen Lobbyisten (vor allem in Kenia und Äthiopien) kümmern sich ebenfalls um die Vermarktung, d.h., dass hungernde Kinder vor allem in der Vorweihnachtszeit auch in der Tagesschau, BBC, CNN etc. präsent sind.

Die UN kennt die Praxis und schickt eigene Kundschafter in die betreffenden Gebiete und diese sind dann teilweise überrascht, dass selbst der Bürgermeister vor Ort nicht weiß, dass sein Ort oder seine Region durch die Weltpresse ging. Die Bilder hun-

gernder Kinder müssen woanders aufgenommen worden sein. WFP und andere staatliche Organisationen mit eigener Recherche fallen auf die Meldungen nicht rein, aber NGO's kommen gerne und deren Geldmittelabflussgeschwindigkeitskoeffizient stimmt wieder.
Aber NGO's und private Initiativen will ich nicht weiter vertiefen, denn dann enden wir beim katholischen Priester in Tansania, der Hilfsgelder für ein von Japan unterstütztes Waisenhaus unterschlägt und in Alkohol verwandelt oder einem Bischof, ebenfalls in Tansania, der glaubt, er sei der Herr und katholische Einrichtungen als sein Eigen ansieht.

Nachhaltigkeit

Also zurück zur staatlichen Hilfe und deren Nachhaltigkeit. Fragt man Entwicklungshelfer an der Basis nach dem Sinn ihrer Arbeit, treten Schweißperlen auf ihre Stirn und auf die Frage nach Nachhaltigkeit kommt meist die Antwort:
„Ähm, ja, man muss da andere Maßstäbe anlegen, man muss es langfristiger sehen" oder „wir haben großen Erfolg, auch wenn er nicht für jeden ersichtlich ist und sich nicht in Kennzahlen messen lässt."
Nun frage ich seit Marokko jeden Entwicklungshelfer, der mir über den Weg läuft, ob er mir ein Projekt nennen kann, das nachhaltig Erfolg hat. Damit meine ich, ein Projekt, das durch Entwicklungshilfe gestartet wurde und komplett an einheimisches Management übergeben wurde und nach der Übergabe noch 24 Monate funktionierte. Keiner konnte eine Antwort geben.
Im Internet findet man einige angeblich erfolgreiche Projekte, zum Beispiel das Projekt eines Gymnasiums in Herchen an der Sieg, das eine Kaffeekooperative in Mamfe (Kamerun) unterstützt und für dieses erfolgreiche Projekt Geld gesammelt hat. In Wirklichkeit ist das Projekt völlig gescheitert. Die gespendeten vier Fahrzeuge stehen mit Moos überwuchert schrottreif auf dem Hof, der Manager hat die Kasse unterschlagen und sich aus dem Staub gemacht. Der verantwortliche Lehrer besucht Mamfe regelmäßig mit Spendengeld und tut dort angeb-

lich viel Gutes. Von dem Scheitern wissen die Spender nichts und spenden in treuem Glauben weiter. Der Lehrer gibt auf meine Anfrage übrigens keine Stellungnahme, weil er dafür - wegen Unterrichtsvorbereitungen – keine Zeit hat.

Über die Arbeit der Entwicklungshelfer erfährt man vor Ort relativ wenig. Fast alle stöhnen über die viele Arbeit. Tatsächlich gibt es Helfer, meistens die, die noch nicht solange dabei sind, die sich über das geforderte Maß hinaus engagieren. Die Bemerkung einer Praktikantin, die wir bei einem natürlich unangemeldeten Besuch bei der GTZ antrafen: „Der (Hauptamtliche der GTZ) war heute morgen nur kurz hier, der hat heute keine Lust und ist rüber zur Deutschen Botschaft zum Kaffeetrinken gefahren, ich glaube nicht, dass der heute noch mal kommt", ist da noch das Harmloseste.
Natürlich kann man den Frust verstehen, wenn man sieht, wie drei deutsche Förster mit einer Hand voll Einheimischen mühevoll ein Wiederaufforstungsprojekt durchführen, wobei die Einheimischen längst nicht so motiviert sind, wie die 30 Chinesen, die in Sichtweite mit Kettensägen den Urwald roden.

Eine NGO hatte ein Budget von 30.000 Euro für die Ausarbeitung eines Projektplanes bekommen, aufgrund dessen dann Mittel in Millionenhöhe für das eigentliche Projekt fließen sollten. Grundlage des Planes sollte eine Datenerfassung mittels Umfrage bei 1.500 Klein-Bauern sein, die dann statistisch ausgewertet werden sollten. Statt der Umfrage verteilte man 300 Fragebögen, von denen nach vier Wochen ganze acht zurückkamen. Diese acht Bögen waren dann die Grundlage für die Statistik, die 1.500 Umfragebogen füllten dann die Mitarbeiter der Organisation selbst aus. Der Projektplan war erfolgversprechend und die NGO bekam den Millionentopf.

Da kann man die Aussage einer Entwicklungshelferin, die durch ganz Kamerun reist und Workshops und Meetings für Kaffeebauern abhält, nur mitleidig belächeln: „Eigentlich habe ich Kunst studiert, aber in dem Bereich habe ich keinen Job bekommen und ich wollte schon immer den Armen in Afrika helfen. Mein Wissen über die Probleme der Bauern und der

Kaffeeproduktion und Vermarktung habe ich mir vorher in Deutschland angelesen."

Weltwärts

Seitdem es das Programm „Weltwärts" gibt und junge Leute ein Jahr im Ausland soziale Projekte unterstützen können, erfährt man mehr. Meist auf deren privaten Blogs oder durch herausgerutschte Bemerkungen und Berichte über deren Arbeitsweise.
In einem Fall eröffnet der Mann einer NGO-Mitarbeiterin ein Elektrogeschäft und die „Weltwärts"-Helfer, die mit Steuergeld finanziert werden und freiwillig ein Jahr spenden, dürfen im Geschäft des Mannes sechs Wochen lang Regale aufbauen, weil angeblich im Moment nichts sinnvolles für die Organisation zu tun ist.
Ein Mitarbeiter sagte es ganz offen: „Die „Weltwärts"-Leute können wir nur schwer einsetzen, aber unsere Organisation bekommt Geld, damit wir sie beschäftigen und das Geld ist für uns interessant."
Und da wir nun schon mal bei NGO's sind, noch etwas zu den Verwaltungskosten, zu denen auch die Werbung für Spendengelder gehört. Ein Tourist in Tansania stellte folgende These auf: „Wenn eine Hilfsorganisation 100 Euro Spendengeld hat und diese 100 Euro in Werbung investieren um dadurch 110 Euro Spenden zu generieren, ist das für die wirtschaftlich."
Also stellte ich einigen NGO-Mitarbeitern die Frage: „Macht es Sinn, 100 Euro in Werbung zu investieren, wenn man dadurch 110 Euro Spendengeld einnimmt?" Fast alle meinten, dies mache Sinn, weil man ja mit 110 Euro mehr Gutes tun könne, als wenn man nur 100 Euro zur Verfügung hätte.

Entwicklungshilfepolitik gescheitert?

Aber es gibt nicht nur die Schönmalerei derer, die an Geldtöpfe kommen, oder derer, die in Afrika ihr Helfersyndrom abarbeiten. Volker Seitz, der früher in einigen afrikanischen Ländern als Botschafter arbeitete sieht die Entwicklungshilfe als gescheitert an und sagte im ARD-Magazin „Fakt" : „Nach einem halben Jahrhundert personeller und finanzieller Entwicklungshilfe für Afrika stellen wir fest, dass unsere Politik versagt hat."

Der Hauptkritikpunkt an der deutschen Entwicklungspolitik ist, dass die Afrikaner in eine Abhängigkeit von immer neuen Hilfszahlungen gezwungen werden. Geld habe der Entwicklung häufig sogar eher geschadet, weil die Eigeninitiative gelähmt wurde.
Rupert Neudeck, der Gründer der Hilfsorganisationen „Cap Anamur" sagte in der ARD:
"Ich habe diese Politik hassen gelernt.[...]Die Entwicklungspolitik hat eigentlich geleistet, dass die Staaten Afrikas die miserabelsten Regierungen bekommen haben, deren Korruption zum Himmel stinkt."
Und Volker Seitz, fügt hinzu: „Die Leute verlassen sich einfach darauf, dass immer mehr Gelder fließen, und ich halte das für völlig verfehlt."

Was kann man politisch tun? Sich einem Kreis anschließen und eine Unterschrift leisten. Wer für eine andere Form der Entwicklungshilfe ist kann sich mal die Seite des Bonner Aufruf ansehen, www.bonner-aufruf.de.

Buchempfehlung zum Thema:

Volker Seitz
Afrika wird armregiert

c74.de

c74.de freut sich, den Internetauftritt zum Buch präsentieren zu dürfen.

www.pistenkuh.de

Reinschauen. Mitlesen. Mitreisen.

www.c74.de › Werbung › Internet › Grafikdesign › Fotografie

www. dakar-shop .de
Outdoor- Camping- Fernreisebedarf

In der Au 1
79730 Murg

fon.+49 (0)7763-92 96 74
info@dakar-shop.de

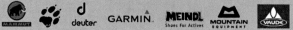

ALUSTAR
PERFEKTION IM FAHRZEUGBAU

www.alu-star.com

promesstec

Prozess - Mess - und Automatisierungstechnik GmbH

"**Wir machen robust**" - Unser Leitsatz, der die Qualität und Begeisterung für unsere Produkte wiederspiegelt.

Die Produkte von **promesstec** sind unter extremen Bedingungen im Einsatz...

- wenn weltweit nach Erdöl und Erdgas gebohrt wird
- wenn hochwertige, köstliche Schinken in langen Prozessen reifen
- wenn hoch komplexe Kläranlagen für reines Trinkwasser sorgen
- wenn modernste Molkereianlagen unter strengsten Hygieneauflagen höchst empfindliche Milchprodukte verarbeiten
- wenn die Pistenkuh in Afrika interessante Abenteuer erlebt

promesstec - Heavy Duty Measurement

www.promesstec.de